新能源混合动力汽车
常用维修资料 速查

XINNENGYUAN HUNHE DONGLI QICHE
CHANGYONG WEIXIU ZILIAO
SUCHA

顾惠烽　等编著

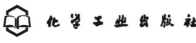

化学工业出版社

·北京·

本书主要介绍市面上常见的新能源混合动力汽车主流车型的维修资料，以国产混合动力汽车为主、进口车为辅进行，包括比亚迪、长安、起亚、东风日产、丰田、本田、宝马等。重点介绍各类车型混合动力汽车的维修相关数据，包括工作原理、系统组成、技术参数、检查诊断、故障码、线束及传感器、电路图、关键零件的拆装等。

全书图表结合、图文并茂、资料新颖、实用便查，有利于读者快速查阅新能源混合动力汽车维修相关数据，提高日常工作效率。

图书在版编目（CIP）数据

新能源混合动力汽车常用维修资料速查/顾惠烽等编著. —北京：化学工业出版社，2019.3
ISBN 978-7-122-33612-5

Ⅰ.①新… Ⅱ.①顾… Ⅲ.①混合动力汽车-车辆修理-手册 Ⅳ.①U469.707-52

中国版本图书馆 CIP 数据核字（2019）第 000966 号

责任编辑：黄 滢　　　　　　　　　　文字编辑：冯国庆
责任校对：宋 玮　　　　　　　　　　装帧设计：王晓宇

出版发行：化学工业出版社（北京市东城区青年湖南街 13 号　邮政编码 100011）
印　　刷：三河市延风印装有限公司
装　　订：三河市宇新装订厂
787mm×1092mm　1/16　印张 15¾　字数 410 千字　2019 年 4 月北京第 1 版第 1 次印刷

购书咨询：010-64518888　　　　　　　售后服务：010-64518899
网　　址：http://www.cip.com.cn

凡购买本书，如有缺损质量问题，本社销售中心负责调换。

定　　价：**88.00 元**　　　　　　　　　　　　　　　版权所有　违者必究

前言
Preface

新能源汽车是指采用非常规的车用燃料作为动力来源（或使用常规的车用燃料、采用新型车载动力装置），综合车辆的动力控制和驱动方面的先进技术，形成技术原理先进，具有新技术、新结构的汽车。

新能源汽车包括纯电动汽车、增程式电动汽车、混合动力汽车、燃料电池电动汽车、氢发动机汽车以及其他新能源汽车等。目前我国应用最广泛的是纯电动汽车和混合动力汽车。

纯电动汽车（Blade Electric Vehicles，BEV）是一种采用单一蓄电池作为储能动力源的汽车。它利用蓄电池作为动力源向电动机提供电能，驱动电动机运转，从而推动汽车行驶。新能源纯电动汽车技术相对简单成熟，可以说只要有电力供应的地方都能够充电，因而发展速度非常快。

混合动力汽车（Hybrid Electric Vehicle，HEV）是指驱动系统由两个或多个能同时运转的单个驱动系统联合组成的车辆，车辆的行驶功率依据实际的车辆行驶状态由单个驱动单独或多个驱动系统共同提供。混合动力汽车是我国发展最早的一种新能源汽车。

本书介绍新能源混合动力汽车及其常用维修资料。编写原则是与传统汽油车差别不大的内容一带而过、相近的内容简要介绍、不同的内容重点介绍。

全书按照国内新能源混合动力汽车的主流车型进行分类，以国产混合动力汽车为主、进口车为辅，涉及的车型主要有比亚迪秦、长安逸动、起亚 K5、东风日产楼兰、丰田凯美瑞、本田 CR-V、宝马 X5 等。每种车型按照驱动系统、动力电池系统、高压电控系统、充电系统、电池管理系统、空调系统的顺序分别进行介绍。

驱动系统部分，重点介绍驱动电动机的工作原理、维修说明、针脚定义、检测与故障诊断、驱动桥拆装、位置学习等内容。

动力电池系统部分，重点介绍动力电池的技术参数、部件位置、电池检测、故障代码、故障检查、针脚定义、拆装作业、操作注意事项等内容。

高压电控系统部分，重点介绍高压电控箱（盒）故障代码、接口定义、总成拆装、故障代码、故障检查与诊断排除等内容。

充电系统部分，重点介绍充电系统的接口定义、技术参数、故障诊断、拆装作业、电路图、充电流量传递、充电机规格、故障代码等内容。

电池管理系统部分，重点介绍电池管理系统的组件位置、针脚定义、故障代码、监测数据、电脑板拆装、电路图、故障诊断等内容。

空调系统部分，重点介绍空调系统的工作原理、制冷剂的加注与回收、端子定义、故障诊断、关键零件的拆装等内容。

全书图表结合、图文并茂，以资料新颖、实用便查为特色。技术参数、故障代码、故障诊断方法步骤等内容，尽量安排到表中进行介绍，清晰直观，便于对照理解；端口定义、拆装操作、电路图等内容则是以图片辅以简洁的文字形式进行介绍，图片与文字内容互为补充，通俗易懂。

有利于读者快速查阅新能源混合动力汽车维修相关数据和维修操作方法、要领,提高日常工作效率。

本书由顾惠烽、罗永志、冼绕泉、杨沛洪、彭川、陈浩、刘晓明、李金胜、钟民安、杨立、郑启森、潘平生、冼锦贤、王兴、周迪培、刘春宁、丘会英、黄木带、顾森荣、张运宇编著。在编写过程中参考了相关文献、资料及原车维修手册,在此一并表示感谢!

由于笔者水平有限,书中不妥之处在所难免,敬请广大读者批评指正。

编著者

目录 Contents

第1章 驱动系统 1

1.1 比亚迪秦混合动力汽车 / 1
1.2 长安逸动混合动力汽车 / 8
1.3 起亚K5混合动力汽车 / 11
1.4 东风日产楼兰混合动力汽车 / 17
1.5 丰田凯美瑞混合动力汽车 / 22
1.6 本田CR-V混合动力汽车 / 32
1.7 宝马X5混合动力汽车 / 41

第2章 动力电池系统 51

2.1 比亚迪秦混合动力汽车 / 51
2.2 长安逸动混合动力汽车 / 54
2.3 起亚K5混合动力汽车 / 57
2.4 东风日产楼兰混合动力汽车 / 61
2.5 丰田凯美瑞混合动力汽车 / 68
2.6 本田CR-V混合动力汽车 / 83
2.7 宝马X5混合动力汽车 / 89

第 3 章
高压电控系统
98

3.1 比亚迪秦混合动力汽车 / 98

3.2 长安逸动混合动力汽车 / 105

3.3 起亚 K5 混合动力汽车 / 107

3.4 东风日产楼兰混合动力汽车 / 110

3.5 丰田凯美瑞混合动力汽车 / 126

3.6 本田 CR-V 混合动力汽车 / 149

第 4 章
充电系统
155

4.1 比亚迪秦混合动力汽车 / 155

4.2 宝马 X5 混合动力汽车 / 160

第5章 电池管理系统 165

5.1 比亚迪秦混合动力汽车 / 165
5.2 长安逸动混合动力汽车 / 169
5.3 起亚 K5 混合动力汽车 / 171
5.4 东风日产楼兰混合动力汽车 / 171
5.5 丰田凯美瑞混合动力汽车 / 179

第6章 空调系统 192

6.1 比亚迪秦混合动力汽车 / 192
6.2 长安逸动混合动力汽车 / 208
6.3 起亚 K5 混合动力汽车 / 212
6.4 东风日产楼兰混合动力汽车 / 220
6.5 丰田凯美瑞混合动力汽车 / 232
6.6 本田 CR-V 混合动力汽车 / 241
6.7 宝马 X5 混合动力汽车 / 243

第1章 驱动系统

1.1 比亚迪秦混合动力汽车

1.1.1 驱动电动机简介

驱动电动机技术参数见表 1-1-1、图 1-1-1。

表 1-1-1

电动机最大输出扭矩/N·m	250
电动机最大输出功率/kW	110
电动机最大输出转速/(r/min)	12000
电动机散热方式	水冷
电动机质量/kg	47.5（包括后箱体和减速器前箱体）
螺纹胶型号	赛特 242
密封胶型号	耐油硅酮（聚硅氧烷）密封胶 M-1213 型

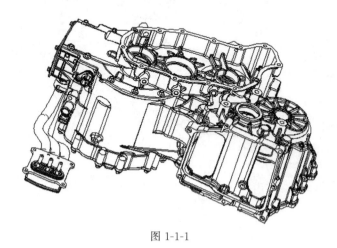

图 1-1-1

1.1.2 驱动电动机维修说明

（1）电动机内部

❶ 维修和装配时都要清洁电动机内部，不能有杂质。

❷ 电动机在修理后，应空转灵活，无定子和转子相擦现象或异常响声（如周期性的异

响、轴承受损后的异响、微小异物卡滞在转动部位引起的异响等)。

(2) 密封处

❶ 彻底清洗接合面。

❷ 接合面一定要涂抹密封胶［耐油硅酮（聚硅氧烷）密封胶 M-1213 型］。接合面为通气塞螺纹、排气管螺纹、挡水板与后箱体接合处、后箱体与减速器前箱体接合处。

❸ 对于铭牌，要用 AB 胶涂抹接合处。

(3) 螺栓

电动机上所有的螺栓都要用螺纹胶赛特 242 涂抹紧固，拧紧时有扭紧力要求。如果螺栓有裂纹或者损坏，应及时更换。螺栓拧紧后用油漆笔做标记。

(4) 轴承

❶ 安装轴承前要将箱体置于 120℃烤箱中加热 30min。

❷ 安装过程中，采用规定的工具或装备进行操作。

1.1.3 驱动电动机结构及螺栓力矩

(1) 驱动电动机结构（图 1-1-2、图 1-1-3、表 1-1-2）

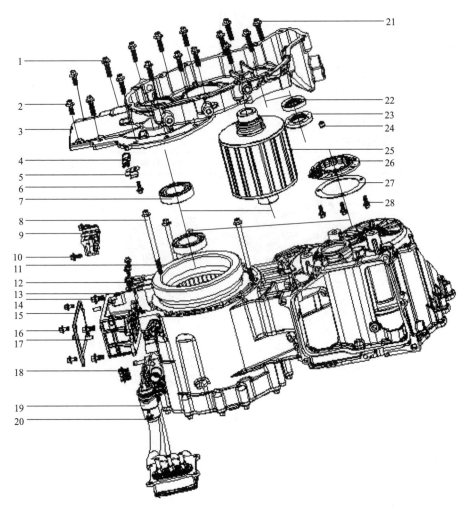

图 1-1-2

第 1 章　驱动系统

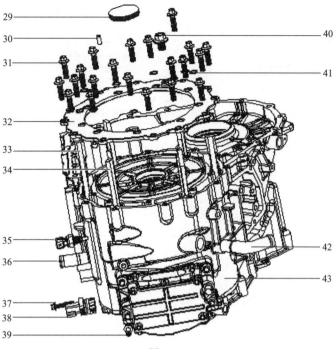

图 1-1-3

表 1-1-2

编号	名称	数量	规格	备注
1	六角法兰面螺栓 M8×30	9	Q1840830T1F6	
2	六角法兰面螺栓 M8×20	2	Q1840820T1F6	
3	减速器前箱体	1	BYD6HDT35-1720101	
4	温度传感器接插件	1	TM8.791.1189	
5	线卡	1	BYD-TYC110A-2103513	
6	六角法兰面螺栓 M6×10	1	Q1840610T1F3	
7	轴承	2	6008-2Z/C3GJN	
8	六角法兰面螺栓 M8×125	3	BYDQ184A08125TF6	
9	接线座组件	1	BYD-TYC110A-2103520	
10	六角法兰面螺栓 M6×16	2	Q1840616T1F6	
11	定子组件	1	BYD-TYC110A-2103200	
12	六角法兰面螺栓 M6×12	3	Q1840612T1F3	
13	接线盒	1	BYD-TYC110A-2103541	
14	六角法兰面螺栓 M8×16	4	Q1840816T1F6	
15	接线盒盖	1	BYD-TYC110A-2103542	
16	六角法兰面螺栓 M6×12	4	Q1840612T1F6	
17	定位销 φ6×15	2		
18	六角法兰面螺栓 M6×12	3	Q1840612T1F3	

续表

编号	名称	数量	规格	备注
19	三相动力线束	1	BYD-TYC110A-2103400	
20	六角法兰面螺栓 M6×12	3	Q1840612T1F6	
21	六角法兰面螺栓 M8×35	5	Q1840835T1F6	变速器零件
22	减速器输出轴油封	1	BYD6HDT35-1720103	变速器零件
23	倒挡轴油封	1	BYD6HDT35-1701723	变速器零件
24	圆柱销 $\phi 10 \times 10$	1	Q5221010	变速器零件
25	转子组件	1	BYD-TYC110A-2103300	
26	旋变定子组件	1	BYD-TYC110A-2110100	
27	旋变隔磁环	1	BYD-TYC110A-2103518	
28	六角法兰面螺栓 M6×16	3	Q1840616T1F6	
29	密封塞	1	6DT25-1701721	
30	定位销 $\phi 6 \times 15$	1		
31	六角法兰面螺栓 M8×30	21	Q1840830T1F6	
32	挡水板	1	BYD-TYC110A-2103543	
33	水道筋1	4	BYD-TYC110A-2103514	
34	水道筋2	2	BYD-TYC110A-2103516	
35	进水管	1	BYD-TYC110A-2103512	
36	水温传感器	1	476Q-4D-1300800	
37	六角法兰面螺栓 M6×16	1	Q1840616T1F6	
38	旋变/温感接插件	1	TM5.913.974	
39	排气管	1	F3DM-2103732	
40	六角法兰面螺栓 M12×16	1	Q1841216T1F3	
41	O形密封圈 $\phi 10.7 \times 1.5$	9	GB/T 3452.1—1992	
42	出水管	1	BYD-TYC110A-2103517	
43	后箱体	1	BYD6HDT35-1701701	

(2) 螺栓力矩 (表1-1-3)

表 1-1-3

序号	紧固部位或零件	螺栓规格	数量	装配位置	紧固力矩 /N·m
1	六角法兰面螺栓 M8×125	BYDQ184A08125TF6	3	固定定子	25
2	六角法兰面螺栓 M8×30	Q1840830T1F6	28	固定盖板、挡水环	25
3	六角法兰面螺栓 M8×20	Q1840820T1F6	2	固定盖板	25
4	六角法兰面螺栓 M8×16	Q1840816T1F6	4	固定接线盒	25
5	六角法兰面螺栓 M6×16	Q1840616T1F6	6	固定接线座组件、旋变定子、旋变接插件	12

续表

序号	紧固部位或零件	螺栓规格	数量	装配位置	紧固力矩/N·m
6	六角法兰面螺栓 M6×12	Q1840612T1F6	6	固定接线盒盖、线束法兰	12
7	六角法兰面螺栓 M6×12	Q1840816T1F3	6	固定三相动力线束、定子三相引出线	12
8	六角法兰面螺栓 M6×10	Q1840816T1F6	1	固定线卡	12
9	六角法兰面螺栓 M8×35	Q1840835T1F6	5	减速器前箱体对应倒挡轴位置	25

1.1.4 混合驱动桥拆装

(1) 旋变/温感接插件拆卸

❶ 用扳手将 M6×16 六角法兰面螺栓 2 拆下（图 1-1-4）。

❷ 将旋变/温感接插件 1 取出来，用斜口钳将旋变接插件中间部分取下。

❸ 取新的旋变/温感接插件，连上旋变/温感引线端插件，在旋变接插件密封圈处涂上一层油脂。再将旋变/温感接插件插入后箱体配合孔内。最后安装 M6×16 六角法兰面螺栓 2，力矩为 12N·m。

(2) 通气阀拆卸

❶ 用活动扳手将通气阀 1 拆下（图 1-1-5）。

❷ 取新的通气阀，涂上一层密封胶，再用活动扳手将通气阀装到后箱体上。

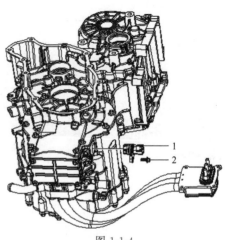

图 1-1-4

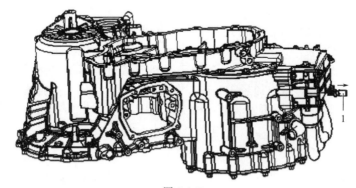

图 1-1-5

(3) 电动机端盖（减速器前箱体）拆卸与安装

❶ 用扳手将 M8×30 法兰面螺栓 1、M8×20 法兰面螺栓 2 和 M8×35 法兰面螺栓 3 拧下（图 1-1-6）。

❷ 用专用工具将端盖慢慢从后箱体上取下来，待端盖内轴承与转轴轴承脱离后，轻轻抬起端盖，将温度传感器接插件的两个绝缘体分离，由于之前装端盖时在接合面处涂抹了密封胶，在盖板拆下后要对电动机内部进行清洁，不得让异物掉入电动机内部。

❸ 当对电动机内部进行维修后，要对端盖进行安装。安装盖板时，先在后箱体接合面

处涂抹密封胶,将温度传感器接插件两个绝缘插合,利用止口和定位销对端盖与后箱体进行定位,然后用力矩扳手将 M8×30 法兰面螺栓 1、M8×20 法兰面螺栓 2 和 M8×35 法兰面螺栓 3 拧紧,力矩为 25N·m。

(4) 电动机转子拆卸与安装

当电动机转子需要维修时,先对电动机端盖(减速器前箱体)进行拆卸(图 1-1-7)。利用提转子工具取出电动机转子 1,再维修电动机转子。维修完后先装配转子,再安装电动机端盖。

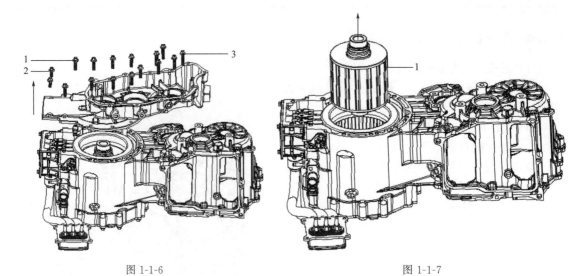

图 1-1-6　　　　　　　　　　　　图 1-1-7

(5) 旋变定子拆卸与安装

用扳手将螺栓 1 拧下,取出旋变隔磁环 2,将定子引出线从旋变接插件中拔出后取出旋变定子 3(图 1-1-8)。

维修完旋变定子和旋变隔磁环后,装上电动机转子,然后安装电动机端盖。

(6) 轴承拆卸与安装

❶ 当电动机端盖轴承需要维修时,先对电动机端盖进行拆卸,然后拆卸旋变定子。将电动机端盖放入 120℃ 的烤箱中加热 30min,将轴承 1 取出,装入新的轴承(图 1-1-9)。

❷ 将旋变定子装配好后,再安装电动机端盖。

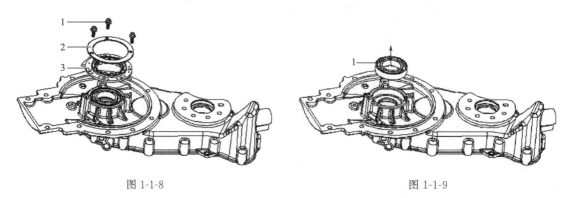

图 1-1-8　　　　　　　　　　　　图 1-1-9

❸ 当后箱体轴承需要维修时,先对电动机端盖进行拆卸,然后拆卸电动机转子。

❹ 将后箱体放入 120℃的烤箱中加热 30min，将轴承 1 取出，装入新的轴承（图 1-1-10）。

❺ 装上电动机转子，再安装电动机端盖。

（7）三相动力线束拆卸与安装

❶ 拆卸前。将电动机平置于专用的工作台上，使其平稳放置，确保拆分时的电动机安全。

❷ 拆卸维修。

a. 当三相动力线束需要维修时，先对电动机接线盒盖进行拆卸。

b. 用扳手将固定接线盒盖的 M6×12 法兰面螺栓 1 拧下，取下接线盒盖 2，由于之前装端盖时在接合面处涂抹了密封胶，因此在盖板拆下后要对电动机内部进行清洁，不得让异物掉入电动机内部；将三相动力线束和接线座的螺栓 3 拧下。将固定三相动力线束法兰的 M6×12 法兰面螺栓 4 拧下，拔出三相动力线束 5 进行维修（拔出时注意不要损坏三相动力线束），如图 1-1-11 所示。

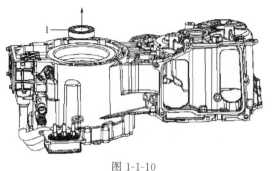

图 1-1-10

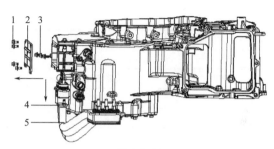

图 1-1-11

❸ 后处理。

a. 维修完毕后，再将三相动力线束涂抹润滑脂装入接线盒。用螺栓 3 将其固定于接线座上，力矩为 12N·m。

b. 将 M6×12 法兰面螺栓涂螺纹胶，用 12N·m 的力矩固定三相动力线束法兰。

（8）电动机定子拆卸与安装

❶ 拆卸前。

a. 将电动机平置于专用的工作台上，使其平稳放置，确保拆分时的电动机安全。

b. 按拆电动机端盖工序和拆电动机转子工序将电动机端盖及转子拆除。

❷ 拆卸维修。

a. 用扳手将固定三相动力线束和接线座的 M6×12 法兰面螺栓 1 拧下（图 1-1-12）。

b. 用扳手将固定定子的 M8×125 法兰面螺栓 2 拧下。

c. 将定子 3 从电动机内取出维修。

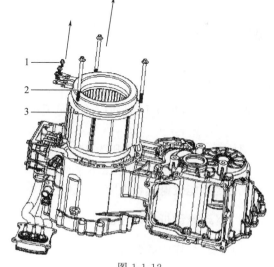

图 1-1-12

❸ 后处理。

a. 维修完毕后，将电动机定子装入电动机内，将 M8×125 法兰面螺栓 2 用 25N·m 的力矩拧紧，将螺栓 1 用 12N·m 的力矩拧紧。

b. 要对转子和电动机端盖进行安装，安装电动机端盖时，先在后箱体接合面处涂抹上密封胶，利用止口和螺栓对电动机端盖与后箱体进行定位，然后用力矩扳手将 M8×30 法兰面螺栓拧紧，力矩为 25N·m。

1.2 长安逸动混合动力汽车

1.2.1 驱动电动机简介

ISG（启动/发电一体化）电动机总成是转子与定子集成在一起的。

电动机安装在发动机与减速器之间，位于整车前舱。

1.2.2 驱动电动机针脚定义

驱动电动机针脚定义见表 1-2-1。

表 1-2-1

定义	定义说明	定义	定义说明
激励+	旋变激励信号	sin+	旋变 sin 信号
激励-	旋变激励信号（地）	sin-	旋变 sin 信号（地）
cos+	旋变 cos 信号	tmp+	电动机温度传感器信号（正）
cos-	旋变 cos 信号（地）	tmp-	电动机温度传感器信号（地）

1.2.3 驱动电动机检测

当发现车辆无故障提示，但是有下列情况时，应该对车辆的 ISG 电动机进行性能检查。

❶ 车辆不能通过大电动机启动发动机。

❷ 发现电动机有明显与正常情况不同的振动或异响。

检测方法如下。

❶ 打开 IPU（集成组合动力装置）侧的三相接线盖板，不要将金属异物等掉入接线盒，注意安全。

❷ 切断电池总成的高压隔离开关，并将压触开关短接，启动发动机，使用万用表交流挡测量此时三相线之间的电压。使用诊断仪读出此时电动机的转速。

❸ 转速 S 和电压 U 之间应该满足下列关系式。

$$U=(221/6000)S/1.414$$

例如：1200r/min 时电压为 31V±10V。

❹ 当发现三相线之间电压不平衡或者其值和上述公式计算的值相差过大时，表明 ISG 电动机已经性能衰退或者损毁，应该更换电动机。

1.2.4 驱动电动机故障诊断

（1）P1900 IPU 最大允许转矩 CRC 校验错误故障诊断（表 1-2-2）

表 1-2-2

故障判定测试条件	细节/结果/措施
	重新上电，故障是否能够排除，或者故障是否频繁出现。如果是，且频繁出现，则更换 IPU；如果否，则维修结束

(2) P1905 IPU 逆变器温度过高故障诊断（表 1-2-3）

表 1-2-3

测试步骤	细节/结果/措施
(1)出现过温度警告现象	出现过温警告是电动机控制器在恶劣情况下的一种正常保护现象，表明 IPU 出现过较为恶劣的运行工况或者散热系统有一定问题，可暂不做处理，清除故障码即可。如果过温警告出现比较频繁，至步骤(2)
(2)检查 IPU 冷却系统	检查 IPU 冷却风道是否有堵塞？如果是，则清理冷却风道；如果否，则至步骤(3)
(3)检查混动箱散热风道	检查混动箱散热风道是否有堵塞？如果是，则清理散热风道；如果否，则至步骤(4)
(4)检查混动箱冷却风扇	检查混动箱冷却风扇是否工作正常？如果是，则更换 IPU；如果否，则更换混动箱冷却风扇

(3) P1906 电动机温度过高故障诊断（表 1-2-4）

表 1-2-4

测试步骤	细节/结果/措施
(1)故障判定	故障是否频繁出现？如果否，不做处理，可清除故障码；如果是，则至步骤(2)
(2)检测电动机冷却环境	检查发动机前舱冷却风扇和节温器是否工作正常？如果否，则进行相关维修维护；如果是，则至步骤(3)
(3)检查接插件	检查电动机端 8 芯接插件以及 IPU 端 24 针接插件、线束是否可靠连接？如果是，则至步骤(4)；如果否，则更换或重新可靠连接接插件
(4)检查旋变线束	检查电动机端的 8 芯接插件到 IPU 端 24 针接插件的 tmp＋、tem－线束通断是否正常。如果是，则至步骤(5)；如果否，则维修线束
(5)电动机温度采集	阻值正常范围为 2.55～4.18kΩ。将整车钥匙拧到"OFF"挡，将 IPU 的 24 针脚的接插件拔下，用万用表"20kΩ"挡检测 tmp＋与 tmp－之间的阻值，观察其值，计算所得温度是否与诊断仪数据流中电动机温度相差在 5℃ 之内。如果是，且频繁报此故障，则更换 ISG 电动机；如果否，且频繁报此故障，则更换 IPU

(4) P190B 电动机过速故障诊断（表 1-2-5）

表 1-2-5

测试步骤	细节/结果/措施
(1)检查电动机接插件	检查电动机端 8 芯接插件以及 IPU 端 24 针接插件、线束是否可靠连接。如果是，则至步骤(2)；如果否，则更换或重新可靠连接接插件
(2)检查旋变线束	将钥匙拧到"OFF"挡，检查电动机端的 8 芯接插件到 IPU 端 24 针接插件的激励、sin、cos 线束通断是否正常。如果是，则至步骤(3)；如果否，则维修线束
(3)检查电机旋变	将车钥匙拧到"OFF"挡，将 IPU 的 24 针接插件拔下，用万用表"Ω"挡检测激励＋和激励－、sin＋和 sin－、cos＋和 cos－之间的阻值，参考值为 14Ω、35Ω、35Ω。判断测试到的阻值是否在参考值附近。如果是，则更换 IPU；如果否，则更换电动机

1.2.5　混合驱动桥拆装

(1) 使用工具

❶ 十字螺丝刀。

❷ 一字螺丝刀。

❸ 10mm、12mm 套筒。

(2) ISG 电动机总成的拆卸方法

❶ 拆卸三相线及电动机接插件后，按照常规减速器的拆卸方法，将减速器与动力总成脱离，且留出足够电动机取出的距离。

❷ 逆向拆卸螺栓与定位销，取下 ISG 电动机总成。

(3) ISG 电动机总成安装

❶ 螺栓装配要求：预紧所有螺栓，以对角方式拧紧螺栓，且优先拧紧销孔处的螺栓。

❷ 先将发动机放置或锁定在安装台架上，保证发动机安装面不受干涉。

❸ 装入 ISG 电动机总成。按图 1-2-1 标识首先安装螺栓 A、B、C，由 ISG 电动机端拧入发动机缸体。

❹ 再安装螺栓 D、E、F，由发动机缸体端拧入 ISG 电动机（图 1-2-2）。

备注：电动机安装时，先预紧螺栓 A、C，再预紧螺栓 B、D，然后拧紧螺栓 B、A、D、C。

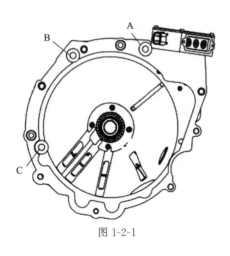

图 1-2-1

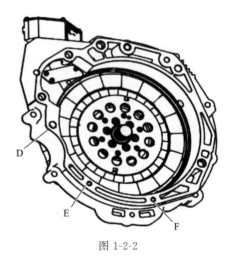

图 1-2-2

螺栓力矩见表 1-2-6。

表 1-2-6

序号	螺栓规格	扭矩/N·m
A	09103-12010-M12×70	85±7
B	09103-12010-M12×70	85±7
D	09103-12010-M12×70	85±7
E	1000016-S01-M8	35±2
F	1000016-S01-M8	35±2
C	09103-12010-M12×70	85±7

(4) 电动机与曲轴位置传感器的安装

安装曲轴位置传感器，安装螺栓 Q1840616，扭矩为 10N·m±1N·m。

(5) 电动机与 CVT 的安装

❶ 先安装两颗定位销（型号为 1000013-A01）到电动机上，再将 CVT 安装到电动机上，将与定位销对应的螺栓装入并预紧，然后再将其余螺栓装入。其中 a、b 号螺栓由电动机端拧入 CVT 变速器，力矩为 45N·m±2N·m，其余都是由 CVT 拧到电动机端（图 1-2-3）。

❷ 电动机安装完并完成与整车的装配后，需安装三相线（快插）以及低压接插件。

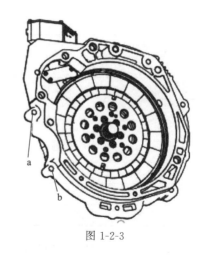

图 1-2-3

1.3 起亚 K5 混合动力汽车

1.3.1 驱动电动机简介

❶ 混合动力电动机系统配备两个电动机（HSG、驱动电动机），如图 1-3-1 和图 1-3-2 所示。

❷ 当驱动电动机驱动车辆行驶时，降低噪声、振动、不平顺性（NVH），并且提高燃油效率。

❸ 驱动电动机在减速和制动期间起到发电机的作用。

❹ 车辆行驶中，混合动力起动机/发电机（HSG）启动发动机。

图 1-3-1

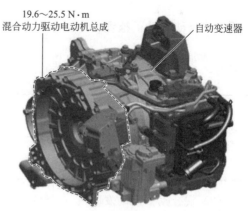

图 1-3-2

1.3.2 驱动电动机针脚定义

（1）电动机位置传感器/温度传感器（混合动力驱动电动机）（表 1-3-1）

表 1-3-1

端子	连接至	功能
1	MCU(93)	电动机位置(+)
2	MCU(68)	电动机位置传感器1
3	MCU(70)	电动机位置传感器2
4	MCU(49)	温度信号
5	MCU(94)	电动机位置(-)
6	MCU(69)	电动机位置传感器3
7	MCU(71)	电动机位置传感器4
8	MCU(48)	传感器搭铁

(2) 电动机位置传感器/温度传感器（HSG）（表 1-3-2）

表 1-3-2

端子	连接至	功能
1	MCU(87)	电动机位置(+)
2	MCU(62)	电动机位置传感器1
3	MCU(64)	电动机位置传感器2
4	MCU(43)	温度信号
5	MCU(66)	传感器屏蔽
6	MCU(88)	电动机位置(-)
7	MCU(63)	电动机位置传感器3
8	MCU(65)	电动机位置传感器4
9	MCU(42)	传感器搭铁
10	MCU(44)	传感器屏蔽

1.3.3 驱动电动机检测

(1) 混合动力驱动电动机（电动机位置传感器）检测（表 1-3-3）

表 1-3-3

项目	端子	规格/Ω	备注
电动机位置传感器	1-5	10.5~12.9	20℃条件
	2-6	28.8~35.2	
	3-7	24.3~29.7	

(2) 混合动力启动发电机（HSG）（电动机位置传感器）检测（表 1-3-4）

表 1-3-4

项目	端子	规格/Ω	备注
电动机位置传感器	1-6	13.8~17.8	20℃条件
	2-7	26.2~30.2	
	3-8	26.2~30.2	

(3) 混合动力驱动电动机（电动机温度传感器）检测（表 1-3-5）

表 1-3-5

项目	端子	规格/kΩ	备注
电阻（温度传感器）	4-8	10.92～13.44	20℃条件

(4) 混合动力启动发电动机（HSG）（电动机温度传感器）检测（表 1-3-6）

表 1-3-6

项目	端子	规格/kΩ	备注
电阻（温度传感器）	4-9	10.92～13.44	20℃条件

(5) 使用毫欧（mΩ）电阻表测量电路间的电阻值（表 1-3-7）

表 1-3-7

项目	检查部位	规格/mΩ	备注
相位间的电阻	端子 U-V	38.7～42.7	20℃条件下，相位间的电阻误差为5%
	端子 V-W	38.7～42.7	
	端子 W-U	38.7～42.7	

(6) 检查绝缘电阻（表 1-3-8）

表 1-3-8

项目	检查部位	规格	规格	备注
绝缘（壳、盖）	电动机	端子 U-搭铁 端子 V-搭铁 端子 W-搭铁	10MΩ↑	直流540V,1min
			2.5mA↓	交流1600V,1min
	电动机位置传感器	端子 1-搭铁 端子 2-搭铁 端子 3-搭铁	10MΩ↑	直流500V,1min
	温度传感器	端子 4-搭铁	10MΩ↑	

1.3.4 混合驱动桥拆装

(1) 拆卸

❶ 拆卸自动变速器。

❷ 拧下驱动电动机总成固定螺栓（图 1-3-3）。

❸ 拆卸/安装导轨（图 1-3-4）。

图 1-3-3

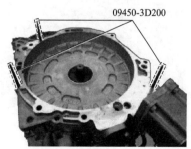

图 1-3-4

❹ 拆卸/安装夹具（09365-3D630），并拧紧螺栓Ⓐ，从自动变速器上分离驱动电动机总成（图1-3-5）。

❺ 利用小吊机从自动变速器Ⓑ上分离驱动电机总成Ⓐ（图1-3-6）。

注意

a. 清洁驱动电动机线圈部分的杂质。

b. 驱动电动机线圈部分不要碰触地面。

c. 不要冲撞驱动电动机总成，否则会损坏驱动电动机。

图1-3-5

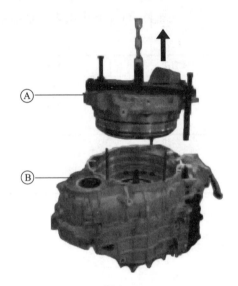

图1-3-6

❻ 拆卸隔圈Ⓐ（图1-3-7）。

❼ 拆卸卡环Ⓐ，并拆卸发动机离合器总成Ⓑ（图1-3-8）。

图1-3-7

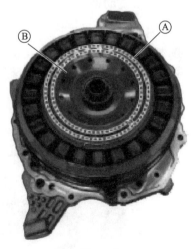

图1-3-8

❽ 拆卸止推垫圈Ⓐ和发动机离合器毂Ⓑ（图 1-3-9）。
❾ 拆卸止推垫圈Ⓐ（图 1-3-10）。

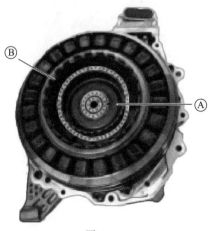

图 1-3-9　　　　　　　　　　　　　　图 1-3-10

（2）安装
❶ 安装推力轴承。
❷ 安装发动机离合器毂和推力轴承。
❸ 安装发动机离合器总成后，安装卡环。
❹ 测量 A 与 B 之间的高度（图 1-3-11），参考表 1-3-9 选择适当厚度垫片，这样才能获得适当的发动机离合器轴向间隙。

图 1-3-11

表 1-3-9

$A-B=C/[\text{in}(\text{mm})]$	部件编号	垫片厚度/[in(mm)]
0.0386(0.980)～0.0421(1.070)	45849-3D902	0.0354(0.90)
0.0421(1.070)～0.0457(1.160)	45849-3D992	0.0390(0.99)
0.0457(1.160)～0.0492(1.250)	45849-3D082	0.0425(1.08)
0.0492(1.250)～0.0528(1.340)	45849-3D172	0.0461(1.17)
0.0528(1.340)～0.0563(1.430)	45849-3D262	0.0496(1.26)
0.0563(1.430)～0.0598(1.520)	45849-3D352	0.0531(1.35)
0.0598(1.520)～0.0634(1.610)	45849-3D442	0.0567(1.44)

续表

$A-B=C/[\text{in}(\text{mm})]$	部件编号	垫片厚度/[in(mm)]
0.0634(1.610)～0.0669(1.700)	45849-3D532	0.0602(1.53)
0.0669(1.700)～0.0705(1.790)	45849-3D622	0.0638(1.62)
0.0705(1.790)～0.0740(1.880)	45849-3D712	0.0673(1.71)
0.0740(1.880)～0.0776(1.970)	45849-3D802	0.0709(1.80)
0.0776(1.970)～0.0811(2.060)	45849-3D802	0.0744(1.89)
0.0811(2.060)～0.0846(2.150)	45849-3D982	0.0780(1.98)
0.0846(2.150)～0.0882(2.240)	45849-3D072	0.0815(2.07)
0.0882(2.240)～0.0917(2.330)	45849-3D162	0.0850(2.16)
0.0917(2.330)～0.0953(2.420)	45849-3D252	0.0886(2.25)

❺ 安装垫片。

❻ 清除自动变速器驱动电动机壳上的残余密封胶。

❼ 在自动变速器驱动电动机壳内表面Ⓐ上涂抹润滑脂（图1-3-12）。

❽ 在驱动电动机壳接触面上涂抹密封胶（图1-3-13）。

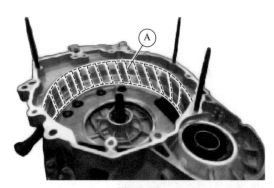

图1-3-12

图1-3-13

❾ 在驱动电动机总成上安装驱动电动机拆卸/安装工具（图1-3-14）。

❿ 利用小吊机在自动变速器上安装驱动电动机总成。

⓫ 从驱动电动机总成上拆下驱动电动机的拆卸/安装工具。

⓬ 在花键上安装转子转动工具，通过每转动一个槽对正发动机离合器花键的一个齿的方法安装（图1-3-15）。

⓭ 拆卸驱动电动机拆卸/安装导轨。

⓮ 拧紧驱动电动机总成固定螺栓（图1-3-16）。规定扭矩为19.6～25.5N·m。

⓯ 安装轴向间隙测量夹具。

⓰ 在轴向间隙测量夹具上方安装千分表后，拉动花键Ⓐ，测量轴向间隙（图1-3-17）。轴向间隙为0.05～0.20mm。

⓱ 执行ATF泄漏测试。

⓲ 使用油封安装专用工具（09365-3D500，09231-H1100）安装电动机油封。

⓳ 安装自动变速器。

⓴ 执行TCM学习程序。

图 1-3-14

图 1-3-15

图 1-3-16

图 1-3-17

1.4 东风日产楼兰混合动力汽车

1.4.1 驱动电动机

(1) 简介

内埋式永磁同步电动机（IPMSM）的转子芯内嵌有永磁铁，定子线圈产生的旋转磁场用于产生旋转扭矩。即使车辆停止，牵引电动机也可产生扭矩，当车辆开始移动时输出最大驱动扭矩，提供良好的起步加速性能。

(2) 结构（图 1-4-1）

(3) 工作原理

❶ 当定子线圈接通三相 AC 电流时，产生旋转磁场。该旋转磁场推动转子芯内部的永久磁铁，产生与旋转磁场同步的旋转扭矩。产生的扭矩与电流近似成正比，旋转速度取决于三相电流的频率（图 1-4-2）。

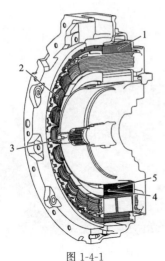

❷ 为产生最佳的转子旋转，需要根据转子芯内部永久磁铁的位置（角度）和流过线圈的电流的正时进行判断。为此，使用牵引电动机分解器和电流传感器来持续检测转子的旋转位置并控制线圈电流的正时。

1.4.2 驱动电动机位置及组成

离合器 1 包含在牵引电动机总成中（图 1-4-3）。离合器 1 是干性多片式离合器，由离合器鼓、活塞、主动盘和从动盘组成。

牵引电动机和主皮带轮之间安装了行星齿轮型的前进挡/倒挡选择机构。

发动机和牵引电动机通过输入轴输入动力，通过前进挡和倒挡驾驶之间的液压变化操作湿型多片式离合器（图 1-4-4）。

图 1-4-1

1—定子芯；2—线圈；3—轴；
4—永久磁铁；5—转子芯

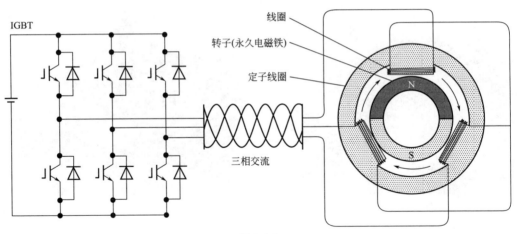

图 1-4-2

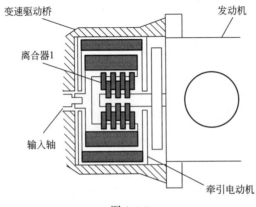

图 1-4-3

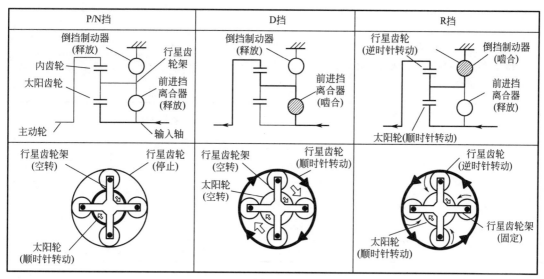

图 1-4-4

1.4.3 驱动电动机零位置学习

离合器 1 零位置学习是 HPCM 的一种功能，可学习离合器 1 的初始位置。必须在下列条件下执行学习。

❶ 已更换 HPCM。

❷ 已更换变速箱总成。

工作步骤如下。

（1）先决条件

❶ 使用 CONSULT 检查 "EV/HEV" "数据监控" 模式中的 "高压电池电量" 是否大于等于 60%，或使用组合仪表上信息显示屏中的 "锂离子电池充电状态" 检查电池电量是否大于或等于 60%。

❷ 检查 CVT 油温度是否大于等于 50℃。

❸ 学习完成后将点火开关转至 "OFF" 位置。

（2）执行离合器 1 位置学习

❶ 将点火开关转至 "ON" 位置。

❷ 将选挡杆换至 "P" 位置并检查车辆是否停止。

❸ 完全松开加速踏板。

❹ 使用 CONSULT，选择 "EV/HEV" "工作支持" 模式中的 "离合器 1 零位置学习"。

❺ 触摸 "开始"。

❻ 将车辆设为就绪状态。

注意以下几点。

❶ 学习大约在急速停止模式后的 120s 内结束。

❷ CONSULT 屏幕上是否显示 "完成"？

❸ 如果是，则结束。

❹ 如果否，则检查是否满足学习的需要，并再次执行位置学习的步骤❶至步骤❻。

1.4.4 驱动电动机故障码及定义

(1) P3176（电动机系统故障）

❶ DTC 检测逻辑（表 1-4-1）。

表 1-4-1

DTC	CONSULT 屏幕术语 （故障诊断内容）	DTC 检测条件	
P3176	电动机系统	诊断条件	—
		信号（端子）	来自牵引电动机逆变器的自诊断信号
		阈值	当 HPCM 检测到来自牵引电动机逆变器的自诊断信号时
		诊断延迟时间	—
		可能原因	牵引电动机逆变器检测到的 DTC

❷ 失效-保护（表 1-4-2）。

表 1-4-2

检测项目	混合动力系统操作和车辆行为	
P3176	如果配备牵引电动机逆变器计算单元或牵引电动机逆变器的 CAN 通信异常	(1)混合动力系统停止 (2)即使踩下油门踏板时也不可行驶
	如果牵引电动机逆变器停止控制牵引电动机	禁止发动机停止控制，且车辆仅由发动机驱动。因此，加速性能降低且换挡震动增大

(2) P2857、P2859（离合器 1 故障）

❶ DTC 检测逻辑（表 1-4-3）。

表 1-4-3

DTC	CONSULT 屏幕术语 （故障诊断内容）	DTC 检测条件	
P2857	离合器 A （离合器 A 压力啮合性能/过低）	诊断条件	—
		信号（端子）	—
		阈值	当 HPCM 在离合器 1 啮合的情况下检测到牵引电动机转速和发动机转速之差达到 500r/min 或以上的状态时
		诊断延迟时间	4s
P2859	离合器 A （离合器 A 压力分离性能/过低）	诊断条件	—
		信号（端子）	—
		阈值	当 HPCM 在离合器 1 啮合的情况下检测到牵引电动机转速和发动机转速之差达到 500r/min 或以上的状态时
		诊断延迟时间	4s
		可能原因	(1)离合器 1 (2)曲轴位置传感器 (3)TCM (4)牵引电动机解析器

❷ 失效-保护（表1-4-4）。

表 1-4-4

检测项目	混合动力系统操作和车辆行为	
离合器 1	如果离合器 1 啮合侧存在故障	禁止发动机停止控制
	如果离合器 1 分离侧存在故障	(1)发动机和牵引电动机停止 (2)即使踩下油门踏板时也不可行驶

1.4.5 更换变速驱动桥总成时的其他维修

（1）在更换变速驱动桥总成后执行的操作

❶ 写入 TCM 数据。TCM 通过接收各电磁阀的数据（固有特性值）执行精确控制。由于这个原因，在更换变速驱动桥总成后，需将新数据写入 TCM。

❷ 清除无级变速箱油劣化程度数据。TCM 记录根据车辆行车状况算出无级变速箱油劣化程度。因此，如更换变速驱动桥总成，则有必要清除 TCM 记录的无级变速箱油劣化程度数据。

❸ 分解器偏置。更换牵引电动机逆变器后，需使用 CONSULT 初始化牵引电动机分解器的偏置值。

（2）工作步骤

❶ 写下新变速驱动桥总成的序列号（图1-4-5）。

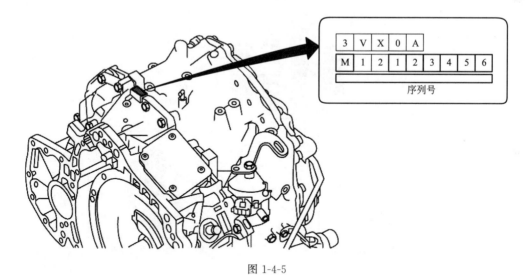

图 1-4-5

❷ 写入 TCM 数据（IP 特征值）。

根据 CONSULT 指示写入 TCM 中新电磁阀的数据。

当工作被中断时，从提供的 CD 中再次获取数据。

a. 将选挡杆置于 P 挡。

b. 将点火开关转至"OFF"位置并等待 10s。

c. 将点火开关转至"ON"位置。

d. 将提供的 CD 插入 CONSULT。

e. 选择"变速箱"中的"工作支持"。

f. 选择"写入 IP 特征-更换 AT/CVT"。

g. 检查 CONSULT 屏幕上显示的和许可写入备忘录的序列号。

h. 根据 CONSULT 屏幕上的指示将数据写入 TCM。

注：当写入完成时，组合仪表中的挡位指示灯显示 P。

❸ 使用 CONSULT 清除无级变速箱油劣化程度数据。

a. 选择"变速箱"中的"工作支持"。

b. 选择"确认无级变速箱油劣化"。

c. 触摸"清除"。

❹ 执行分解器偏置。

1.5　丰田凯美瑞混合动力汽车

1.5.1　驱动电动机简介

❶ 根据车辆驾驶条件，丰田混合动力系统-Ⅱ（THS-Ⅱ）通过优化方式结合发动机和 MG2 的原动力来驱动车辆。在该系统中，发动机动力是基础。P311 混合动力传动桥（混合动力车辆传动桥总成）内的动力分配行星齿轮机构将发动机动力分成两路：一路用来驱动车轮；另一路用来驱动 MG1。因此，MG1 可作为发电机使用（图 1-5-1）。

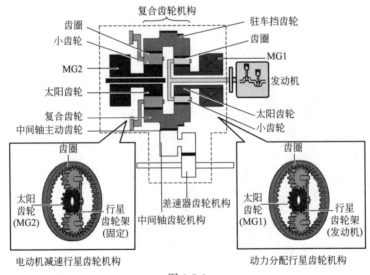

图 1-5-1

❷ P311 混合动力传动桥（混合动力车辆传动桥总成）主要由 MG1、MG2、复合齿轮机构（由电动机减速行星齿轮机构和动力分配行星齿轮机构组成）、中间轴齿轮机构以及差速器齿轮机构组成。

❸ 发动机、MG1 和 MG2 由复合齿轮机构机械地连接在一起。

❹ 复合齿轮机构由电动机减速行星齿轮机构和动力分配行星齿轮机构组成。电动机减速行星齿轮机构降低 MG2 的转速，动力分配行星齿轮机构将发动机的原动力分成两路：一路用来驱动车轮；另一路用来驱动 MG1。因此，MG1 可作为发电机使用。

❺ 在电动机减速行星齿轮机构中，太阳齿轮与 MG2 的输出轴耦合在一起，且行星齿轮

架固定。此外，复合齿轮机构使用由 2 个行星齿圈、1 个中间轴主动齿轮和 1 个驻车挡齿轮集成在一起的复合齿轮。

1.5.2 驱动电动机故障码

驱动电动机故障码见表 1-5-1。

表 1-5-1

DTC 编号	INF 代码	DTC 检测条件	故障部位
P0A2B	248	电动机温度传感器故障	混合动力车辆传动桥总成(电动机温度传感器)
P0A2B	250	电动机温度传感器性能故障	混合动力车辆传动桥总成(电动机温度传感器)
P0A2C	247	电动机温度传感器电路搭铁短路	(1)线束或连接器 (2)混合动力车辆控制 ECU (3)混合动力车辆传动桥总成(电动机温度传感器)
P0A2D	249	电动机温度传感器电路断路或＋B 短路	(1)线束或连接器 (2)混合动力车辆控制 ECU (3)混合动力车辆传动桥总成(电动机温度传感器)
P0A37	258	发电机温度传感器故障	混合动力车辆传动桥总成(发电机温度传感器)
P0A37	260	发电机温度传感器性能故障	混合动力车辆传动桥总成(发电机温度传感器)
P0A38	257	发电机温度传感器电路搭铁短路	(1)线束或连接器 (2)混合动力车辆控制 ECU (3)混合动力车辆传动桥总成(发电机温度传感器)
P0A39	259	发电机温度传感器电路断路或＋B 短路	(1)线束或连接器 (2)混合动力车辆控制 ECU (3)混合动力车辆传动桥总成(发电机温度传感器)
P0A3F	243	电动机解析器电路相间短路	(1)线束或连接器 (2)混合动力车辆传动桥总成(电动机解析器) (3)带转换器的逆变器总成
P0A40	500	电动机解析器输出不在正常范围内	(1)线束或连接器 (2)混合动力车辆传动桥总成(电动机解析器) (3)带转换器的逆变器总成
P0A41	245	电动机解析器电路断路或短路	(1)线束或连接器 (2)混合动力车辆传动桥总成(电动机解析器) (3)带转换器的逆变器总成
P0A4B	253	发电机解析器电路相间短路	(1)线束或连接器 (2)混合动力车辆传动桥总成(发电机解析器) (3)带转换器的逆变器总成
P0A4C	513	发电机解析器输出超出正常范围	(1)线束或连接器 (2)混合动力车辆传动桥总成(发电机解析器) (3)带转换器的逆变器总成
P0A4D	255	发电机解析器电路断路或短路	(1)线束或连接器 (2)混合动力车辆传动桥总成(发电机解析器) (3)带转换器的逆变器总成

续表

DTC 编号	INF 代码	DTC 检测条件	故障部位
P0A51	174	带转换器的逆变器总成（MG ECU）内部故障	带转换器的逆变器总成
P0A60	288	电动机逆变器电流传感器（V 相副传感器）故障	(1)带转换器的逆变器总成 (2)维修塞把手
P0A72	326	发电机逆变器电流传感器故障（V 相副传感器）	(1)带转换器的逆变器总成 (2)维修塞把手
P0A78	113	电动机逆变器故障信号检测（由于系统故障导致的过电流）	(1)线束或连接器 (2)混合动力车辆传动桥总成 (3)带转换器的逆变器总成
P0A78	121	电动机逆变器过电压信号检测（由于系统故障导致的过电压）	(1)HV 继电器总成 (2)带转换器的逆变器总成 (3)维修塞把手 (4)线束组 (5)线束或连接器 (6)混合动力车辆传动桥总成
P0A78	286	电动机逆变器故障信号检测（电路故障）	(1)线束或连接器 (2)逆变器冷却系统 (3)冷却风扇系统 (4)带电动机和支架的水泵总成 (5)混合动力车辆传动桥总成 (6)带转换器的逆变器总成 (7)混合动力车辆控制 ECU (8)熔丝（INV W/P） (9)发动机室继电器盒
P0A78	306	电动机扭矩执行监视故障	(1)混合动力车辆传动桥总成 (2)带转换器的逆变器总成

1.5.3 驱动电机故障诊断

警告

❶ 检查高压系统或断开带转换器的逆变器总成低压连接器前，务必采取安全措施，如佩戴绝缘手套并拆下维修塞把手以防电击。拆下维修塞把手后放到自己口袋中，防止其他技师在您进行高压系统作业时将其意外重新连接。

❷ 断开维修塞把手后，在接触任何高压连接器或端子前，等待至少 10min。等待 10min 后，检查带转换器的逆变器总成检查点端子处的电压。开始工作前的电压应为 0。

(1) P0A2C-247 驱动电动机 A 温度传感器电路低电位、P0A2D-249 驱动电动机 A 温度传感器电路高电位故障诊断

❶ 描述。内置于电动机温度传感器内的热敏电阻的电阻随 MG2 温度的变化而变化。MG2 温度越低，热敏电阻的电阻值就越大；反之，温度越高，电阻值越小。

❷ 电路图（图 1-5-2）。

❸ 检查连接器的连接情况（混合动力车辆控制 ECU 连接器）。
❹ 检查连接器的连接情况（电动机温度传感器连接器）。
❺ 使用检测仪读取数据流。
a. 断开电动机温度传感器连接器 C61（图 1-5-3）。
b. 连接电动机温度传感器车辆侧连接器的端子 1 和 3。
c. 将电源开关置于"ON"（IG）位置。
d. 选择以下菜单项：Powertrain/Hybrid Control/Data List/Motor Temp。
e. 读取数据列表。
显示的温度为 205℃。

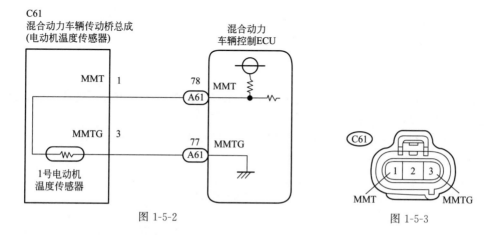

图 1-5-2   图 1-5-3

如果正常，则更换混合动力车辆传动桥总成；如果异常，则检查线束和连接器（混合动力车辆控制 ECU-电动机温度传感器）。

❻ 检查线束和连接器（混合动力车辆控制 ECU-电动机温度传感器）。
a. 断开混合动力车辆控制 ECU 连接器 A61。
b. 将电源开关置于"ON"（IG）位置。
c. 根据图 1-5-4 和表 1-5-2 中的值测量电压。

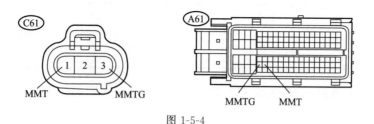

图 1-5-4

表 1-5-2

检测仪连接	规定状态
MMT（A61-78）-车身搭铁	低于 1
MMTG（A61-77）-车身搭铁	低于 1

d. 将电源开关置于"OFF"位置。

e. 断开电动机温度传感器连接器 C61。

f. 根据图 1-5-4 和表 1-5-3、表 1-5-4 中的值测量电阻。

表 1-5-3

检测仪连接	规定状态/Ω
MMT(A61-78)-MMT(C61-1)	小于 1
MMTG(A61-77)-MMTG(C61-3)	小于 1

表 1-5-4

检测仪连接	规定状态
MMT(A61-78)或 MMT(C61-1)-车身搭铁	10kΩ 或更大
MMTG(A61-77)或 MMTG(C61-3)-车身搭铁	10kΩ 或更大

如果正常，则维修或更换线束或连接器；如果异常，则更换混合动力车辆控制 ECU。

❼ 使用智能检测仪读取数据。

a. 断开电动机温度传感器连接器。

b. 将电源开关置于"ON"（IG）位置。

c. 选择以下菜单项：Powertrain/Hybrid Control/Data List/Motor Temp No1。

d. 读取数据列表。

正常显示的温度为 −50℃。

如果正常，则维修或更换线束或连接器；如果异常，则检查线束和连接器（混合动力车辆控制 ECU-电动机温度传感器）。

❽ 检查线束和连接器（混合动力车辆控制 ECU-电动机温度传感器）。

a. 断开混合动力车辆控制 ECU 连接器 A61。

b. 断开电动机温度传感器连接器。

c. 根据图 1-5-5 和表 1-5-5、表 1-5-6 中的值测量电阻。

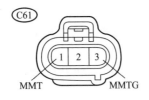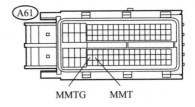

图 1-5-5

表 1-5-5

检测仪连接	规定状态/Ω
MMT(A61-78)-MMT(C61-1)	小于 1
MMTG(A61-77)-MMTG(C61-3)	小于 1

表 1-5-6

检测仪连接	规定状态
MMT(A61-78)或 MMT(C61-1)-车身搭铁	10kΩ 或更大
MMTG(A61-77)或 MMTG(C61-3)-车身搭铁	10kΩ 或更大

如果正常，则维修或更换线束或连接器；如果异常，则更换混合动力车辆控制 ECU。

（2）P0A3F-243 驱动电动机 A 位置传感器电路、P0A40-500 驱动电动机 A 位置传感器电路范围/性能、P0A41-245 驱动电动机 A 位置传感器电路低电位故障诊断。

❶ 描述。解析器是检测磁极位置的传感器，它对于保证 MG2 和 MG1 的高效控制来说是必不可少的。解析器定子包括一个励磁线圈和两个检测线圈。由于转子是椭圆形的，因此转子转动过程中，定子和转子之间的间隙会发生改变。预定频率的交流电流过励磁线圈，检测线圈 S 和 C 输出与传感器转子位置相对应的交流电。

MG ECU 根据检测线圈 S 和 C 的相位及其波形的高度，检测转子的绝对位置。此外，CPU 计算预定时长内位置的变化量，从而将解析器作为转速传感器使用。

MG ECU 监视电动机解析器的输出信号，并检测故障（图 1-5-6）。

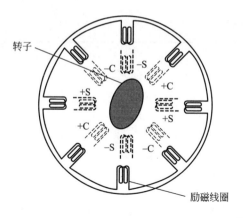
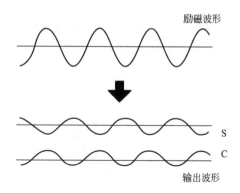

图 1-5-6

❷ 电路图（图 1-5-7）。

图 1-5-7

❸ 检查连接器的连接情况（带转换器的逆变器总成连接器）。
❹ 检查线束和连接器（带转换器的逆变器总成-电动机解析器）。
❺ 检查电动机解析器。若正常，则更换带转换器的逆变器总成。
❻ 检查连接器的连接情况（电动机解析器连接器）。
❼ 检查线束和连接器（带转换器的逆变器总成-电动机解析器）。如果异常，则维修或更换线束或连接器；如果正常，则更换混合动力车辆传动桥总成。

1.5.4 混合驱动桥拆装

（1）换挡杆位置传感器拆装

❶ 拆卸

a. 从蓄电池负极端子上断开电缆。

注意

断开并重新连接电缆后，某些系统需要初始化。

b. 拆卸左前翼子板外接板衬块。

c. 拆卸发动机左底罩。

d. 拆卸右前翼子板外接板衬块。

e. 拆卸发动机右底罩。

f. 拆卸空气滤清器进气口总成。

g. 分离变速器控制拉索总成。

ⓐ 从控制杆上拆下螺母（图1-5-8）。

ⓑ 使用螺丝刀分离2个卡爪，并从变速器控制拉索支架1上断开带卡子的变速器控制拉索总成（图1-5-9）。

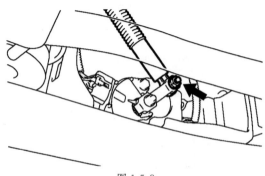

图1-5-8

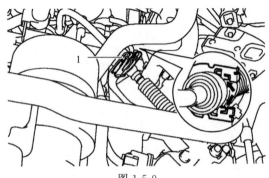

图1-5-9

h. 拆卸换挡杆位置传感器。

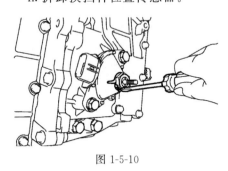

图1-5-10

ⓐ 断开换挡杆位置传感器连接器。

ⓑ 拆下螺母、垫圈和控制杆。

ⓒ 使用螺丝刀撬动锁止板的凸耳（图1-5-10）。

ⓓ 拆下锁紧螺母和锁止板。

ⓔ 拆下2个螺栓并拉出换挡杆位置传感器。

调整换挡杆位置传感器方法如下。

• 松开换挡杆位置传感器的2个螺栓并将换挡杆设定到N位置。

• 将凸出部分与空挡基线对准。

• 按如图1-5-11所示顺序，紧固2个螺栓。扭矩为13N·m。

❷ 安装

a. 安装换挡杆位置传感器。

ⓐ 将换挡杆位置传感器安装到手动阀杆轴上。

ⓑ 暂时安装2个螺栓。

ⓒ 安装新锁止板并紧固锁紧螺母。扭矩为6.9N·m。

ⓓ 暂时安装控制杆。

ⓔ 顺时针转动控制杆直到其停止，然后逆时针转动 2 个槽口（图 1-5-12）。

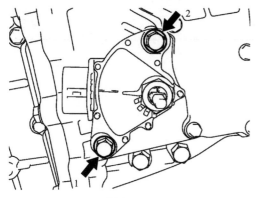

图 1-5-11
1,2—螺栓

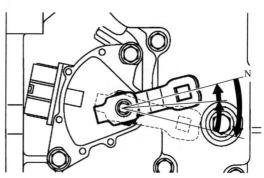

图 1-5-12

ⓕ 拆下控制杆。
ⓖ 将凸出部分与空挡基线对准。
ⓗ 按如图 1-5-11 所示顺序，紧固 2 个螺栓。扭矩为 13N·m。
ⓘ 使用螺丝刀和锁止板固定螺母。
ⓙ 安装控制杆、垫圈和螺母。扭矩为 13N·m。
b. 连接变速器控制拉索总成。
ⓐ 将换挡杆移至 N 位置。
ⓑ 将新卡子安装到控制拉索支架上。
ⓒ 将变速器控制拉索总成安装到控制拉索支架上。

 注意

确保卡子的卡爪牢固地卡在支架孔中；确保拉索牢固地安装在卡子的卡爪内。

ⓓ 连接换挡杆位置传感器连接器。
ⓔ 将控制杆移至 N 位置。
ⓕ 用螺母将变速器控制拉索总成安装到控制杆上。扭矩为 15N·m。
c. 检查换挡杆位置。
d. 调节换挡杆位置。
e. 调节变速器控制拉索总成。
f. 检查换挡杆工作情况。
g. 安装空气滤清器进气口总成。
h. 安装发动机右底罩。
i. 安装右前翼子板外接板衬块。
j. 安装发动机左底罩。
k. 安装左前翼子板外接板衬块。
l. 将电缆连接到蓄电池负极端子上。

 **注意**

断开并重新连接电缆后,某些系统需要初始化。

(2) 混合动力传动桥拆装

❶ 拆卸混合动力传动桥。

a. 拆卸带传动桥的发动机总成。

b. 拆卸动力阻尼器。

c. 拆卸前车架总成。

d. 拆卸前桥左半轴总成。

e. 拆卸前桥左半轴孔卡环。

f. 拆卸前桥右半轴总成。

g. 从混合动力车辆传动桥总成上拆下飞轮壳底罩。

h. 分离发动机线束。

ⓐ 拆下 2 个螺栓和 2 条搭铁线。

ⓑ 断开 7 个线束卡夹。

ⓒ 断开 4 个连接器(图 1-5-13)。

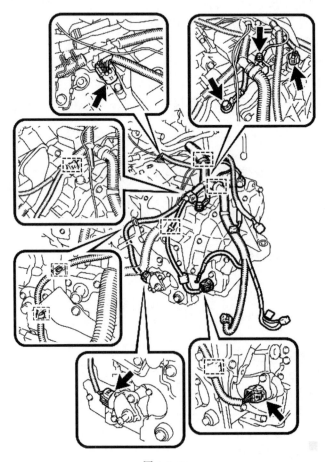

图 1-5-13

ⓓ 拆下 3 个螺栓和 3 个线束支架（图 1-5-14）。
i. 拆下 2 个螺栓和变速器 1 号控制拉索支架。
j. 拆下螺栓和变速器 2 号控制拉索支架。
k. 拆卸变速器 3 号控制拉索支架。
ⓐ 拆下螺栓和变速器 3 号控制拉索支架。
ⓑ 拆下螺栓和 HV 逆变器保护装置。
l. 拆卸自动变速箱盖。
ⓐ 从混合动力传动桥上拆下螺栓。
ⓑ 从自动变速箱盖上断开 3 个线束卡夹。
ⓒ 从混合动力传动桥上拆下 2 个螺栓和支架。
ⓓ 分离 2 个卡爪，并拆下变速箱盖。
ⓔ 从混合动力传动桥上拆下 2 个螺栓、卡子和自动变速箱盖。
m. 拆下 HV 传动桥质量阻尼器和衬垫。
n. 拆下 2 个变速器油泵盖螺塞和 2 个 O 形圈。
o. 从混合动力传动桥上断开卡夹和水软管。
p. 拆下 3 个螺栓和发动机悬置支架。
q. 拆卸混合动力车辆传动桥总成。
ⓐ 拆下 9 个螺栓（图 1-5-15）。
ⓑ 分离并拆下混合动力车辆传动桥。

注意

不要在传动桥总成和发动机之间过度撬动，以防止损坏锁销。

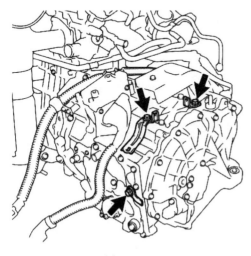

图 1-5-14

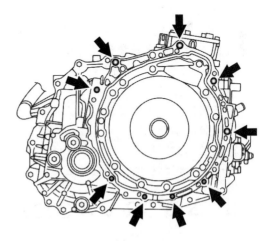

图 1-5-15

❷ 安装混合动力传动桥。
a. 安装混合动力车辆传动桥总成。
ⓐ 确保锁销安装在发动机上。

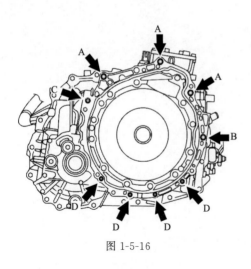

图 1-5-16

ⓑ 用 9 个螺栓将混合动力车辆传动桥安装到发动机上（图 1-5-16）。扭矩如下：

螺栓 A：64N·m。

螺栓 B：46N·m。

螺栓 C：28N·m。

螺栓 D：44N·m。

b. 用 3 个螺栓安装发动机前悬置支架。扭矩为 64N·m。

c. 用卡夹安装水软管。

d. 安装 2 个新 O 形圈和 2 个变速器油泵盖螺塞。扭矩为 27N·m。

e. 安装新衬垫和 HV 传动桥质量阻尼器。扭矩为 39N·m。

f. 安装自动变速箱盖。

ⓐ 用 2 个螺栓和卡子安装自动变速箱盖。扭矩为 7.0N·m。

ⓑ 接合 2 个卡爪以安装变速箱盖。

ⓒ 用 2 个螺栓安装支架。扭矩为 8.0N·m。

ⓓ 用螺栓和 3 个卡夹连接线束。扭矩为 8.0N·m。

g. 安装变速器 3 号控制拉索支架。

ⓐ 用螺栓安装 HV 逆变器保护装置。扭矩为 10N·m。

ⓑ 用螺栓安装变速器 3 号控制拉索支架。扭矩为 14N·m。

h. 用螺栓安装变速器 2 号控制拉索支架。扭矩为 12N·m。

i. 用 2 个螺栓安装变速器 1 号控制拉索支架。扭矩为 12N·m。

j. 用 3 个螺栓安装 3 个支架。扭矩为 8.4N·m。

ⓐ 连接 4 个连接器。

ⓑ 连接 7 个线束卡夹。

ⓒ 用 2 个螺栓安装 2 条搭铁线。扭矩为 12N·m。

k. 将飞轮壳底罩安装到混合动力车辆传动桥总成上。

l. 安装前桥右半轴总成。

m. 安装前桥左半轴孔卡环。

n. 安装前桥左半轴总成。

o. 安装前车架总成。

p. 安装动力阻尼器。

q. 安装带传动桥的发动机总成。

1.6 本田 CR-V 混合动力汽车

1.6.1 驱动电动机简介

电动无级变速器（e-CVT）是一种电子控制变速器。e-CVT 提供无级前进挡和倒挡。e-CVT 能使车辆在电功率、发动机功率，或两者的组合电源情况下驾驶。两个电源都通过变速器内的齿轮传递动力。

驱动电动机位置图如图 1-6-1 所示。

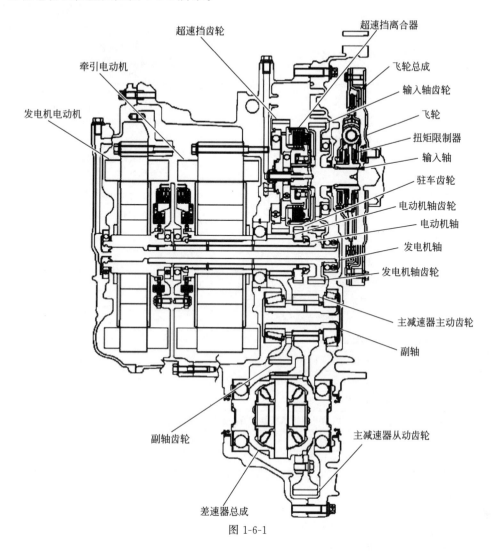

图 1-6-1

1.6.2 驱动电动机故障诊断

❶ 车辆处于 READY TO DRIVE 模式,但车辆在所有挡位都不能移动。故障分析见表 1-6-1。

表 1-6-1

故障原因	故障位置
牵引电动机故障(磨损或损坏)	(1)导轮 (2)转子 (3)位置传感器 (4)位置传感器线路 (5)端板 (6)传感器线束 (7)三相线

续表

故障原因	故障位置
牵引电动机故障(错误安装)	(1)导轮 (2)位置传感器 (3)端子 (4)三相线端子
牵引电动机内有异物	(1)PCU三相连接器(内有异物) (2)发电机电动机(磨损或损坏) (3)导轮 (4)转子 (5)位置传感器 (6)位置传感器线路 (7)端板 (8)三相线
发电机电动机故障(错误安装)	(1)导轮 (2)位置传感器 (3)端子 (4)三相线端子
未学习发电机电动机位置传感器	
驻车位置传感器故障	
SBW换挡器控制单元故障	
变速器总成和飞轮安装错误	
副轴磨损或损坏	
电动机轴磨损或损坏	
主减速器齿轮磨损或损坏	
止推垫圈卡住、磨损或损坏	
输入轴轴承、副轴轴承、发电机轴轴承、电动机轴轴承或差速器托架轴承故障	
ATF冷却器堵塞	
轴分离	

注：1. 检查变速器是否安装不当，并检查飞轮是否磨损和损坏。如果飞轮磨损或损坏，则将其更换。
2. 检查副轴是否磨损和损坏。
3. 检查电动机轴是否磨损和损坏。
4. 检查发电机轴是否磨损和损坏。
5. 检查主齿轮是否磨损和损坏。
6. 检查止推垫圈是否卡滞、磨损和损坏。
7. 检查输入轴、副轴、发电机轴、电动机轴和差速器托架的轴承。
8. 检查ATF冷却器。
9. 检查轴。
10. 检查驻车位置传感器。
11. 检查SBW换挡器控制单元。

❷ 车辆在D位置/模式时不移动。故障分析见表1-6-2。

表1-6-2

故障原因
牵引电动机位置传感器故障
牵引电动机位置传感器线路故障
牵引电动机传感器线束故障

注：1. 检查电动机轴是否磨损和损坏。
2. 检查电动机位置传感器线束是否连接不良、端子松动、过度磨损和损坏。

❸ 车辆在R位置/模式时不移动。故障分析见表1-6-3。

表 1-6-3

故障原因
牵引电动机位置传感器故障
牵引电动机位置传感器线路故障
牵引电动机传感器线束故障

注：1. 检查电动机轴是否磨损和损坏。
2. 检查电动机位置传感器线束是否连接不良、端子松动、过度磨损和损坏。

❹ 加速不良。故障分析见表 1-6-4。

表 1-6-4

故障原因	故障位置
牵引电动机故障（磨损或损坏）	(1) 定子 (2) 转子 (3) 位置传感器 (4) 位置传感器线路 (5) 端子板 (6) 变速箱油温传感器 (7) 传感器线束 (8) 三相线束
牵引电动机故障（错误安装）	(1) 定子 (2) 位置传感器 (3) 端子 (4) 三相线束端子
发电机电动机故障（磨损或损坏）	(1) 定子 (2) 转子 (3) 位置传感器 (4) 位置传感器线路 (5) 端子板 (6) 三相线束
牵引电动机定子温度高	
牵引电动机转子温度高	
牵引电动机位置传感器未学习	
发电机电动机故障（安装故障）	(1) 定子 (2) 位置传感器 (3) 端子 (4) 三相线束端子
发电机电动机定子温度高	
发电机电动机位置传感器未学习	
发动机输出过低	
ATF 液位过低	
ATF 泵磨损或卡滞	
主调节阀卡滞或弹簧磨损	
分离板节流孔中有异物	
冷却器限压阀故障	
ATF 滤网堵塞	
ATF 冷却器堵塞	

注：1. 检查发动机控制系统。
2. 检查 ATF 液位。如果液位低于下限，则检查 ATF 冷却器管路是否泄漏或连接松动。如有必要，可清洗 ATF 冷却器管路。
3. 检查电动机轴是否磨损和损坏。
4. 检查发电机轴是否磨损和损坏。
5. 检查 ATF 泵传动齿轮是否磨损或损坏。
6. 更换阀体总成。
7. 检查导流隔板节流孔是否堵塞。如果节流孔堵塞，则将其拆下并清洁导流隔板节流孔。
8. 检查 ATF 滤网是否有碎片。如果滤网阻塞，则找出导致碎片的损坏部件。
9. 检查 ATF 冷却器。
10. 更换变速器（e-CVT）。

❺ 发动机在所有驾驶条件下都振动。故障分析见表1-6-5。

表 1-6-5

故障原因	故障位置
发电机电动机故障(磨损或损坏)	(1)定子 (2)转子 (3)位置传感器 (4)位置传感器线路 (5)端子板 (6)三相线束
发电机电动机故障(安装故障)	(1)定子 (2)位置传感器 (3)端子 (4)三相线束端子
发动机输出过低	
离合器故障	
离合器端板和顶盘的间隙不正确	

注：1. 检查发动机控制系统。
2. 检查发电机轴是否磨损和损坏。
3. 检查离合器端板和顶盘之间的间隙。如果间隙超出公差范围，则更换离合器。
4. 更换变速器（e-CVT）。

❻ 从混合动力驱动模式切换到EV驱动模式时振动过大。故障分析见表1-6-6。

表 1-6-6

故障原因
飞轮故障
输入轴磨损或损坏
发电机轴磨损或损坏
扭矩限制器故障

注：1. 检查飞轮是否磨损和损坏，如果飞轮磨损或损坏，则更换飞轮。
2. 检查输入轴是否磨损和损坏。
3. 检查输入轴是否磨损和损坏。
4. 更换变速器（e-CVT）。

❼ 从混合动力驱动模式切换到EV驱动模式时振动过大。故障分析见表1-6-7。

表 1-6-7

故障原因	故障位置
牵引电动机故障(磨损或损坏)	(1)导轮 (2)转子 (3)位置传感器 (4)位置传感器线路 (5)端子板 (6)传感器线束 (7)三相线束

续表

故障原因	故障位置
牵引电动机故障（错误安装）	(1)导轮 (2)位置传感器 (3)端子 (4)三相线束端子
牵引电动机内有异物	
副轴磨损或损坏	
电动机轴磨损或损坏	
主减速器齿轮磨损或损坏	
离合器故障	
离合器端板和顶盘之间的间隙不正确	
止推垫圈卡住、磨损或损坏	
输入轴轴承、副轴轴承、发电机轴轴承、电动机轴轴承或差速器托架轴承故障	

注：1. 检查电动机位置传感器线束是否连接不良、端子松动、过度磨损和损坏。
2. 检查副轴是否磨损和损坏。
3. 检查电动机轴是否磨损和损坏。
4. 检查主齿轮是否磨损或损坏。
5. 检查离合器端板和顶盘之间的间隙。如果间隙超出公差范围，则更换离合器。
6. 检查止推垫圈是否卡滞、磨损和损坏。
7. 检查输入轴、副轴、发电机轴、电动机轴和差速器托架的轴承。
8. 更换变速器（e-CVT）。

1.6.3 电动机转子位置校准

注意

无论何时执行任一行动，都须进行电动机转子位置校准。

进行如下操作，需要进行电动机转子位置校准：更换 PCU；更换电动机［变速器（e-CVT）］。

电动机转子位置校准步骤如下。

❶ 连接 HDS。
❷ 使用 HDS 选择 ELECTRIC POWERTRAIN/IMA（电子动力/IMA）系统。
❸ 选择 ADJUSTMENT MENU（调节菜单），然后选择 MOTOR ROTOR POSITION SENSOR LEARNING（电动机转子位置传感器学习），并遵循屏幕提示。

1.6.4 混合驱动桥拆装

（1）拆卸（图 1-6-2）

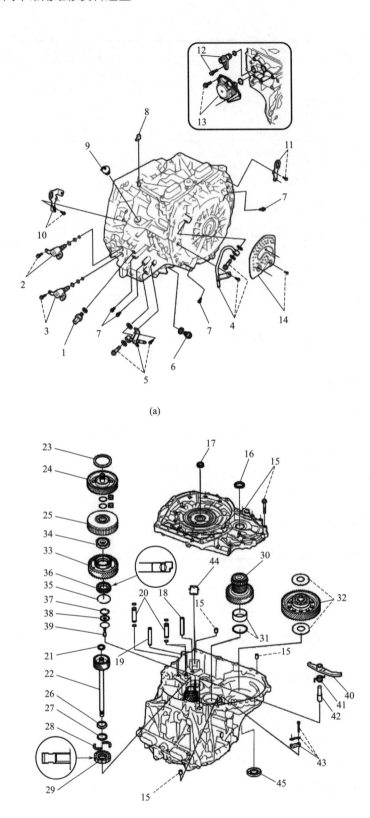

(a)

(b)

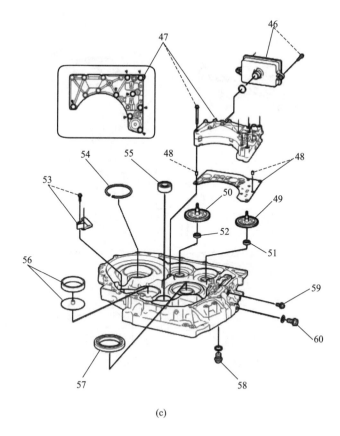

图 1-6-2

1—变速箱油压传感器；2—换挡电磁阀 A；3—换挡电磁阀 B；4—ATF 进口管路；5—ATF 出口管路；6—注油螺塞；7—10mm 密封螺栓；8—通风盖；9—加注口盖；10—变速箱吊钩 A；11—变速器吊钩 B；12—驻车位置传感器；13—驻车棘爪作动器；14—防滑块；15—飞轮壳体；16—中间轴油封；17—输入轴油封；18—10mm×46.5mm 管；19—8mm×44.1mm 管；20—10.8mm×35mm 管；21—垫片；22—发电机轴；23—垫片；24—输入轴；25—超速挡离合器；26—锁环固定环 A；27—卡环；28—开口销；29—驻车齿轮；30—副轴/差速器；31—副轴轴承外圈（变速器壳体侧）；32—垫片；33—超速挡齿轮；34—超速挡齿轮轴承（超速挡离合器侧）；35,37—内卡环；36—超速传动齿轮轴承（变速器壳体侧）；38—供油管法兰；39—供油管 A；40—驻车制动棘爪；41—驻车棘爪弹簧；42—驻车轴；43—驻车制动杆固定件；44—ATF 磁铁；45—半轴油封；46—ATF 滤网；47—阀体总成；48—分离板；49—ATF 泵驱动轴 A；50—ATF 泵驱动轴 B；51—ATF 泵驱动轴 A 轴承；52—ATF 泵驱动轴 B 轴承；53—挡油板；54—垫片；55—发电机轴轴承；56—副轴轴承外圈（飞轮壳体侧）/导油板 C；57—输入轴轴承；58—放油螺塞；59—10mm 密封螺栓；60—12mm 密封螺栓

(2) 安装（图 1-6-3）

注意

❶ 重新组装前，清洗所有拆下的零件。
❷ 重新组装前，在所有 O 形圈和可移动部件上涂抹薄薄一层干净的 ATF。
❸ 小心不要损坏 O 形圈。
❹ 防止异物进入变速箱。

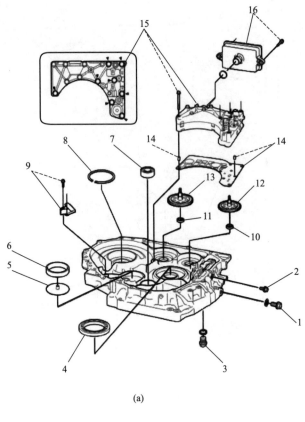

(a)

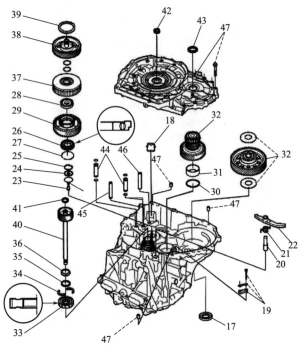

(b)

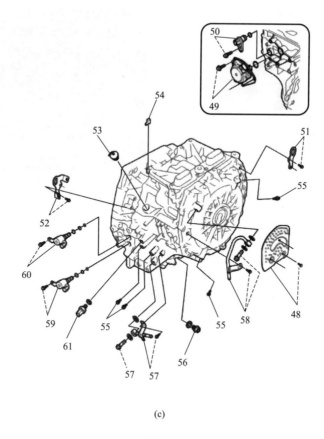

图 1-6-3

1—12mm 密封螺栓；2—10mm 密封螺栓；3—放油螺塞；4—输入轴轴承；5—导油板 C；6—副轴轴承外圈（飞轮壳体侧，拆卸）；7—发电机轴轴承；8—垫片；9—挡油板；10—ATF 泵驱动轴 A 轴承；11—ATF 泵驱动轴 B 轴承；12—ATF 泵驱动轴 A；13—ATF 泵驱动轴 B；14—分离板；15—阀体总成；16—ATF 滤网；17—半轴油封；18—ATF 磁铁；19—驻车制动杆固定件；20—驻车轴；21—驻车棘爪弹簧；22—驻车制动棘爪；23—供油管 A；24—供油管法兰；25—内卡环；26—超速传动齿轮轴承（变速器壳体侧）；27—内卡环；28—超速挡齿轮轴承（超速挡离合器侧）；29—超速挡齿轮；30—垫片；31—副轴轴承外圈（变速器壳体侧）；32—副轴/差速器；33—驻车齿轮；34—开口销；35—卡环；36—锁环固定环 A；37—超速挡离合器；38—输入轴；39—垫片；40—发电机轴；41—垫片；42—输入轴油封；43—中间轴油封；44—10.8mm×35mm 管；45—8mm×44.1mm 管；46—10mm×46.5mm 管；47—飞轮壳体；48—防滑块；49—驻车棘爪作动器；50—驻车位置传感器；51—变速箱吊钩 B；52—变速箱吊钩 A；53—加注口盖；54—通风盖；55—10mm 密封螺栓；56—注油螺塞；57—ATF 出口管路；58—ATF 进口管路；59—换挡电磁阀 B；60—换挡电磁阀 A；61—变速箱油压传感器

1.7 宝马 X5 混合动力汽车

1.7.1 驱动电动机简介

安装在发动机和 8 挡自动变速箱之间的电动机，最大功率为 84.3kW，最大扭矩为 250N·m（图 1-7-1 和图 1-7-2）。

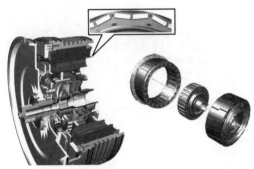
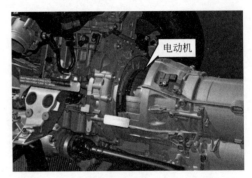

图 1-7-1　　　　　　　　　　　图 1-7-2

1.7.2　高压插接器拆装

高压插头连接的下列提示。
❶ 必须完全更新损坏的高压插头连接。
❷ 不允许进行修理。
❸ 在打开插头连接前必须擦去污物。

(1) 断开 Hirschmann 高压插头
❶ 沿箭头方向按压插头上的左右锁止件①（图 1-7-3）。
❷ 将插头②沿箭头方向拔出。

❶ 拔下插头②时会有些费力。
❷ 当高压插头②损坏时，必须完全更新高压线！

(2) 连接 Hirschmann 高压插头
将插头①沿箭头方向推上（图 1-7-4）。

必须听到插头①嵌入的声音。

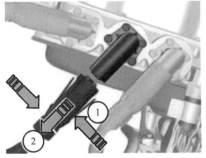

图 1-7-3　　　　　　　　　　　图 1-7-4

(3)断开 Kostal 高压插头

❶ 解除高压触点监测装置①联锁并脱开（图 1-7-5）。
❷ 将锁止件①向前推到底（图 1-7-6）。
❸ 抬起插头②，并将其整个拔下。

注意

❶ 拔下插头连接时会有些费力。
❷ 必须一次性地从壳体中拔出插头②。
❸ 如果仅部分拔出插头，然后又关闭，则可能导致接触保护损坏！

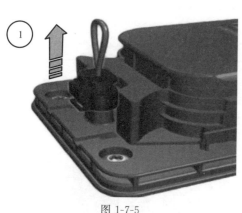 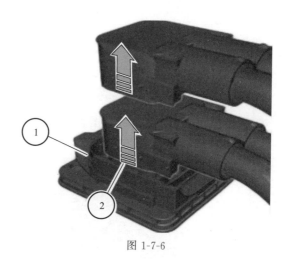

图 1-7-5　　　　　　　　　　　图 1-7-6

(4)检查 Kostal 高压插头和连接的损坏

检查接触保护①是否损坏及位置是否正确（图 1-7-7）。

警告

❶ 不要触碰未保护的插头②。
❷ 如果接触保护①向下移，则必须重新安装高压插头。
❸ 如果接触保护①在重新安装时再次停留在下部位置，则接触保护会损坏并需要更新组件！

(5)检查高压插头①是否损坏（图 1-7-8）

警告

当高压插头①损坏时，必须完全更新高压导线！

(6)连接 Kostal 高压插头

❶ 一次性地将插头②完全插到壳体上（图 1-7-9）。

❷ 将锁止件①向后推到底。

图 1-7-7

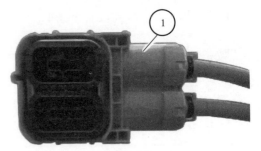

图 1-7-8

 注意

插头连接②必须通过锁止件①嵌入，否则有损坏危险。

❸ 连接高压互锁的插头（图 1-7-10）。

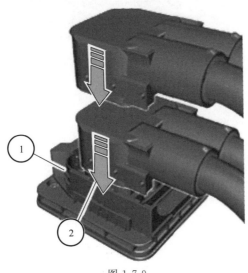

图 1-7-9

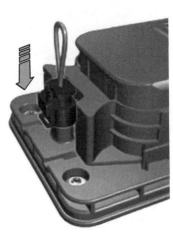

图 1-7-10

（7）Dreiphasiger 高压插头

笔直拔下和插上插头（图 1-7-11）。

（8）脱开便捷充电系统高压接口上的高压插头

❶ 将锁止件①沿箭头方向移动至极限位置（图 1-7-12）。

❷ 压下锁止件①（图 1-7-13）。

❸ 完全翻开锁止件①并拔下插头②（图 1-7-14）。

（9）连接便捷充电系统高压接口上的高压插头

❶ 插上插头①至极限位置并锁上锁止件②（图 1-7-15）。

第 1 章 驱动系统

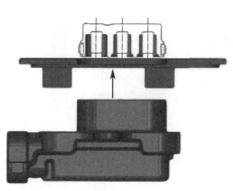

图 1-7-11

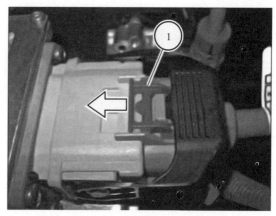

图 1-7-12

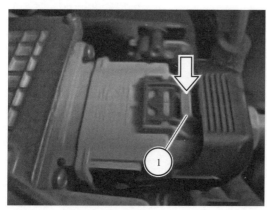

图 1-7-13

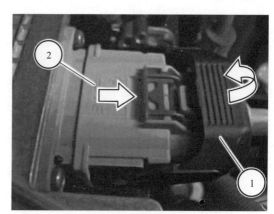

图 1-7-14

 注意

❶ 必须听到锁止件②嵌入的声音。
❷ 锁止件②的锁止凸耳必须完全位于锁止件②下方。

❷ 将锁止件②沿箭头方向推至极限位置。
（10）高压蓄电池单元高压接口上的高压插头
沿箭头方向向下压解锁件①并沿箭头方向②拔下插头连接（图 1-7-16）。

 **注意**

❶ 当插头外壳损坏时将不再具备接触保护。
❷ 这种情况下必须与技术支持部门联系。

（11）电池单元模块上的高压插头 I01
压紧解除联锁装置①并向上拔出插头②（图 1-7-17）。

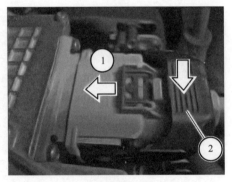 

图 1-7-15　　　　　　　　图 1-7-16

 注意

❶ 当插头外壳损坏时将不再具备接触保护作用。
❷ 这种情况下必须与技术支持部门联系。

(12) 电池单元模块上的高压插头（电池单元模块连接线路）

沿箭头①方向压解锁件，沿箭头②方向拔下插头连接（图 1-7-18）。

 注意

❶ 当插头外壳损坏时将不再具备接触保护。
❷ 这种情况下必须技术支持部门联系。

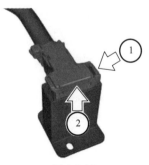 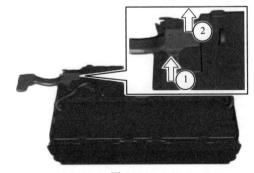

图 1-7-17　　　　　　　　图 1-7-18

1.7.3　切断高压系统电压

 注意

❶ 拔下可能已连接的充电电缆。
❷ 打开后备厢盖。
❸ 关闭点火开关。
❹ 在脱开高压安全插头之前应确保车辆处于"休眠状态"。

(1) 取出饰件①（图 1-7-19）
(2) 无压状态下切换高压系统

❶ 拉出解除联锁装置①（图 1-7-20）。

❷ 如果解除联锁装置②已拉出，则可以脱开高电压安全插头②至空出插头上的孔。

注意

高压安全插头不能完全脱开。

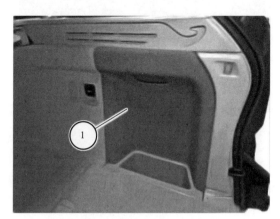

图 1-7-19

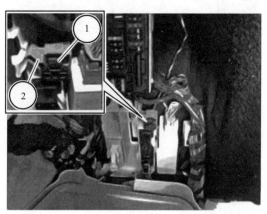

图 1-7-20

(3) 防止高压系统再次连接

将挂锁①插入高电压安全插头③预留孔②中并锁定（图 1-7-21）。

注意

挂锁的钥匙应置于安全位置保管。

(4) 确定无电压

❶ 警告（一）。在进行后续维修工作前务必要做到以下几点。

a.打开点火开关，检查组合仪表无电压。检查控制信息必须显示"高电压系统已关闭"（图 1-7-22）。

b.注意出现的高压警告牌（指示灯、检查控制等），找出原因并排除故障。只有当组合仪表中显示检查控制信息"高电压系统已关闭"时，才允许将 12V 蓄电池断开！

❷ 提示。

a.点火开关关闭且高压安全插头脱开时，标准情况下将显示检查控制信息"高压系统故障"。

b.只有点火开关打开时，才能显示无电压（高电压系统已关闭）。

❸ 警告（二）。

a.如果未明确确定 KOMBI 组合仪表中无电压，则不允许开始工作，否则会有生命危险！

b.在开始工作之前，必须由具备资质且经过认证的 1000V DC 电气专业人员，使用相应的测量仪/测量方法确定已断电。

c. 在这样的情况下，必须联系技术支持！此外，隔离车辆，并借助警示带将其隔开！

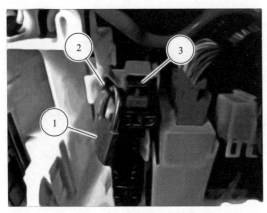

图 1-7-21

图 1-7-22

1.7.4 混合驱动桥拆装

（1）需要的准备工作

❶ 断开高压系统电压。

❷ 断开蓄电池接线。

❸ 拆下排气装置。

❹ 松开废气催化剂转换器上的监控用传感器。

❺ 拆下部分万向轴。

❻ 从变速箱上拆下万向轴凸缘。

a. 松开中间轴承。

b. 将车辆底板上的万向轴向上捆扎。

 注意

如万向轴弯曲角度过大，便可能导致万向节/万向轴损坏！

❼ 排放冷却液。

❽ 拆下隔热板。

❾ 在拆卸变速箱时用举升机支撑住发动机。

（2）拆卸混合驱动桥

❶ 拆下隔热板。

❷ 将高压线及支架从变速箱上松开。

❸ 将螺栓①从高压插头上松开（图1-7-23）。

❹ 将高压插头②从EME上脱开。

❺ 将支架连同高压线从变速箱横梁上松开。

❻ 松开高压插头②上的螺栓①（图1-7-24）。

❼ 将高压插头②从变速箱上脱开。

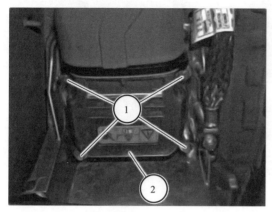 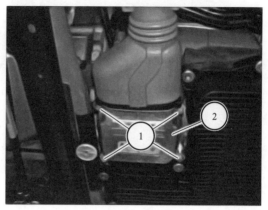

图 1-7-23　　　　　　　　　　　图 1-7-24

❽ 松开支架的橡胶支座。
❾ 拆下支架。
❿ 松开变速箱电缆。
⓫ 将冷却液管从变速箱上松开。
⓬ 松脱温度传感器插头①（图 1-7-25）。

注意

温度传感器插头位于右侧变速箱前围下方。

⓭ 松开连接到变速箱油冷却器的液压管路。
⓮ 通过转动脱开插头①并拔出。
⓯ 松开变速箱螺栓。
⓰ 拆下接地带。
⓱ 使用专用工具支撑变速箱。
⓲ 松开螺栓，放低变速箱。
⓳ 松脱转子位置传感器插头。
⓴ 将插头①从分动器控制单元上松开并脱开（图 1-7-26）。
㉑ 将螺栓②和接地导线从分动器上脱开。
㉒ 松开变速箱螺栓（图 1-7-27）。
㉓ 松开变速箱法兰连接。

（3）安装混合驱动桥

按与拆卸相反的顺序安装混合驱动桥。

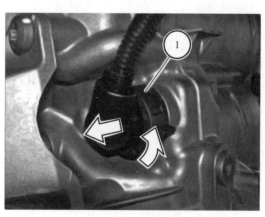

图 1-7-25

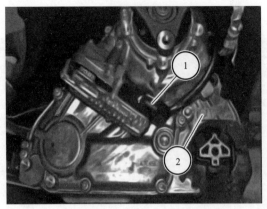
图 1-7-26

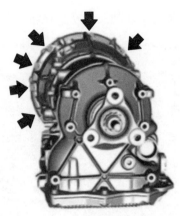
图 1-7-27

(4) 螺栓力矩（表 1-7-1）

表 1-7-1

项目	型号	螺纹	力矩	说明
1AZ 变速箱安装到发动机上				
星形螺栓	GA6HP19Z/GA6HP26Z/GA8HP45Z/GA8HP50Z/GA8HP70Z/GA8HP75Z/GA8HP90Z	M6	9N·m	
		M10×8.8	38N·m	
	GA8HP45Z/GA8HP50Z/GA8P75H	M10×10.9	56N·m	
钢制星形螺栓	GA6HP19Z/GA6HP26Z/GA8HP45Z/GA8HP50Z/GA8HP70Z/GA8HP75Z/GA8HP90Z/GA8P70H	M8	19N·m	
		M12	66N·m	
	GA8HP70Z(N63)	M8	21N·m	
2AZ 变速箱安装到发动机上				
N52/N53/N54/N55 铝螺栓（没有磁性）	GA6HP19Z/GA6HP26Z/GA8HP45Z			更新螺栓，务必遵守接合力矩和转角
	GA6HP19Z	M10×30	20N·m/90°～110°	接合力矩/旋转角
	GA6HP19Z	M10×85	20N·m/180°～200°	接合力矩/旋转角
	GA6HP19Z/GA8HP45Z	M12	25N·m/130°	接合力矩/旋转角
3AZ 变速箱盖板	GA6HP19Z/GA8HP45Z/GA8HP50Z	M6	9N·m	
4AZ 隔热板安装到变速箱上	GA8HP50Z	M6	19N·m	
5ZA 接地带安装到变速箱上	GA8HP50Z	M8	19N·m	

第2章 动力电池系统

2.1 比亚迪秦混合动力汽车

2.1.1 动力电池简介

动力电池系统由 10 个动力电池模组、10 个动力电池信息采集器、动力电池串联线、动力电池支架、动力电池包密封罩、动力电池采样线等组成,相比 HA14 款,动力电池包把模组内部的继电器熔丝外挂,继电器由 4 个减少为 1 个,熔丝减少为 1 个。10 个动力电池模组中各有 14~18 节数量不等的电池单体,总共 160 节串联而成。额定总电压为 528V,总电量为 13kW·h(图 2-1-1)。

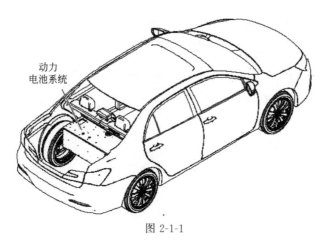

图 2-1-1

2.1.2 动力电池模组连接方式

动力电池模组连接方式如图 2-1-2 所示。

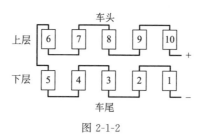

图 2-1-2

2.1.3 动力电池故障码

故障代码见表2-1-1。

表 2-1-1

故障码 (ISO 15031-6)	故障定义	故障码 (ISO 15031-6)	故障定义
P1A0000	严重漏电故障	P1A2500	BIC6 温度采样异常故障
P1A0100	一般漏电故障	P1A2600	BIC7 温度采样异常故障
P1A0200	BIC1 工作异常故障	P1A2700	BIC8 温度采样异常故障
P1A0300	BIC2 工作异常故障	P1A2800	BIC9 温度采样异常故障
P1A0400	BIC3 工作异常故障	P1A2900	BIC10 温度采样异常故障
P1A0500	BIC4 工作异常故障	P1A2A00	BIC1 均衡电路故障
P1A0600	BIC5 工作异常故障	P1A2B00	BIC2 均衡电路故障
P1A0700	BIC6 工作异常故障	P1A2C00	BIC3 均衡电路故障
P1A0800	BIC7 工作异常故障	P1A2D00	BIC4 均衡电路故障
P1A0900	BIC8 工作异常故障	P1A2E00	BIC5 均衡电路故障
P1A0A00	BIC9 工作异常故障	P1A2F00	BIC6 均衡电路故障
P1A0B00	BIC10 工作异常故障	P1A3000	BIC7 均衡电路故障
P1A0C00	BIC1 电压采样异常故障	P1A3100	BIC8 均衡电路故障
P1A0D00	BIC2 电压采样异常故障	P1A3200	BIC9 均衡电路故障
P1A0E00	BIC3 电压采样异常故障	P1A3300	BIC10 均衡电路故障
P1A0F00	BIC4 电压采样异常故障	P1A3400	预充失败故障
P1A1000	BIC5 电压采样异常故障	P1A3500	动力电池单节电压严重过高
P1A1100	BIC6 电压采样异常故障	P1A3600	动力电池单节电压一般过高
P1A1200	BIC7 电压采样异常故障	P1A3700	动力电池单节电压严重过低
P1A1300	BIC8 电压采样异常故障	P1A3800	动力电池单节电压一般过低
P1A1400	BIC9 电压采样异常故障	P1A3900	动力电池单节温度严重过高
P1A1500	BIC10 电压采样异常故障	P1A3A00	动力电池单节温度一般过高
P1A2000	BIC1 温度采样异常故障	P1A3B00	动力电池单节温度严重过低
P1A2100	BIC2 温度采样异常故障	P1A3D00	负极接触器回检故障
P1A2200	BIC3 温度采样异常故障	P1A3F00	预充接触器回检故障
P1A2300	BIC4 温度采样异常故障	P1A4100	主接触器烧结故障
P1A2400	BIC5 温度采样异常故障		

2.1.4 动力电池维修开关

维修开关如图2-1-3所示。

（1）安装位置

维修开关位于动力电池包总成上方的左上角，连接了动力电池的一个正极和一个负极。

(2)功用

在车辆维修时可利用维修开关直接断开高压回路,从而保证操作人员的安全。

(3)使用

维修开关正常状态时,手柄处于水平位置;需要拔出时,应先将手柄旋转至竖直状态,再向上拔出;需要插上时,应先沿竖直方向用力向下插入,再将手柄旋转至水平状态。

2.1.5 动力电池拆装

若确定电池有问题需要维修,请在厂家的指导下更换电池,因为不同电池的特性不一致,电池性能不一致时装配在一起会影响电池的寿命和使用(图2-1-4)。

图 2-1-3

图 2-1-4

❶ 将车辆退电至"OFF"挡,拆下后排座椅,断开维修开关,等待5min。

❷ 拆掉后备厢内饰护面和动力电池包密封罩的前后封板。

❸ 用万用表检测电池是否漏电。检测方法为:将万用表正极搭在电池正极,负极搭车身地。正常值为10V以下。若过大,请不要拆卸,检测漏电原因和位置,排除问题后再进行以下操作。

❹ 佩戴绝缘手套,用套筒扳手依次拆卸每一根动力电池串联、维修开关线束、动力电池包正负极线束固定螺栓,同时取下每一根动力电池串联线、维修开关线束、动力电池包正负极线束。

❺ 用一字螺丝刀撬开动力电池采样线固定卡扣,拔掉所有动力电池采样线与电池信息采集器连接的接插件。

❻ 佩戴绝缘手套,用套筒扳手拆卸每个动力电池模组四个角的固定螺栓。

❼ 佩戴绝缘手套,从后备厢处取出动力电池模组,更换新的模组。

❽ 分别检测电池模组漏电情况,检测方法和拆卸检测一致,若无问题,请进行以下操作。

❾ 佩戴绝缘手套,用套筒扳手安装好每个动力电池模组四个角的固定螺栓。

❿ 佩戴绝缘手套,依次安装每一根动力电池串联、维修开关线束、动力电池包正负极线束,同时用套筒扳手拧紧固定螺栓。

⓫ 将动力电池采样线上的接插件与电池信息采集器一一对应并插入,听见"咔"的响声即可,卡上动力电池采样线卡扣。

⓬ 插上维修开关手柄,上电检查动力电池问题是否已解决,若无问题,则进行以下操作。

⑬ 安装好动力电池包密封罩的前后封板、后备厢内饰护面和后排座椅，结束。

2.2　长安逸动混合动力汽车

2.2.1　动力电池简介

将车钥匙打至"ON"挡或"START"挡，整车上电成功后，BCU 闭合继电器。HCU 根据整车运行工况需求，控制电动机为发电模式或者电动模式。镍氢动力电池总成一直为 DC/DC 提供高压输入，用于为 12V 铅酸蓄电池充电。

2.2.2　动力电池针脚定义

动力电池低压插接器针脚定义如图 2-2-1 和表 2-2-1 所示。

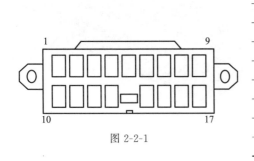

图 2-2-1

表 2-2-1

针脚号	针脚定义
1	通信 CAN1-L(低)
2	诊断 CAN2-L(低)
5	12V 电源
6	Handshake(回路)
7	数字信号(地)
10	通信 CAN1-H(高)
14	Safety Line(安全线)
15	12V 电源(地)

2.2.3　动力电池故障码及诊断

注意

❶ 更换完电池管理系统或温度传感器后，必须进行温度传感器搜号，否则无法正常使用。

❷ 在检测后排座椅背后黑挡板下的混动零部件时，注意将压触开关短接，避免干扰故障判定。

（1）P1B01 电池总电压过高二级故障（表 2-2-2）

表 2-2-2

测试步骤	细节/结果/措施
(1)检查接插件连接	目测及用手触碰感觉电池总成整车接插件是否紧固？如果是，则至步骤(2)；如果否，则更换或重新可靠连接接插件
(2)检查电池模块	①将车钥匙打到"ON"挡，不启动整车，用金美 CAN 卡或诊断仪监控动力电池数据，观察最大和最小电池模块电压 ②启动车辆，轻踩油门，转速稳定在 2500r/min，使整车进入充电模式。观察数据，在电流相对稳定时，观察最大和最小电池模块电压 是否相差 2V 以内？如果是，则至步骤(3)；如果否，则更换异常电池模块，并使用维护仪维护

续表

测试步骤	细节/结果/措施
(3)检查电池管理系统	将车钥匙和电池总成隔离开关打到"ON"挡,搁置半小时以上,用诊断仪查看 SOC 与电压值是否在正常比例范围内?如果是,则至步骤(4);如果否,则按照对应关系标定 SOC 值。若屡次发生,则更换电池管理系统 SOC 与电压值正常比例范围 | SOC/%	0	10	20	30	40	50 | |---|---|---|---|---|---|---| | 电压/V | 146.52 | 156.12 | 159.84 | 161.88 | 163.44 | 164.52 | | SOC/% | 60 | 70 | 80 | 90 | 100 | | | 电压/V | 165.36 | 165.96 | 166.44 | 167.4 | 170.16 | |
(4)检查电池管理系统	①拔掉 DC/DC 控制端接插件 ②拔掉电池总成到 DC/DC 的高压接插件 ③用万用表测量电池总成到 DC/DC 直流接插件的 DC/DC 端电压值,并与金美 CAN 卡或诊断仪监控的电池总电压进行比较,是否超过 3V 的误差?如果是,则更换电池管理系统;如果否,则维修结束

(2) P1B13 电池模块温度过高二级故障(表 2-2-3)

表 2-2-3

测试步骤	细节/结果/措施
(1)检查接插件连接	目测及用手触碰感觉电池总成整车接插件是否紧固?如果是,则至步骤(2);如果否,则更换或重新可靠连接接插件
(2)检查温度传感器	将车钥匙打到"ON"挡,用金美 CAN 卡监控温度值是否固定为 85℃?如果是,则修复或更换温度传感器及其线束;如果否,则至步骤(3)
(3)检查散热系统	①将车钥匙打到"ON"挡,用金美 CAN 卡监控温度是否超过 50℃ ②查看风扇是否损坏 ③风道是否堵塞 如果是,则更换风扇或清理风道,如果否,则至步骤(4)
(4)检查温度传感器	车辆静止 1h 左右后,车钥匙打到"ON"挡,用金美 CAN 卡监控温度值是否高于 50℃且非 85℃?如果是,则至步骤(5);如果否,则更换温度传感器及其线束
(5)检查电池模块	①将车钥匙打到"ON"挡,不启动整车,用金美 CAN 卡或诊断仪监控动力电池数据,观察最大和最小电池模块电压 ②启动车辆,轻踩油门,转速稳定在 2500r/min 左右,使整车进入充电模式。观察数据,在电流相对稳定时,观察最大和最小电池模块电压是否相差 2V 以内?如果是,则更换电池管理系统;如果否,则更换异常电池模块,并使用维护仪维护

(3) P1B0C 电池模块压差过大一级故障(表 2-2-4)

表 2-2-4

测试步骤	细节/结果/措施
(1)检查接插件连接	目测及用手触碰感觉电池总成整车接插件是否紧固?如果是,则至步骤(2);如果否,则更换或重新可靠连接接插件

续表

测试步骤	细节/结果/措施
(2)检查电池模块	①将车钥匙打到"ON"挡,不启动整车,用金美CAN卡或诊断仪监控动力电池数据,观察最大和最小电池模块电压 ②启动车辆,轻踩油门,转速稳定在2500r/min左右,使整车进入充电模式。观察数据,在电流相对稳定时,观察最大和最小电池模块电压是否相差2V以内?如果是,则至步骤(3);如果否,则更换异常电池模块,并使用维护仪维护
(3)检查电池管理系统	①拔掉DC/DC控制端接插件 ②拔掉电池总成到DC/DC的高压接插件 ③用万用表测量电池总成到DC/DC直流接插件的DC/DC端电压值,并与金美CAN卡或诊断仪监控的电池总电压进行比较,是否超过3V的误差?如果是,则更换电池管理系统;如果否,则维修结束

(4) P1B41(电池系统高压直流侧绝缘故障)(表2-2-5)

表2-2-5

测试步骤	细节/结果/措施
(1)检查接插件连接	目测及用手触碰感觉电池总成整车接插件是否紧固?如果是,则至步骤(2);如果否,则更换或重新可靠连接接插件
(2)检查电池管理系统	将车钥匙打到"OFF"挡,用万用表分别测量电池正负两极柱与车身与地间的电阻值是否大于70kΩ?如果是,则更换电池管理系统;如果否,则至步骤(3)
(3)检查ISG电动机控制器	①将车钥匙打到"OFF"挡,将ISG电动机控制器与电池总成连接接插件拔下 ②用万用表电压挡测量ISG电动机控制器端电压下降到30V以下,然后短路正负极,将ISG电动机控制器内电容的电放光 ③用万用表检测ISG电动机控制器直流高压部分是否对地短路或正负极之间短路?如果是,则更换ISG电动机控制器;如果否,则至步骤(4)
(4)检查DC/DC	①将DC/DC与电池总成连接接插件拔下 ②用万用表检测DC/DC高压输入部分是否对地短路 ③用万用表检测DC/DC高压输入正负极间是否短路 如果是,则更换DC/DC;如果否,则至步骤(5)
(5)检查电池总成	①将ISG电动机控制器与电池总成连接接插件拔下,将DC/DC与电池总成连接接插件拔下,用万用表分别测量电池正负两极柱与车身-地间是否短路 ②取下电池总成,检查电池模块是否有漏液、损坏等异常表现 如果是,则更换电池模块;如果否,则至步骤(6)
(6)检查ISG电动机端三相高压线束	查看发动机舱ISG电动机接线盒内部是否出现烧毁的痕迹?如果是,则更换ISG电动机三相高压线束或ISG电动机接线柱,视具体烧毁情况而定;如果否,则至步骤(7)
(7)检查ISG电动机控制器端三相高压线束	①检查三相高压线束ISG电动机控制器接线端屏蔽层金属网是否存在与内部铜线短路现象 ②检查三相高压线束是否有胶皮破皮或烧毁情况 如果是,则修复或更换三相高压线束;如果否,则至步骤(8)
(8)检查ISG电动机控制器	检查ISG电动机控制器是否有糊味?如果是,则更换ISG电动机控制器;如果否,则至步骤(9)

测试步骤	细节/结果/措施
（9）检查 ISG 电动机	①用高位架抬高整车，拔掉电动机下方胶塞，观察是否有水放出 ②从高位架降下整车，将发动机启动后保持转速在 1200r/min 左右，用万用表直流电压挡分别测量电动机接线柱（也可以量 ISG 电动机控制器端三相线接线柱）两两间的电压值，三个电压值是否在 31V±10V 范围外 如果是，则放干水并加紧密封或更换 ISG 电动机；如果否，则维修结束

2.3 起亚 K5 混合动力汽车

2.3.1 动力电池简介

高电压蓄电池系统包括蓄电池管理控制模块（BMS ECU）、电源继电器总成（PRA）、安全插头、蓄电池温度传感器和蓄电池外部温度传感器。尤其是蓄电池管理控制模块（BMS ECU）控制高电压蓄电池系统的充电状态（SOC）、电量平衡、冷却和故障诊断。

电源继电器总成（PRA）包括正/负主继电器、预充电继电器、预充电阻器和蓄电池电流传感器。

技术参数见表 2-3-1。

表 2-3-1

项目	规格	备注
单格电池数量	8 个单格电池×9 个模块（72 个单格电池）	1 个单格电池电压＝3.75V
类型	锂离子高分子电池（LiPB），盒类型	
额定电压/V	270	额定 1C 放电、充电状态（SOC）55％、20℃时端子电压
标准容量/A·h	6.0	开始性能，20℃时
额定能量/W·h	1620	额定容量×额定电压
放电最大功率/kW	最大 56	
充电最大功率/kW	最大（－）45	
工作电压/V	200～309.6（2.5V≤单格电池电压≤4.3V）	
工作电流/A	－250～250	

2.3.2 动力电池部件位置

动力电池部件位置如图 2-3-1 所示。

2.3.3 动力电池针脚定义

（1）电源继电器总成（B03-C）（图 2-3-2、表 2-3-2）

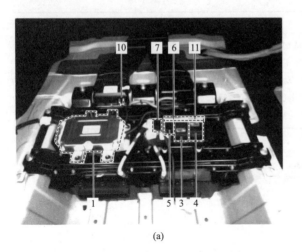 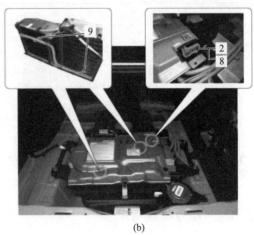

图 2-3-1

1—蓄电池管理控制模块（BMS ECU）；2—安全插头；3—主继电器（+）；4—主继电器（-）；5—预充电继电器；6—预充电电阻器；7—蓄电池电流传感器；8—主熔丝（安全插头）；9—蓄电池温度传感器；10—蓄电池进口温度传感器；11—EV熔丝（30A）（电源继电器总成）

图 2-3-2

表 2-3-2

端子	连接至	功能
1	BMS ECU B01-S(26)	主继电器（-）控制
2	BMS ECU B01-S(25)	继电器搭铁
3	BMS ECU B01-S(12)	预充继电器控制
4	BMS ECU B01-S(13)	主继电器（+）控制

（2）电源继电器总成（B03-S）（图 2-3-3、表 2-3-3）

表 2-3-3

端子	连接至	功能
1	—	
2	BMS ECU B01-S(22)	蓄电池电流传感器信号输入
3	BMS ECU B01-S(24)	传感器搭铁
4	BMS ECU B01-S(11)	传感器（+5V）

图 2-3-3

（3）蓄电池温度传感器（B06-05）（高压蓄电池模块 5）（表 2-3-4）

表 2-3-4

端子	连接至	功能
1	BMS ECU B01-T(5)	蓄电池温度传感器（模块5）信号输入
2	BMS ECU B01-T(6)	传感器搭铁

（4）蓄电池温度传感器（B06-09）（高压蓄电池模块 9）（表 2-3-5）

表 2-3-5

端子	连接至	功能
1	BMS ECU B01-T(9)	蓄电池温度传感器(模块9)信号输入
2	BMS ECU B01-T(20)	传感器搭铁

(5) 进气温度传感器 (B06) (表 2-3-6)

表 2-3-6

端子	连接至	功能
1	BMS ECU B01-T(10)	进气温度传感器信号输入
2	BMS ECU B01-T(21)	传感器搭铁

2.3.4 动力电池检测

(1) 蓄电池温度传感器检测 (表 2-3-7)

表 2-3-7

温度		电阻
℃	℉	/kΩ
−50	−58	314.9~344.6
−40	−40	181.1~196.0
−30	−22	107.5~115.2
−20	−4	65.82~69.77
−10	14	41.43~43.52
0	32	26.74~27.83
10	50	17.67~18.25
20	68	11.94~12.24
30	86	8.214~8.411
40	104	5.738~5.918
50	122	4.082~4.239
60	140	2.954~3.087
70	158	2.172~2.284
80	176	1.621~1.715
90	194	1.227~1.305
100	212	0.941~1.006
110	230	0.731~0.785

(2) 单格蓄电池温度传感器检测 (表 2-3-8)

表 2-3-8

温度		电阻
℃	℉	/kΩ
−50	−58	351.1~385.0
−40	−40	196.6~213.1
−30	−22	114.4~122.7
−20	−4	68.94~73.15
−10	14	42.59~44.76
0	32	27.14~28.27
10	50	17.78~18.36
20	68	11.96~12.25
30	86	8.202~8.399
40	104	5.721~5.901
50	122	4.069~4.226
60	140	2.945~3.078
70	158	2.169~2.280
80	178	1.622~1.715
90	194	1.228~1.306

(3) 充电状态 (SOC) 检查

❶ 将 KDS/GDS 诊断仪连接到诊断连接器 (DLC) 上。

❷ 将点火开关置于 "ON" 位置。

❸ 在 GDS 的当前数据流中检查充电状态 (SOC) 参数，正常充电状态 (SOC) 为 20%~90%。

(4) 蓄电池电压检查

❶ 将 KDS/GDS 诊断仪连接到诊断连接器 (DLC) 上。

❷ 将点火开关置于"ON"位置。
❸ 在 GDS 的当前数据流中检查单格电池和蓄电池组电压参数。
a. 正常单格电池电压为 2.5～4.3V。
b. 正常蓄电池组电压为 180～300V。
（5）电压检测电路检查
❶ 切断高电压电路（请参考"高电压切断程序"）。
❷ 拆卸蓄电池温度传感器（请参考"蓄电池温度传感器"）。
❸ 检查蓄电池模块与蓄电池管理控制模块（BMS ECU）线束连接器之间电路的导通性。规格：1Ω 以下。
❹ 连接蓄电池管理控制模块（BMS ECU）线束连接器。
❺ 测量蓄电池模块线束连接器与车身搭铁之间的电阻，检查电路与搭铁电路短路的情况。规格：1MΩ 或以上。
（6）绝缘电阻检查
❶ 将 KDS/GDS 诊断仪连接到诊断连接器（DLC）上。
❷ 将点火开关置于"ON"位置。
❸ 在 KDS/GDS 诊断仪的当前数据流中检查绝缘电阻值。绝缘电阻：约 1.0MΩ。

2.3.5 动力电池拆装

❶ 拆卸动力电池。
a. 切断高电压电路。
b. 拧下固定螺栓，并拆卸搭铁导线Ⓐ（图 2-3-4）。
搭铁导线固定螺栓：10.8～13.7N·m。
c. 拆卸上盖。
d. 拆卸冷却风扇。
e. 拆卸冷却导管。
f. 拆卸蓄电池管理控制模块（BMS ECU）。
g. 拆卸电源继电器总成。
h. 分离蓄电池管理系统（BMS）延伸导线连接器Ⓐ。
i. 拧下固定螺栓，并拆卸高电压蓄电池组总成。

图 2-3-4

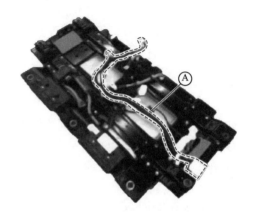

图 2-3-5

高电压蓄电池系统总成固定螺栓：78.5~117.7N·m。

j. 拆卸 BMS ECU & 电源继电器总成延伸导线Ⓐ（图 2-3-5）。

❷ 安装动力电池。按与拆卸的相反顺序安装高电压蓄电池组总成。

2.4 东风日产楼兰混合动力汽车

2.4.1 动力电池简介

（1）锂离子电池
❶ 锂离子电池安装在中央控制台中。
❷ LBC 和蓄电池接线盒安装在锂离子电池内。
❸ 一个模块包含 14 个或 12 个串联连接的分电池，锂离子电池包含 3 个串联连接的这种模块。
❹ 额定电压为 144V。
❺ 质量为 32kg。

（2）模块
❶ 每个模块包含 14 个或 12 连接在一起的圆柱形分电池（图 2-4-1）。
❷ 锂离子电池包含 3 个模块。
❸ 根据分电池数量不同，分为两种模块。

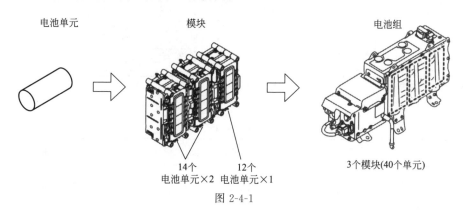

图 2-4-1

（3）分电池
❶ 所使用的分电池采用圆柱形结构。
❷ 圆柱形结构能提高布置灵活性。

2.4.2 动力电池绝缘电阻检测

 警告

❶ 进行高电压系统线束和零件的检查或保养前，务必先拆下维修塞以切断高压电路。
❷ 拆下的维修塞务必由负责相应工作的人员装在口袋随身携带，或全程置于工具箱中以防误将其接上。

❸ 开始在高压系统上作业前，务必穿戴好绝缘保护装备。
❹ 切勿让非负责人触摸车上的高压零件。为防止其他人触摸高压零件，不使用这些零件时务必要用绝缘板将其盖住。

❶ 先决条件。
a. 断开高压电路。
b. 检查高压电路中的电压。
标准：小于或等于5V。
❷ 检查锂离子电池的绝缘电阻（维修塞侧）。
a. 与普通测试仪不同，绝缘电阻测试仪在测量时施加的电压为500V。如果使用不正确，则可能会产生电击。如果在车辆的12V系统上使用该测试仪，则存在损坏电气设备的危险。仔细阅读绝缘电阻测试仪说明手册，并注意安全操作。
b. 使用绝缘电阻测试仪检查锂离子电池线束接头端子或锂离子电池金属零件之间的绝缘电阻（图2-4-2、表2-4-1）。

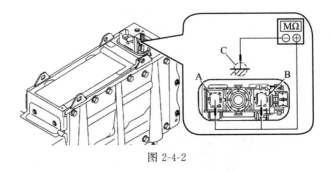

图 2-4-2

表 2-4-1

测试仪正极（锂离子电池端子）	测试仪负极	电阻
正极端子 A	蓄电池下盖金属零件 C	10MΩ 或以上
负极端子 B		

 注意

a. 进行该测试时，务必将绝缘电阻测试仪的电压设为500V。
b. 使用高于500V的设置会导致正在检查的部件损坏。
c. 检查绝缘电阻测试仪的使用方向，将施加了正极电势的探头放置在维修塞端子上。

❸ 检查锂离子电池的绝缘电阻（DC/DC转化器侧）。
a. 拆卸中央控制台总成。
b. 使用绝缘电阻测试仪检查DC/DC转换器高压线束接头端子或锂离子电池金属零件之间的绝缘电阻（图2-4-3、表2-4-2）。

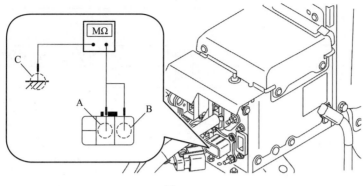

图 2-4-3

a. 进行该测试时，务必将绝缘电阻测试仪的电压设为 500V。

b. 使用高于 500V 的设置会导致正在检查的部件损坏。

表 2-4-2

DC/DC 转换器高压线束接头端子	搭铁	电阻
30A	蓄电池下盖金属零件 C	10MΩ 或以上
31B		

2.4.3 动力电池故障检查

（1）P0A1F 蓄电池能量控制模块（表 2-4-3）

表 2-4-3

DTC	故障诊断 （故障诊断内容）	检测条件	
P0A1F	蓄电池电量控制模块 （电池电量控制模块）	诊断条件	当点火开关处于"ON"位置时
		信号（端子）	—
		阈值	检测到 LBC 电子电路的功能发生故障时
		诊断延迟时间	4s 或更长时间
		可能原因	LBC

注：失效-保护模式如下。

1. 仅辅助部分可充电。
2. 发动机停止控制被禁止。
3. 驱动力下降。
4. 可使用燃油的剩余量行驶。
5. 点亮混合动力系统报警灯。

（2）P0A7E 混合动力蓄电池组超过温度（表 2-4-4）

表 2-4-4

DTC	故障诊断 （故障诊断内容）	检测条件	
P0A7E	Hybrid 电池组超过温度 （Hybrid 电池组超过温度）	诊断条件	当点火开关处于"ON"位置时
		信号（端子）	—
		阈值	蓄电池温度传感器 1、2、3 或 4 的温度保持在 70℃ 或更高时
		诊断延迟时间	5s 或更长时间
		可能原因	(1)分电池/模块故障（轻微短路或较大绝缘电阻） (2)外部加热 (3)过充电 (4)过放电 (5)牵引电动机逆变器 (6)HPCM

注：失效-保护模式如下。
1. 无法启动发动机。
2. 驱动力下降。
3. 可使用 12V 蓄电池的剩余电量行驶。
4. 点亮混合动力系统报警灯。

(3) P0A7F 电池控制器诊断（表 2-4-5）

表 2-4-5

DTC	故障诊断 （故障诊断内容）	检测条件	
P0A7F	分电池控制器诊断 （分电池控制器诊断）	诊断条件	当点火开关处于"ON"位置时
		信号（端子）	—
		阈值	分电池电压的最大值和最小值差异超过分电池变化容差（200mV）时
		诊断延迟时间	LBC 激活时
		可能原因	(1)LBC（旁通开关） (2)模块

注：失效-保护模式为点亮混合动力系统报警灯。

(4) P0A84 混合动力蓄电池组冷却风扇 1（表 2-4-6）

表 2-4-6

DTC	故障诊断 （故障诊断内容）	检测条件	
P0A84	Hybrid 电池组冷却风扇 1 （Hybrid 电池组冷却风扇 1）	诊断条件	点火开关转至"ON"位置且风扇驱动信号从 LBC 发送到蓄电池冷却风扇时
		信号（端子）	—
		阈值	蓄电池冷却风扇转速超出目标转速的上限/下限时

续表

DTC	故障诊断 (故障诊断内容)	检测条件	
P0A84	Hybrid 电池组冷却风扇 1 (Hybrid 电池组冷却风扇 1)	诊断延迟时间	25s 或更长时间
		可能原因	(1)蓄电池冷却风扇 (2)蓄电池冷却风扇继电器 (3)蓄电池冷却风扇和锂离子电池之间的线束 (4)LBC

注：失效-保护模式为点亮混合动力系统报警灯。

(5) P0A95 高压电熔丝（表 2-4-7）

表 2-4-7

DTC	故障诊断 (故障诊断内容)	检测条件	
P0A95	高压电熔丝 (高压电熔丝)	诊断条件	(1)当点火开关处于"ON"位置时 (2)当连接了维修塞时 (3)总电压为 80～174V (4)电流值为±5A
		信号(端子)	(1)总电压 (2)电流值 (3)高压线束接头检测信号
		阈值	小于或等于 2V
		诊断延迟时间	2s 或更长时间
		可能原因	(1)高压检测电路 (2)系统主继电器 1 和 2 (3)预充电继电器 (4)牵引电动机逆变器 (5)LBC (6)高压电熔丝 (7)DC/DC 转换器 (8)维修塞

注：失效-保护模式如下。
1. 无法启动发动机。
2. 点亮混合动力系统报警灯。

2.4.4 动力电池拆装

(1) 断开高压

进行高压系统的检查或维修前，务必遵守以下步骤并断开高压。

❶ 将电源开关转至"OFF"位置。

注意

必须保管好智能钥匙。

❷ 断开 12V 蓄电池的负极端子。

❸ 按照下列步骤拆下维修塞。

a. 打开中央控制台并拆下维修塞盖。

b. 按照下列步骤拆下维修塞（图 2-4-4）。

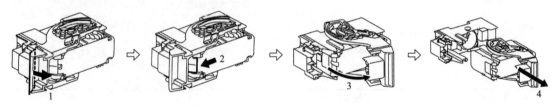

图 2-4-4

ⓐ 向上推杆，直到其停止。

ⓑ 按棘爪以解锁。

ⓒ 向上推杆。

ⓓ 拉出维修塞。

警告

a. 立即用绝缘胶带隔离拆下的高压接头和端子。

b. 务必将拆下的维修塞放入口袋内并随身携带，这样可确保另一个人不会在进行作业时不小心接上它。

❹ 拆下维修塞后，立即用绝缘胶带缠绕锂离子电池侧上的端子。

❺ 维修塞拆下后等待约 10min。

(2) 连接高压

❶ 检查 12V 蓄电池负极端子是否断开。

❷ 按照下列步骤安装维修塞（图 2-4-5）。

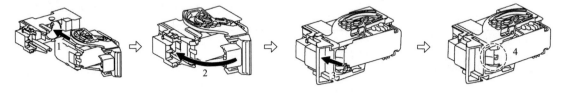

图 2-4-5

a. 向下推杆。

b. 按棘爪以锁定杆。

c. 检查杆是否已锁定。

❸ 连接 12V 蓄电池的负极端子。

2.4.5 检查高压电路中的电压

❶ 断开高压电路。

❷ 拆下 TCM。

❸ 拆下牵引电动机逆变器的高压盖。

❹ 拆下高压盖密封垫。
❺ 测量高压线束端子之间的电压并检查电压是否为指定值或更低（图 2-4-6）。

注意

测量电压时，需使用测量范围在 500V 或以上的适当工具。标准：小于或等于 5V。

2.4.6 动力电池拆装

（1）准备工作
❶ 拆下前排座椅（驾驶员座椅和乘客座椅）。
❷ 准备高压系统上的作业。

**警告**

❶ 防止触电危险，务必穿戴好防护装置。
❷ 断开高压电路。
❸ 检查高压电路中的电压。

（2）拆卸
❶ 拆卸中央控制台总成。
❷ 拆卸中央控制台支架。
❸ 拆下 DC/DC 转换器盖 1（图 2-4-7）。
❹ 拆下 12V 蓄电池端子 2。

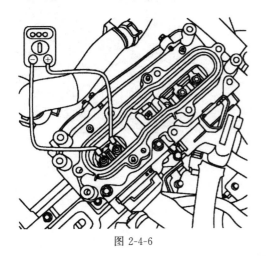

图 2-4-6

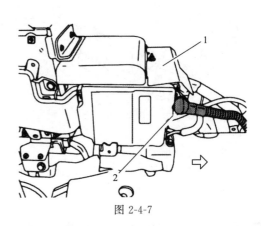

图 2-4-7

注意

拆下 12V 蓄电池正极端子前，先检查 12V 蓄电池负极端子是否已断开。

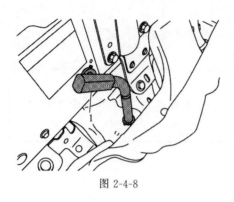

❺ 断开线束接头。
❻ 拆下高压线束接头端子螺母并断开高压线束接头。
❼ 从地板面板上断开气体放电管1（图2-4-8）。
❽ 拆下锂离子电池总成的装配螺栓。
❾ 从车内拆下锂离子电池总成。
❿ 断开DC/DC转换器线束接头。
⓫ 拆下DC/DC转换器1（图2-4-9）。
⓬ 拆下蓄电池排气管2。

（3）安装

按照与拆卸相反的顺序安装。

图2-4-8

 注意

❶ 安装过程中目视检查卡子是否变形和损坏。如有需要，应更换新零件。
❷ 安装锂离子电池后，进行检查。
❸ 连接气体放电管时，确保索环与主体之间没有间隙。
❹ 更换锂离子电池时，贴上高压警告标签。
❺ 更换锂离子电池后必须重新配置锂离子电池控制器（LBC）。
❻ 请勿重复使用缓冲板。

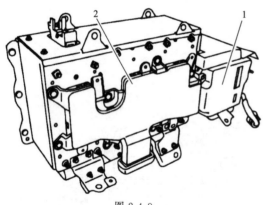

图2-4-9

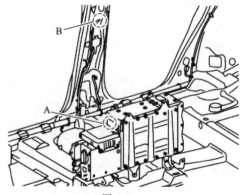

图2-4-10

（4）安装后检查

安装锂离子电池后，应测量电阻。如图2-4-10所示，锂离子电池表面A和接地螺栓B之间的电阻应小于0.1Ω。

2.5 丰田凯美瑞混合动力汽车

2.5.1 动力电池简介

❶ 根据车辆驾驶条件，向MG1和MG2供电。

❷ 根据 SOC 及车辆驾驶条件，MG1 和 MG2 对其充电。

❸ 具有直流 244.8V 电压（实际电压根据各种条件，如温度、充电或放电而不同）（图 2-5-1）。

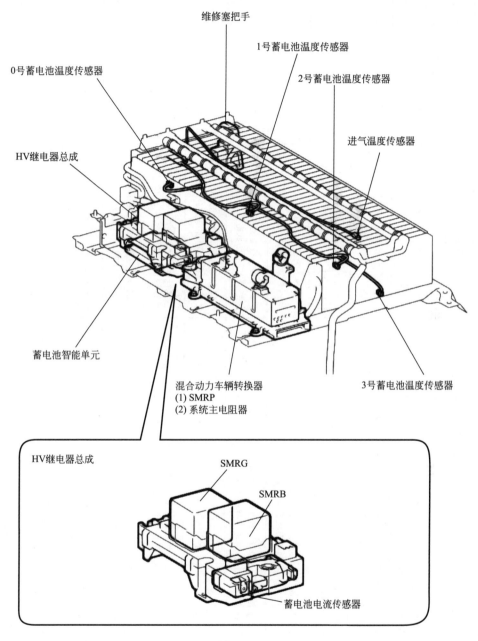

图 2-5-1

2.5.2 动力电池故障码

诊断故障码见表 2-5-1 和表 2-5-2。

表 2-5-1

DTC 代码	检测项目	故障部位	DTC 代码	检测项目	故障部位
P0AC7-123	混合动力蓄电池温度传感器"B"电路低电位	(1)HV蓄电池(蓄电池温度传感器) (2)蓄电池智能单元	P0B51-123	混合动力蓄电池电压传感器"E"电路低电位	(1)蓄电池智能单元 (2)HV蓄电池
P0AC8-123	混合动力蓄电池温度传感器"B"电路高电位	(1)HV蓄电池(蓄电池温度传感器) (2)蓄电池智能单元	P0B56-123	混合动力蓄电池电压传感器"F"电路低电位	(1)蓄电池智能单元 (2)HV蓄电池
P0ACB-123	混合动力蓄电池温度传感器"C"范围/性能	(1)HV蓄电池(蓄电池温度传感器) (2)蓄电池智能单元	P0B5B-123	混合动力蓄电池电压传感器"G"电路低电位	(1)蓄电池智能单元 (2)HV蓄电池
P0ACC-123	混合动力蓄电池温度传感器"C"电路低电位	(1)HV蓄电池(蓄电池温度传感器) (2)蓄电池智能单元	P0B60-123	混合动力蓄电池电压传感器"H"电路低电位	(1)蓄电池智能单元 (2)HV蓄电池
P0ACD-123	混合动力蓄电池温度传感器"C"电路高电位	(1)HV蓄电池(蓄电池温度传感器) (2)蓄电池智能单元	P0B65-123	混合动力蓄电池电压传感器"I"电路低电位	(1)蓄电池智能单元 (2)HV蓄电池
P0AE9-123	混合动力蓄电池温度传感器"D"范围/性能	(1)HV蓄电池(蓄电池温度传感器) (2)蓄电池智能单元	P0B6A-123	混合动力蓄电池电压传感器"J"电路低电位	(1)蓄电池智能单元 (2)HV蓄电池
P0AEA-123	混合动力蓄电池温度传感器"D"电路低电位	(1)HV蓄电池(蓄电池温度传感器) (2)蓄电池智能单元	P0B6F-123	混合动力蓄电池电压传感器"K"电路低电位	(1)蓄电池智能单元 (2)HV蓄电池
P0AEB-123	混合动力蓄电池温度传感器"D"电路高电位	(1)HV蓄电池(蓄电池温度传感器) (2)蓄电池智能单元	P0B74-123	混合动力蓄电池电压传感器"L"电路低电位	(1)蓄电池智能单元 (2)HV蓄电池
P0B3D-123	混合动力蓄电池电压传感器"A"电路低电位	(1)蓄电池智能单元 (2)HV蓄电池	P0B79-123	混合动力蓄电池电压传感器"M"电路低电位	(1)蓄电池智能单元 (2)HV蓄电池
P0B42-123	混合动力蓄电池电压传感器"B"电路低电位	(1)蓄电池智能单元 (2)HV蓄电池	P0B7E-123	混合动力蓄电池电压传感器"N"电路低电位	(1)蓄电池智能单元 (2)HV蓄电池
P0B47-123	混合动力蓄电池电压传感器"C"电路低电位	(1)蓄电池智能单元 (2)HV蓄电池	P0B83-123	混合动力蓄电池电压传感器"O"电路低电位	(1)蓄电池智能单元 (2)HV蓄电池
P0B4C-123	混合动力蓄电池电压传感器"D"电路低电位	(1)蓄电池智能单元 (2)HV蓄电池	P0B88-123	混合动力蓄电池电压传感器"P"电路低电位	(1)蓄电池智能单元 (2)HV蓄电池

第2章 动力电池系统　71

续表

DTC代码	检测项目	故障部位	DTC代码	检测项目	故障部位
P0B8D-123	混合动力蓄电池电压传感器"Q"电路低电位	(1)蓄电池智能单元 (2)HV蓄电池	P3011-123	蓄电池单元1变弱	(1)HV蓄电池 (2)蓄电池智能单元
P0B92-123	混合动力蓄电池电压传感器"R"电路低电位	(1)蓄电池智能单元 (2)HV蓄电池	P3012-123	蓄电池单元2变弱	(1)HV蓄电池 (2)蓄电池智能单元

表 2-5-2

DTC代码	检测项目	故障部位	DTC代码	检测项目	故障部位
P3013-123	蓄电池单元3变弱	(1)HV蓄电池 (2)蓄电池智能单元	P3022-123	蓄电池单元12变弱	(1)HV蓄电池 (2)蓄电池智能单元
P3014-123	蓄电池单元4变弱	(1)HV蓄电池 (2)蓄电池智能单元	P3023-123	蓄电池单元13变弱	(1)HV蓄电池 (2)蓄电池智能单元
P3015-123	蓄电池单元5变弱	(1)HV蓄电池 (2)蓄电池智能单元	P3024-123	蓄电池单元14变弱	(1)HV蓄电池 (2)蓄电池智能单元
P3016-123	蓄电池单元6变弱	(1)HV蓄电池 (2)蓄电池智能单元	P3025-123	蓄电池单元15变弱	(1)HV蓄电池 (2)蓄电池智能单元
P3017-123	蓄电池单元7变弱	(1)HV蓄电池 (2)蓄电池智能单元	P3026-123	蓄电池单元16变弱	(1)HV蓄电池 (2)蓄电池智能单元
P3018-123	蓄电池单元8变弱	(1)HV蓄电池 (2)蓄电池智能单元	P3027-123	蓄电池单元17变弱	(1)HV蓄电池 (2)蓄电池智能单元
P3019-123	蓄电池单元9变弱	(1)HV蓄电池 (2)蓄电池智能单元	P3065-123	混合动力蓄电池温度传感器范围/性能卡在"A"位置	(1)HV蓄电池(蓄电池温度传感器) (2)蓄电池智能单元
P3020-123	蓄电池单元10变弱	(1)HV蓄电池 (2)蓄电池智能单元	P308A-123	混合动力蓄电池所有电路低电位传感器	(1)HV蓄电池 (2)蓄电池智能单元
P3021-123	蓄电池单元11变弱	(1)HV蓄电池 (2)蓄电池智能单元	U029A-123	与混合动力蓄电池模块失去通信	(1)线束或连接器 (2)混合动力车辆控制ECU (3)蓄电池智能单元

注：MIL点亮。

2.5.3 动力电池故障检查

警告
❶ 检查高压系统前,务必采取安全措施,如佩戴绝缘手套并拆下维修塞把手以防电击。拆下维修塞把手后放到口袋中并随身携带,防止其他技师在您进行高压系统作业时将其意外重新连接。
❷ 断开维修塞把手后,在接触任何高压连接器或端子前,等待至少10min。

(1) P0A9D-123 混合动力蓄电池温度传感器"A"电路低电位

❶ 说明。

a. HV 蓄电池底部的 4 个位置具有蓄电池温度传感器。内置于各蓄电池温度传感器中的热敏电阻的电阻会根据 HV 蓄电池温度的变化而变化。蓄电池温度越低,热敏电阻的电阻越大;反之,温度越高,电阻值越小。

b. 蓄电池智能单元用蓄电池温度传感器检测 HV 蓄电池温度,并将检测值发送到混合动力车辆控制 ECU。混合动力车辆控制 ECU 根据此结果控制鼓风机风扇(HV 蓄电池温度高于预定标准时,鼓风机风扇启动)(表 2-5-3)。

表 2-5-3

显示的温度	故障
-45℃或更低	断路或+B短路
95℃或更高	搭铁短路

❷ 电路图(图 2-5-2)。

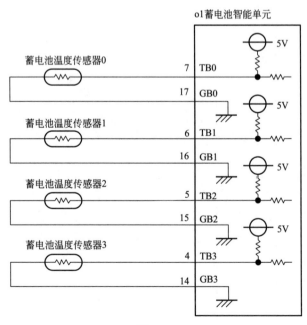

图 2-5-2

❸ 检查连接器的连接情况（蓄电池温度传感器）。

a. 拆下维修塞把手。

b. 拆下 HV 继电器总成。

c. 检查蓄电池智能单元连接器 o1 的连接情况（图 2-5-3）。

正常：连接器牢固连接且无接触故障。

❹ 检查 HV 蓄电池（蓄电池温度传感器）。

a. 拆下蓄电池智能单元。

b. 从蓄电池智能单元上断开连接器 o1。

c. 蓄电池温度传感器出现故障时，根据图 2-5-4 和表 2-5-4、表 2-5-5 中的值测量电阻。如果正常，则更换 HV 蓄电池；如果异常，则检查 HV 蓄电池（蓄电池温度传感器和进气温度传感器）。

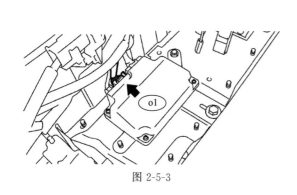

图 2-5-3

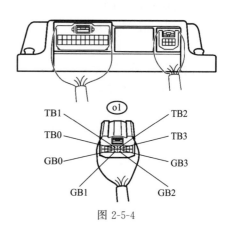

图 2-5-4

表 2-5-4

检测仪连接	传感器编号
TB0(o1-7)-GB0(o1-17)	0
TB1(o1-6)-GB1(o1-16)	1
TB2(o1-5)-GB2(o1-15)	2
TB3(o1-4)-GB3(o1-14)	3

表 2-5-5

传感器温度/℃	规定状态/kΩ
0	26.7～27.9
25	9.9～10.1
40	5.7～6.0

❺ 检查 HV 蓄电池（蓄电池温度传感器和进气温度传感器）。

a. 从蓄电池智能单元上断开连接器 o1。

b. 从蓄电池智能单元上断开连接器 n2。

c. 根据图 2-5-5 和表 2-5-6 中的值测量电阻。如果正常，则更换蓄电池智能单元；如果异常，则更换 HV 蓄电池。

(2) P0AAE-123 混合动力蓄电池组空气温度传感器"A"电路低电位

❶ 说明。进气温度传感器（蓄电池）安装在 HV 蓄电池上。传感器电阻随进气温度的变化而变化。进气温度传感器的特性与蓄电池温度传感器的特性相同。蓄电池智能单元用来自进气温度传感器的信号控制蓄电池冷却鼓风机总成的气流量（表 2-5-7）。

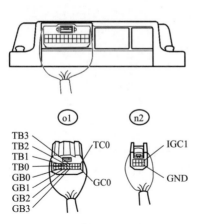

图 2-5-5

表 2-5-6

检测仪连接
TB0(o1-7)-IGC1(n2-1)
GB0(o1-17)-IGC1(n2-1)
TB1(o1-6)-IGC1(n2-1)
GB1(o1-16)-IGC1(n2-1)
TB2(o1-5)-IGC1(n2-1)
GB2(o1-15)-IGC1(n2-1)
TB3(o1-4)-IGC1(n2-1)
GB3(o1-14)-IGC1(n2-1)
TC0(o1-1)-IGC1(n2-1)
GC0(o1-11)-IGC1(n2-1)
TB0(o1-7)-GND(n2-5)
TB1(o1-6)-GND(n2-5)
TB2(o1-5)-GND(n2-5)
TB3(o1-4)-GND(n2-5)
TC0(o1-1)-GND(n2-5)

注：规定状态为10kΩ或更大。

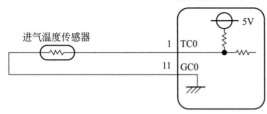

图 2-5-6

表 2-5-7

显示的温度	故障
−45℃或更低	断路或＋B短路
95℃或更高	搭铁短路

❷ 电路图（图2-5-6）。

❸ 检查连接器的连接情况（进气温度传感器）。

a. 拆下维修塞把手。

b. 拆下 HV 继电器总成。

c. 检查蓄电池智能单元连接器 o1 的连接情况（图2-5-7）。

正常：连接器牢固连接且无接触故障。

进气温度传感器不能单独使用。如需更换，则更换 HV 蓄电池。

❹ 检查 HV 蓄电池（进气温度传感器）

a. 拆下蓄电池智能单元。

b. 从蓄电池智能单元上断开连接器 o1。

c. 根据图2-5-8和表2-5-8中的值测量电阻。如果异常，则更换 HV 蓄电池；如果正常，则检查 HV 蓄电池（蓄电池温度传感器和进气温度传感器）。

表 2-5-8

检测仪连接	规定状态
TC0(o1-1)-GC0(o1-11)	在0℃时为26.7～27.9kΩ
TC0(o1-1)-GC0(o1-11)	在25℃时为9.9～10.1kΩ
TC0(o1-1)-GC0(o1-11)	在40℃时为5.7～6.0kΩ

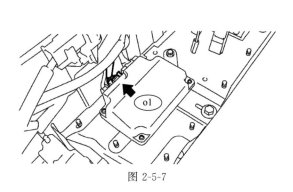

图 2-5-7

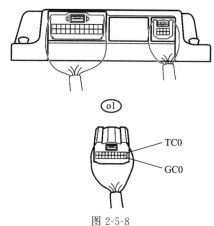

图 2-5-8

❺ 检查 HV 蓄电池（蓄电池温度传感器和进气温度传感器）。

　　a. 从蓄电池智能单元上断开连接器 o1。
　　b. 从蓄电池智能单元上断开连接器 n2。
　　c. 根据图 2-5-9 和表 2-5-9 中的值测量电阻。如果异常，则更换 HV 蓄电池；如果正常，则更换蓄电池智能单元。

表 2-5-9

检测仪连接
TB0(o1-7)-IGC1(n2-1)
GB0(o1-17)-IGC1(n2-1)
TB1(o1-6)-IGC1(n2-1)
GB1(o1-16)-IGC1(n2-1)
TB2(o1-5)-IGC1(n2-1)
GB2(o1-15)-IGC1(n2-1)
TB3(o1-4)-IGC1(n2-1)
GB3(o1-14)-IGC1(n2-1)
TC0(o1-1)-IGC1(n2-1)
GC0(o1-11)-IGC1(n2-1)
TB0(o1-7)-GND(n2-5)
TB1(o1-6)-GND(n2-5)
TB2(o1-5)-GND(n2-5)
TB3(o1-4)-GND(n2-5)
TC0(o1-1)-GND(n2-5)

注：规定状态为 10kΩ 或更大。

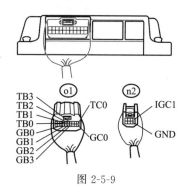

图 2-5-9

（3）P3011-123 蓄电池单元 1 变弱

❶ 说明（表 2-5-10）。

表 2-5-10

DCT 编号	DTC 检测条件	故障部位
P3011~P3027-123	根据各蓄电池单元电压确定是否有存在故障的蓄电池单元（单程检测）	(1)HV 蓄电池 (2)蓄电池智能单元

❷ 检查蓄电池智能单元。

　　a. 确保车辆前部或后部的安全。
　　b. 将智能检测仪连接到 DLC3。
　　c. 将电源开关置于"ON"（READY）位置。

d. 选择以下菜单项：Powertrain/Hybrid Control/Data List/Battery Block Vol -V01 to V17。

e. 发动机充分暖机并关闭空调。

f. 左脚用力踩下制动踏板。

g. 将换挡杆移至 D 位置。

h. 完全踩下加速踏板时，记录数据列表中的各蓄电池单元电压（"Battery Block Vol -V01 to V17"）。

i. 对比表 2-5-11 所示各奇数组和偶数组之间的蓄电池单元电压（"Battery Block Vol -V01 to V17"）。

表 2-5-11

奇数组	偶数组	对比蓄电池单元电压
Battery Block Vol-V01	Battery Block Vol-V02	蓄电池单元 Vol-V01 ⟷ 蓄电池单元 Vol-V02
Battery Block Vol-V03	Battery Block Vol-V04	蓄电池单元 Vol-V03 ⟷ 蓄电池单元 Vol-V04
Battery Block Vol-V05	Battery Block Vol-V06	蓄电池单元 Vol-V05 ⟷ 蓄电池单元 Vol-V06
Battery Block Vol-V07	Battery Block Vol-V08	蓄电池单元 Vol-V07 ⟷ 蓄电池单元 Vol-V08
Battery Block Vol-V09	Battery Block Vol-V10	蓄电池单元 Vol-V09 ⟷ 蓄电池单元 Vol-V10
Battery Block Vol-V11	Battery Block Vol-V12	蓄电池单元 Vol-V11 ⟷ 蓄电池单元 Vol-V12
Battery Block Vol-V13	Battery Block Vol-V14	蓄电池单元 Vol-V13 ⟷ 蓄电池单元 Vol-V14
Battery Block Vol-V15	Battery Block Vol-V16	蓄电池单元 Vol-V15 ⟷ 蓄电池单元 Vol-V16
Battery Block Vol-V17	Battery Block Vol-V18	蓄电池单元 Vol-V17 ⟷ 蓄电池单元 Vol-V18

j. 检查各组电压差是否为 0.3V 或更高。

提示

a. 由于蓄电池智能单元内部故障，各组电压差可能为 0.3V 或更高。

b. 如果各组电压差低于 0.3V，则更换 HV 蓄电池。

c. 如果各组电压差为 0.3V 或更高，则更换蓄电池智能单元。

2.5.4 动力电池拆装

警告

佩戴绝缘手套。

(1) 维修塞把手拆装

❶ 拆卸维修塞把手。

a. 拆卸后备厢装饰检修孔盖。

b. 从蓄电池负极端子上断开电缆。

c. 然后按图 2-5-10 所示顺序拆卸维修塞把手。

 **警告**

检查时,拆下维修塞把手以中断高压电路。

 注意

拆下维修塞把手前,确保将电源开关置于"OFF"位置。

 提示

所有的高压配线连接器均为橙色。

ⓐ 向上滑动锁栓并打开检修孔盖。

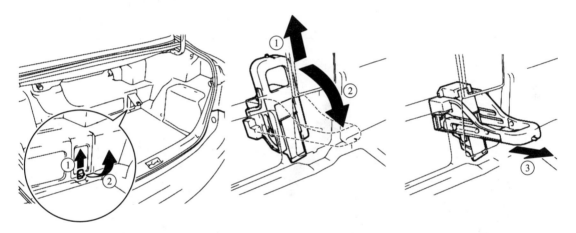

图 2-5-10

ⓑ 佩戴绝缘手套。滑动维修塞把手锁杆后,拆下维修塞把手。

 警告

a. 将拆下的维修塞把手放到口袋中,以防止其他技师在您正在维修车辆时将其意外重新连接。

b. 断开维修塞把手后,在接触任何高压连接器或端子前,等待至少断开维修塞把手后,在接触任何高压连接器或端子前,等待至少 10min。

 注意

拆下维修塞把手后,请勿操作电源开关,否则可能会损坏混合动力车辆控制 ECU。

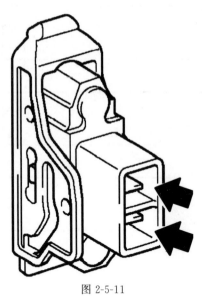

图 2-5-11

❷ 检查维修塞把手。根据图 2-5-11 和表 2-5-12 中的值测量电阻。

表 2-5-12

检测仪连接	规定状态/Ω
维修塞把手	小于 1

❸ 安装维修塞把手

警告

佩戴绝缘手套。

注意

连接维修塞把手前,确保没有将零件或工具落在后备厢内,且高压端子和连接器牢固连接。

a. 佩戴绝缘手套并按图 2-5-12 所示顺序插入维修塞把手。

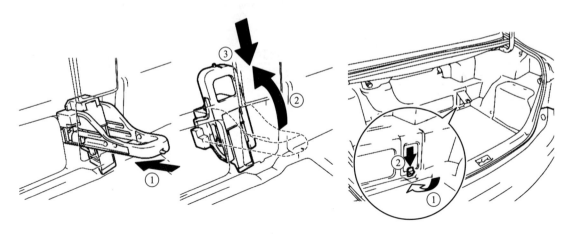

图 2-5-12

b. 倾斜维修塞把手 90°并使其向下滑动直至听到咔嗒声。
c. 安装蓄电池检修孔盖。

注意

a. 确保蓄电池检修孔盖安装牢固。
b. 将电缆连接到蓄电池负极端子上。
c. 断开并重新连接电缆后,某些系统需要初始化。
d. 安装后备厢装饰检修孔盖。

(2) 动力电池拆卸。

❶ 松开 2 个卡爪并拆下后备厢装饰检修孔盖。
❷ 从蓄电池负极端子上断开电缆。
❸ 拆卸维修塞把手。
❹ 拆卸发动机室 2 号左侧盖。
❺ 拆卸连接器盖总成。
❻ 检查端子电压。
❼ 安装连接器盖总成。
❽ 安装发动机室 2 号左侧盖。
❾ 拆卸后备厢地板垫。
❿ 拆卸备胎罩卡夹。
⓫ 拆卸备胎罩总成。
⓬ 拆卸后备厢 1 号装饰钩。
⓭ 拆卸后地板装饰板。
⓮ 拆卸后备厢后装饰罩。
⓯ 拆卸后备厢左侧内装饰罩。
⓰ 拆卸后窗台板装饰板总成。
⓱ 拆下 2 个卡子和 2 号上背板孔盖。
⓲ 拆下 3 个卡子和后备厢前装饰罩。
⓳ 拆卸 1 号 HV 蓄电池进气管。
⓴ 拆卸 2 号 HV 蓄电池进气管。
㉑ 拆卸蓄电池冷却鼓风机总成。
㉒ 拆卸 5 号 HV 蓄电池进气管。
㉓ 拆下 3 号 HV 蓄电池进气管（图 2-5-13）。

 **警告**

佩戴绝缘手套。

㉔ 拆下 2 个卡子和 4 号 HV 蓄电池进气管。

 警告

佩戴绝缘手套。

㉕ 拆卸 2 号 HV 蓄电池排气管。
㉖ 拆卸线束卡夹支架。
㉗ 拆卸蓄电池上托架分总成。
㉘ 断开线束组。
㉙ 安装备胎罩总成。
㉚ 安装备胎罩卡夹。
㉛ 安装后备厢地板垫。

㉜ 拆卸 HV 蓄电池。

a. 从 1 号蓄电池盖上断开线束卡夹（图 2-5-14）。

b. 分离 2 个卡爪，并拆下接线盒盖。

警告

佩戴绝缘手套。

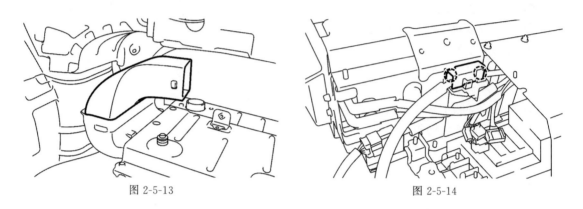

图 2-5-13　　　　　　　　　　　图 2-5-14

c. 拆下螺母并断开线束组（AMD 电缆）（图 2-5-15）。

d. 断开蓄电池组线束连接器。

e. 拆下蓄电池绝缘垫橡胶的密封垫。

f. 从 HV 蓄电池上拆下 4 个螺栓（图 2-5-16）。

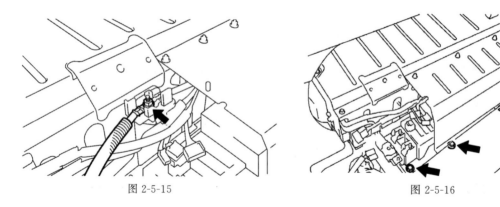

图 2-5-15　　　　　　　　　　　图 2-5-16

g. 从 HV 蓄电池上拆下 2 个螺栓。

h. 准备一张 750mm×500mm 或更大的硬纸板（图 2-5-17）。

i. 用扒胎棒支撑 HV 蓄电池，插入硬纸板，直到不能插入为止。

j. 将 HV 蓄电池和硬纸板拉向车辆后部（图 2-5-18）。

k. HV 蓄电池后端倾斜 45°时，用发动机吊链装置拆下 HV 蓄电池。

注意

用硬纸板或其他类似材料以保护 HV 蓄电池和车身免受损坏。

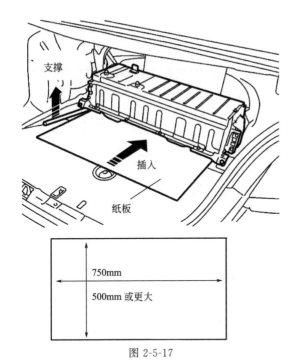

图 2-5-17   图 2-5-18

㉝ 拆卸 1 号蓄电池盖。
㉞ 拆卸 5 号蓄电池托架面板。
㉟ 拆卸 1 号 HV 蓄电池排气管。
㊱ 拆卸噪声滤波器电容器。
㊲ 拆卸 HV 继电器总成。
㊳ 拆卸蓄电池智能单元。
㊴ 拆卸混合动力车辆转换器。
㊵ 从 HV 蓄电池上拆下螺母和逆变器端子。
㊶ 拆卸蓄电池绝缘垫橡胶
a. 拆下 3 个螺栓、螺母和蓄电池托架支架。
b. 拆下蓄电池绝缘垫橡胶。
(3) 动力电池安装
❶ 安装蓄电池绝缘垫橡胶。用 3 个螺栓和螺母安装蓄电池托架支架。扭矩为 8.0N·m。
❷ 用螺母将逆变器端子安装到 HV 蓄电池上。扭矩为 8.0N·m。
❸ 安装混合动力车辆转换器。
❹ 安装蓄电池智能单元。
❺ 安装 HV 继电器总成。
❻ 安装噪声滤波器电容器。
❼ 安装 1 号 HV 蓄电池排气管。
❽ 安装 5 号蓄电池托架面板。
❾ 安装 1 号蓄电池盖。
❿ 安装 HV 蓄电池

a. 在后备厢内放一张硬纸板。

b. HV 蓄电池后端倾斜 45°时，用发动机吊链装置安装 HV 蓄电池。

警告

佩戴绝缘手套。

注意

用硬纸板或其他类似材料以保护 HV 蓄电池和车身免受损坏。

c. 将 HV 蓄电池和硬纸板推向车辆前部。

d. 用扒胎棒支撑 HV 蓄电池并将硬纸板拉出。

e. 将 2 个螺栓安装到 HV 蓄电池上（图 2-5-19）。扭矩为 19N·m。

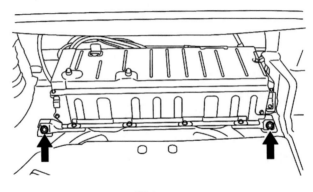

图 2-5-19

f. 将 4 个螺栓安装到 HV 蓄电池上。扭矩为 19N·m。

g. 用密封垫连接蓄电池绝缘垫橡胶。

h. 连接蓄电池组线束连接器。

i. 用螺母连接线束组（AMD 电缆）。扭矩为 9.0N·m。

j. 接合 2 个卡爪以安装接线盒盖。

k. 将线束卡夹连接到 1 号蓄电池盖。

⑪ 拆卸后备厢地板垫。

⑫ 拆卸备胎罩卡夹。

⑬ 拆卸备胎罩总成。

⑭ 连接线束组。

⑮ 安装蓄电池上托架分总成。

⑯ 安装线束卡夹支架。

⑰ 安装 2 号 HV 蓄电池排气管。

⑱ 用 4 个卡子安装 2 号 HV 蓄电池进气管。

⑲ 安装 3 号 HV 蓄电池进气管。

警告

佩戴绝缘手套。

⑳ 安装5号HV蓄电池进气管。
㉑ 安装蓄电池冷却鼓风机总成。
㉒ 安装2号HV蓄电池进气管。
㉓ 安装1号HV蓄电池进气管。
㉔ 用3个卡子安装后备厢前装饰罩。
㉕ 用2个卡子安装2号上背板孔盖。
㉖ 安装后窗台板装饰板总成。
㉗ 安装后备厢左侧内装饰罩。
㉘ 安装后备厢后装饰罩。
㉙ 安装后地板装饰板。
㉚ 安装后备厢1号装饰钩。
㉛ 安装备胎罩总成。
㉜ 安装备胎罩卡夹。
㉝ 安装后备厢地板垫。
㉞ 安装维修塞把手。
㉟ 将电缆连接到蓄电池负极端子上。

注意

断开并重新连接电缆后,某些系统需要初始化。

㊱ 用2个卡爪安装后备厢装饰检修孔盖。

2.6 本田CR-V混合动力汽车

2.6.1 动力电池简介

❶ 高压蓄电池组使用锂离子电池。锂离子电池重量轻,体积小,寿命长。蓄电池组由4个模块(每个模块18个单元,共72个单元)串联连接。高压蓄电池配有热敏电阻类型温度传感器和内置的单元电压传感器,用于监测电池状态并控制它们的SOC(图2-6-1)。

❷ 高压蓄电池通过PCU内的逆变器由发电机电动机或牵引电动机产生的电能充电。高压蓄电池配备有多个温度传感器,这些传感器将信息发送给蓄电池状态监视器单元。

2.6.2 关闭和打开高压电路

在操作或靠近带有高压的部件前,必须先执行以下步骤。请完全按照规定程序操作,否则,可能损坏设备。

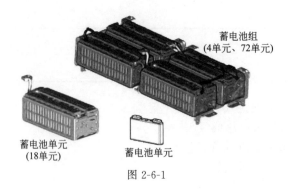

图 2-6-1

（1）切断维修用插头

 注意

❶ 拆卸或安装维修用插头或带有标记的项目时，务必使用绝缘工具并用绝缘胶带缠绕。

❷ 将维修用插头固定在安全的位置，防止在维修或维护车辆时其他人员安装维修用插头。

❶ 将 HDS 连接到数据插接器（DLC）上。
❷ 确保 HDS 与车辆和电子动力/IMA 系统正常通信。如果不能进行通信，转至 DLC 电路故障排除。
❸ 使用 HDS 选择 ELECTRIC POWERTRAIN/IMA（电子动力/IMA）系统。
❹ 检查故障诊断码（DTC）并记录所有存储的 DTC。
❺ 将车辆转为"OFF"（LOCK）模式。
❻ 执行 12V 蓄电池端子断开程序。
❼ 拆下后备厢地板盖。
❽ 拆下维修塞盖 A（图 2-6-2）。
❾ 推动凸舌 A 并取消门扣 B。将吐舌滑至解锁位置 C 直到听到"咔嗒"声（图 2-6-3）。

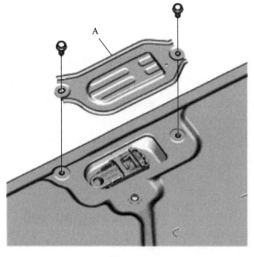

图 2-6-2

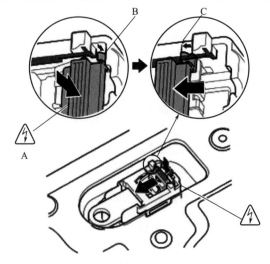

图 2-6-3

注意

❶ 拆卸或安装保养塞或标记的部位时,务必使用绝缘工具并用绝缘胶带缠绕部位。

❷ 将充电用插头固定在安全区域,以防止其他人员在车辆修理或维修时安装充电用插头。

❸ 操作凸舌时不要将手指插入间隙,让凸舌滑动。

⑩ 抬起杆 A,并拆下维修塞 B(图 2-6-4)。

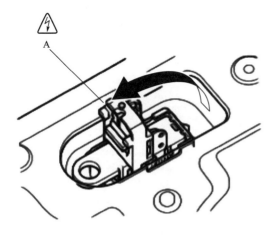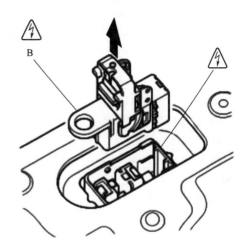

图 2-6-4

⑪ 用绝缘胶带缠绕维修用插头底座 A(图 2-6-5)。

⑫ 拆下 IPU 盖 A(图 2-6-6)。

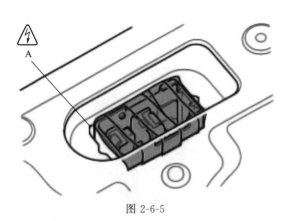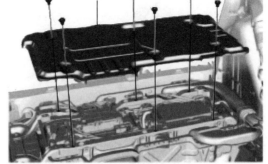

图 2-6-5　　　　　　　　　　图 2-6-6

⑬ 拆下附加板盖 A(图 2-6-7)。

⑭ 测量蓄电池单元端子 A 之间的电压,应低于 30V(图 2-6-8)。

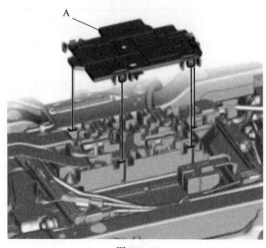

图 2-6-7

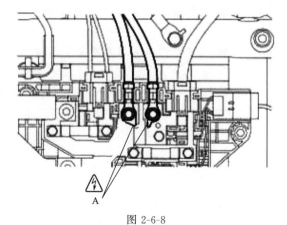

图 2-6-8

（2）接通维修用插头

❶ 如有必要，在维修或修理完成后，安装附加板盖。

❷ 安装 IPU 盖。

❸ 将维修用插头 A 插入到维修用插头底座 B（图 2-6-9）。

 注意

拆卸或安装维修用插头或带有标记的项目时，务必使用绝缘工具并用绝缘胶带缠绕。

❹ 降下杆 A 并设定在锁止位置（图 2-6-10）。

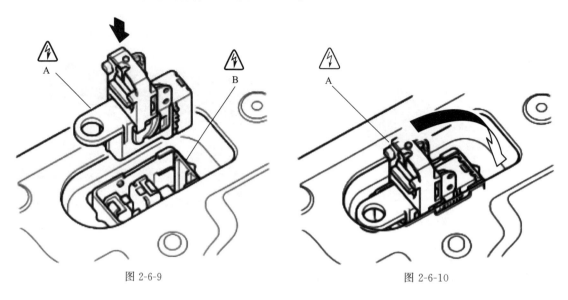

图 2-6-9　　　　　　　　　　　　图 2-6-10

❺ 保持杆 C 的同时，将凸舌 A 按下并滑动到锁止位置 B（图 2-6-11）。

 **注意**

用凸舌操作；确认杆未抬起。

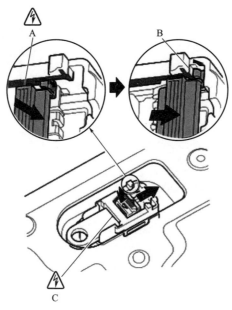

图 2-6-11

❻ 安装维修塞盖。
❼ 安排后备厢地板盖。
❽ 重新连接 12V 蓄电池端子。

2.6.3 高压蓄电池单元风扇拆卸和安装

 注意

❶ 戴上绝缘手套并使用绝缘工具进行保护以免电击。
❷ 拆卸或安装标记的部位时，务必使用绝缘工具并用绝缘胶带缠绕该部位。
❸ 使用盖以免损坏油漆表面。
❹ 为避免损坏线束和端子，应握住连接器部分，小心地拔出线束连接器。
❺ 在所有线束和软管上做标记，以防误接。而且要确保它们没有接触其他线束、软管，或者妨碍其他零件。
❻ 剧烈撞击（如高压蓄电池掉落、碰撞损坏）可能会导致电解液泄漏、内部短路和热增加，从而导致火灾。应避免撞击高压蓄电池。
❼ 有机电解液是有毒的。如果不小心摄入，请立即就医。
❽ 高压蓄电池损坏可能导致易燃气体或电解液泄漏，并可能导致火灾。切勿损坏高压蓄电池，并使其远离火花、火焰和香烟。

(1) 拆卸

❶ 拆卸后侧装饰板（右侧）。

❷ 拆卸 IPU 风扇进气管接头和 IPU 风扇下进气管。

❸ 拆卸高压蓄电池单元风扇。

a. 断开连接器 A（图 2-6-12）。

b. 拆下线束夹 B 和高压蓄电池单元风扇 C。

(2) 安装

按照与拆卸相反的顺序安装零件。

2.6.4 高压蓄电池拆装

❶ 拆卸维修插头。

❷ 拆卸 12V 输出端子基座和 IPU 总成。

❸ 拆卸 IPU 箱。

❹ 拆卸 DC/DC 转换器和 DC/DC 分线束托架。

❺ 拆卸 IPU 前进气管、IPU 后进气管、DC/DC 分线束、DC/DC 输入电缆和 DC/DC 输出电缆。

❻ 拆卸蓄电池状态监视器单元。

❼ 拆卸副连接板。

❽ 拆卸接线板。

❾ 拆卸蓄电池组总成。

断开搭铁电缆端子 B 和连接器 A（图 2-6-13）。

将线束夹 D 和继电器 C 固定（图 2-6-14）。

从电池组总成 F（图 2-6-13）上拆下 IPU 线束 E。

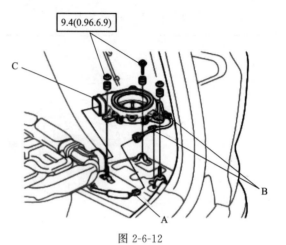

图 2-6-12

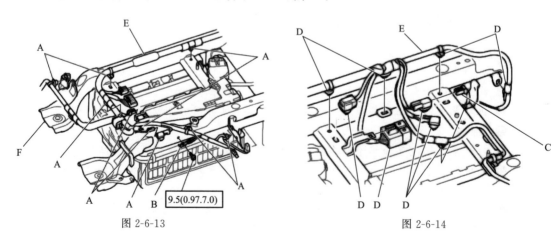

图 2-6-13

图 2-6-14

❿ 安装所有拆下零件。

⓫ 重置蓄电池状态监视器单元（更换时）。

 **注意**

更换蓄电池组时，执行以下操作。

a. 将 HDS 连接到数据连接器（DLC）上。确保 HDS 与车辆和电子动力系统/IMA 系统通信。如果不能进行通信，则转至 DLC 电路故障排除。

b. 使用 HDS 选择电子动力系统/IMA 系统。

c. 选择 HV 蓄电池或电动机/蓄电池 ECU 更换，然后按照屏幕提示操作。

d. 选择更换 HV 蓄电池，然后按照屏幕提示操作。

2.7 宝马 X5 混合动力汽车

2.7.1 拆卸和安装/更新排气单元

（1）需要的准备工作

❶ 拆卸高压蓄电池单元盖罩。

❷ 拆卸安全盒。

（2）拆卸排气单元

❶ 从内部松开螺栓①（图 2-7-1）。

❷ 沿箭头方向取出排气单元①（图 2-7-2）。

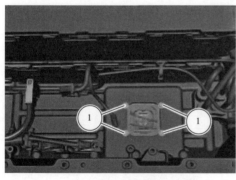

图 2-7-1

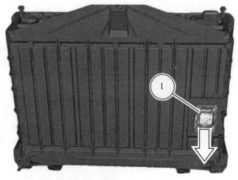

图 2-7-2

（3）安装排气单元

安装顺序与拆卸顺序相反。

2.7.2 拆卸和安装/更新水箱高压蓄电池单元（上部）

 警告

工作开始之前务必遵守下列几点。

❶ 注意混合动力汽车操作的安全提示。

❷ 在干净的工作场地执行工作。

❸ 注意高压蓄电池单元的修理提示。

(1) 必要的准备工作

❶ 拆卸水箱之前必须从诊断系统中打印电池模块或电池监控电子设备的位置图。

❷ 拆卸高压蓄电池单元盖罩。

❸ 拆卸所有电池模块（上部）。

(2) 拆卸水箱高压蓄电池单元（上部）

❶ 松开温度传感器的插头①（图 2-7-3）。

❷ 松开螺栓①（图 2-7-4）。

 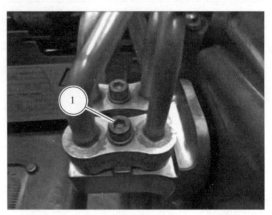

图 2-7-3　　　　　　　　　　　图 2-7-4

❸ 将塑料垫片①从水箱线脚②处取下（图 2-7-5）。

图 2-7-5

❹ 小心解除联锁水箱线脚②并取出水箱。

❺ 取出水箱时只能在末端（总管）抬起。

提示

在拆下制冷剂循环回路内的所有部件和管路以及退还件后，应立即用专用工具 32 1 270 密封，以避免受潮或异物进入。

(3) 安装水箱高压蓄电池单元（上部）

安装顺序与拆卸顺序相反。

2.7.3 拆卸和安装/更新水箱高压蓄电池单元（下部）

警告

工作开始之前务必遵守下列几点。
❶ 注意混合动力汽车操作的安全提示。
❷ 在干净的工作场地执行工作。
❸ 注意高压蓄电池单元的修理提示。

（1）必要的准备工作
❶ 拆卸水箱之前必须从诊断系统中打印电池模块或电池监控电子设备的位置图。
❷ 拆卸高压蓄电池单元盖罩。
❸ 拆卸所有电池模块（下部）。
（2）拆卸水箱高压蓄电池单元（下部）
❶ 松开螺栓①（图2-7-6）。
❷ 将塑料垫片①从水箱线脚②处取下（图2-7-7）。

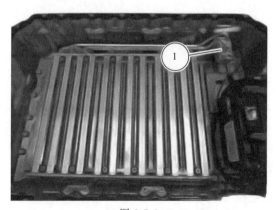

图2-7-6

图2-7-7

❸ 小心解除联锁水箱线脚②并取出水箱。
❹ 取出水箱时只能在末端（总管）抬起。

提示

在拆下制冷剂循环回路内的所有部件和管路以及退还件后，应立即用专用工具321 270密封，以避免受潮或异物进入。

（3）安装水箱高压蓄电池单元（下部）

安装说明

用允许的清洁剂清洁水箱螺栓连接的所有密封面。

❶ 将电池模块重新安装至最初的位置。小心地放入水箱。应注意，水箱正确位于隔板上。
❷ 插入水箱时只能在末端（总管）抬起。
❸ 水箱线脚②必须正确嵌入。
❹ 将塑料垫片①安放到水箱线脚上。

注意

❶ 水箱不得出现任何损坏。
❷ 如果水箱上出现损坏或凹痕/折痕，则必须更新水箱。
❸ 损坏的水箱线脚或塑料垫片必须更新。
❹ 水箱不密封时必须更换排气单元。
❺ 只有在拆卸和安装水箱时，才需要更新水箱接口上的密封环。

2.7.4 拆卸和安装/更新电池模块（上部）

警告

工作开始之前务必遵守下列几点。
❶ 注意混合动力汽车操作的安全提示。
❷ 在干净的工作场地执行工作。
❸ 注意高压蓄电池单元的修理提示。

(1) 需要的准备工作
❶ 拆卸高压蓄电池单元盖罩。
❷ 对于运送电池单元模块，应当填写电池单元模块运输能力评价。
❸ 用模块充电器补偿电池单元模块的充电电压。
(2) 拆卸电池模块（上部）
❶ 断开电池模上的高压插头①（图2-7-8）。
❷ 使用专用工具2 298 505取下高压电缆托架①（图2-7-9）。
❸ 将专用工具2 298 505向后推并同时向上拉出。

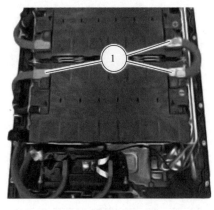

图2-7-8

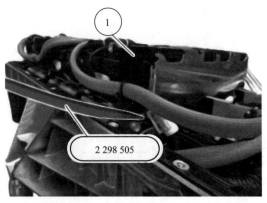

图2-7-9

❹ 拔下电池监控电子设备的插头①并松开电线束②（图 2-7-10）。
❺ 松开电池模块②上的螺栓①（图 2-7-11）。

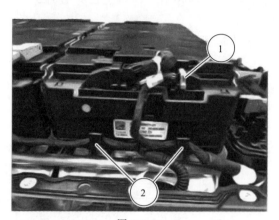

图 2-7-10

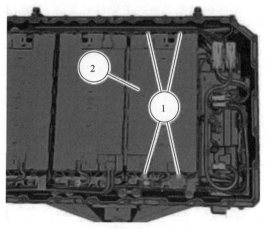

图 2-7-11

提示

❶ 使用专用工具时，务必遵守维修信息 06 06 14（134）中的说明。
❷ 不得给专用工具 2 360 072 上油或上油脂（图 2-7-12）。

❻ 为了方便取出，将专用工具 2 360 072 斜对着电池模块螺栓连接的孔装入。
将专用工具 2 360 072 小心地装到电池模块②上，一直卡到极限位置。
转动滚花轮①，直至其打滑（图 2-7-13）。
小心地取出电池模块②。

图 2-7-12

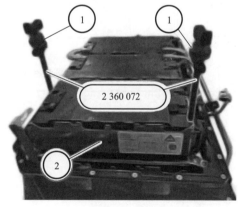

图 2-7-13

（3）安装电池模块（上部）

提示

❶ 安装电池模块前必须清洁高压蓄电池单元、水箱和电池模块。
❷ 更换单格电池模块时，将更换部件的系列号和安装位置记录到打印输出的记

录和蓄能器电子管理系统（SME）中非常重要。这样在修理之后，诊断系统中就存在高压蓄电池单元试运行的服务功能，否则会保持先前的序列号和位置已存储的状态，后果是错误的模块分配。

❸ 安装电池模块之前必须确认电池模块的充电状态与其他电池模块的充电状态一致。

❶ 将电池模块用专用工具 2 360 072 小心地放入高压蓄电池单元。
❷ 将滚花轮完全打开。
❸ 将专用工具 2 360 072 小心地从电池模块中取出。
❹ 插入电池模并拧紧螺栓。拧紧力矩为 14N·m。

注意

螺栓必须沿对角线拧紧。

❺ 连接电池监控电子设备上的插头。
❻ 松开电池监控电子设备的电线束。
❼ 连接高压系统插头。
❽ 将导线支架嵌入电池模块。

2.7.5　拆卸和安装或更换高压蓄电池单元

（1）需要的准备工作
❶ 排放空调器。

警告

高压系统非常危险，可危及生命！

工作开始之前务必遵守下列几点：断开高压系统；注意混合动力汽车的操作安全提示。

❷ 断开蓄电池负极导线。

注意

在断开蓄电池负极导线之前必须确保汽车已经休眠，至少等待 2min。

❸ 拆卸后部座椅靠背的横梁定位件。
❹ 排放冷暖空调。

（2）拆卸高压蓄电池单元
❶ 松开螺栓①（图 2-7-14）。
❷ 取出后部横梁②。

❸ 脱开高压线①并安装插头盲壳（图 2-7-15）。
❹ 必要时松开卸压件上的螺栓。
❺ 用手松脱导线支架②。

图 2-7-14

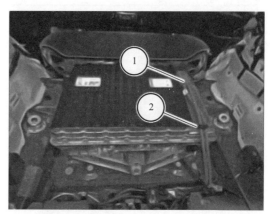

图 2-7-15

❻ 松开制冷剂管路②的螺母①，拔下制冷剂管路②（图 2-7-16）。
❼ 脱开膨胀阀上的插头③。
❽ 用手松脱导线支架④。

 提示

在拆下制冷剂循环回路内的所有部件和管路以及退还件后，应立即用专用工具 32 1 270 密封，以避免受潮或异物进入。

❾ 脱开信号插头①（图 2-7-17）。

图 2-7-16

图 2-7-17

❿ 将修理厂起重机 2 220 718 用专用工具 2 360 081 定位在高压蓄电池单元上方。将袖珍挂钩①从侧面嵌入（图 2-7-18）。

 **注意**

袖珍挂钩①的正确位置。

⓫ 松开高压蓄电池单元上的螺栓①（图2-7-19）。

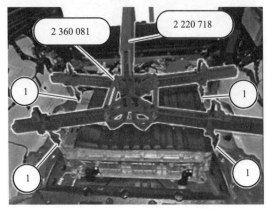

图 2-7-18

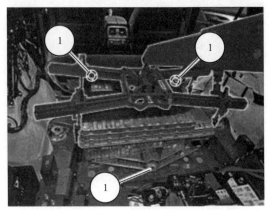

图 2-7-19

⓬ 将修理厂起重机 2 220 718 抬起，慢慢地从后备厢中拉出，放在升降台上（图2-7-20）。

（3）安装高压蓄电池单元

❶ 在安装高压蓄电池单元之前，检查排气单元密封环①的正确位置（图2-7-21）。

❷ 当密封环①损坏时，必须替换密封环①。

❸ 检查固定高压蓄电池单元的螺栓孔是否受损。

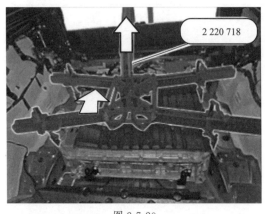

图 2-7-20

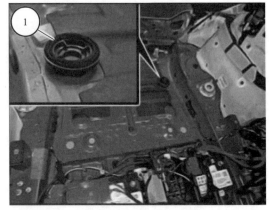

图 2-7-21

❹ 将修理厂起重机 2 220 718 慢慢降低，将高压蓄电池单元与螺栓孔对准。

 安装说明

a. 不要将修理厂起重机完全降低。

b. 在降低过程中对制冷剂管路进行防护，以防损坏和夹坏。

❺ 用手旋入高压蓄电池单元上的螺栓。
❻ 拧紧螺栓。
❼ 接合制冷剂管路，并用螺母拧紧。
❽ 连接膨胀阀上的插头。
❾ 卡入导线支架。
❿ 连接信号插头。
⓫ 连接高压线。
⓬ 卡入导线支架。
⓭ 放上后部横梁。拧紧螺栓。
（4）更新
❶ 执行编程和设码。
❷ 连接 BMW 诊断系统，并进行以下各项诊断。
a. 服务功能。
b. 驱动装置。
c. 混合动力汽车。
d. 高压蓄电池单元。
e. 高压蓄电池单元试运行。
（5）回收
❶ 注意高压蓄电池单元的产品信息中的回收提示。
❷ 高压蓄电池单元的产品信息已保存在售后服务辅助端口（ASAP）中。
（6）所需的修整
❶ 安装后部座椅靠背的横梁定位件。
❷ 加注空调器制冷剂。
❸ 连接蓄电池负极导线。

第3章 高压电控系统

3.1 比亚迪秦混合动力汽车

3.1.1 高压电控简介

(1) 驱动电动机控制器和DC总成

驱动电动机控制器和DC总成的主要功能为控制电动机及发动机，驱动车辆行驶，同时包括CAN通信、故障处理、在线CAN烧写、与其他模块配合完成整车的工作要求以及自检等功能（图3-1-1）。

驱动电动机控制器与DC总成是驱动电动机控制器与DC/DC变换器的集成体。

驱动电动机控制器由输入输出接口电路、驱动电动机控制电路和驱动电路组成。

DC/DC变换器（缩写为DC）是电池包高压直流与低压直流相互转换的装置。

驱动电动机控制器与DC总成

图 3-1-1

DC/DC变换器具有降压和升压功能。

❶ 降压。负责将动力电池480V的高压电转换成12V电源。DC/DC变换器在主接触吸合时工作，将输出的12V电源供给整车用电器工作，并且在低压电池亏电时给低压电池充电。

❷ 升压。当动力电池电量不足时，DC/DC变换器将发电机发出的电供整车低压用电器用电后剩余的电量经升压后给动力电池充电及供空调用电。

(2) 高压配电箱

❶ 安装位置。高压配电箱（High Voltage Distribution Assy，HVDA）位于后备厢电

池包支架右上方。

❷ 功用。将电池包的高压直流电分配给整车高压电器使用,其上游是电池包,下游包括驱动电动机控制器、DC 总成、PTC 水加热器、电动压缩机及漏电传感器;也将车载充电器的高压直流电分配给电池包(图 3-1-2)。

3.1.2 高压电控针脚定义

(1)高压配电箱低压控制 22pin 接插件引脚定义(图 3-1-3、表 3-1-1)

图 3-1-2

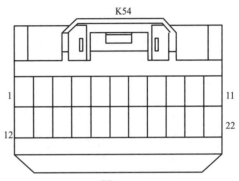

图 3-1-3

表 3-1-1

引脚号码	定义	引脚号码	定义
1	预充接触器电源	13	预充接触器控制
3	正极接触器电源	14	正极接触器控制
4	交流充电接触器电源	17	空调接触器搭铁
5	负极接触器电源	19	霍尔电流传感器+15V
7	空调接触器电源	20	交流充电接触器控制
9	电流霍尔信号	21	霍尔电流传感器-15V
10	负极接触器控制	其余	空脚

(2)电动机控制器接插件引脚定义(图 3-1-4、表 3-1-2)

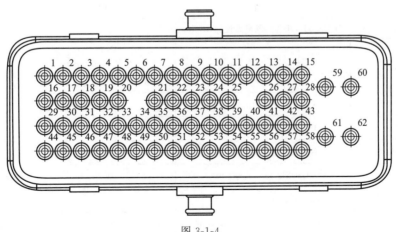

图 3-1-4

表 3-1-2

连接端子	引脚名称/功能	条件	正常值
B21-4—B21-61	/HV_LOCK2 高压互锁输入2	ON 挡	PWM 信号
B21-5—B21-61	/PUMP_TEST 水泵检测输入	OK 挡,EV 模式	10~14V
B21-6	预留	预留	预留
B21-7	预留	预留	预留
B21-8	预留	预留	预留
B21-9—B21-61	CRASH-IN 碰撞信号	ON 挡	PWM 信号
B21-10—车身(地)	GND 水温检测电源(地)	OFF 挡	小于 1Ω
B21-11—B21-39	GND 巡航信号地	OFF 挡	2150~2190Ω
B21-12—B21-61	GND 油门深度电源(地1)	OFF 挡	小于 1Ω
B21-13—B21-61	GND 油门深度电源(地2)	OFF 挡	小于 1Ω
B21-14—B21-61	GND 刹车深度电源(地2)	OFF 挡	小于 1Ω
B21-15—B21-61	+5V 刹车深度电源1	ON 挡	0~5V 模拟信号
B21-19—B21-61	/IN_HAND_BRAKE 手刹信号	ON 挡	0~12 高低电平信号
B21-20—车身(地)	/HV-LOCK1 高压互锁输入1	ON 挡	PWM 信号
B21-21	调试 CAN(高)	预留	预留
B21-22	调试 CAN(低)	预留	预留
B21-23—车身(地)	KEY_CONTROL 钥匙信号	预留	预留
B21-24—车身(地)	GND 水压检测(地)	预留	预留
B21-25—车身(地)	+5V 水压检测电源	预留	预留
B21-26—车身(地)	+5V 油门深度电源1	ON 挡	0~5V 模拟信号
B21-27—车身(地)	+5V 油门深度电源2	ON 挡	0~5V 模拟信号
B21-28—车身(地)	GND 刹车深度电源(地1)	OFF 挡	小于 1Ω
B21-29—B21-44	/EXCOUT 励磁	OFF 挡	7~10Ω
B21-30—B21-45	sin— 正弦—	OFF 挡	15~19Ω
B21-31—B21-46	cos— 余弦—	OFF 挡	15~19Ω
B21-32—车身(地)	预留	预留	预留
B21-32	预留	预留	预留
B21-34	/FAN_H_OUT 风扇高速输出(空)	预留	预留
B21-35—B21-61	/PUMP_OUT 水泵输出	ON 挡 水泵未工作	10~14V
		OK,EV 模式水泵工作	小于 1V
B21-36—B21-37	CANL CAN 信号(低)	OFF 挡	54~69Ω
B21-37—B21-36	CANH CAN 信号(高)	OFF 挡	54~69Ω
B21-38—车身(地)	GND2 电动机温度(地)	OFF 挡	小于 1Ω
B21-39—B21-11	CURISE_IN 巡航信号	OFF 挡	2150~2190Ω
B21-40—车身(地)	WATER_T_IN 水温信号	ON 挡	0~5V 模拟信号
B21-41—车身(地)	DC_GAIN1 油门深度信号1	ON 挡	0~5V 模拟信号

续表

连接端子	引脚名称/功能	条件	正常值
B21-42—车身(地)	GND 刹车深度屏蔽(地)	OFF挡	小于1Ω
B21-43—车身(地)	+5V 刹车深度电源2	ON挡	4.5~5.5V
B21-44—车身(地)	EXCOUT 励磁+	OFF挡	7~10Ω
B21-45—B21-30	sin+ 正弦+	OFF挡	15~19Ω
B21-46—B21-31	cos+ 余弦+	OFF挡	15~19Ω
B21-47—车身(地)	GND 旋变屏蔽(地)	OFF挡	小于1Ω
B21-48—车身(地)	/IN_FEET_BRAKE 脚刹信号	预留	预留
B21-49—车身(地)	/BAT-OFF-OUT 启动电池切断继电器	预留	预留
B21-50	/FAN_L_OUT 风扇低速输出(空)	预留	预留
B21-51—车身(地)	GND(CAN) CAN屏蔽(地)	OFF挡	小于1Ω
B21-52—车身(地)	/IN_EMACHINE 电动机过温		
B21-53—车身(地)	STATOR_T_IN 电动机绕组温度	ON挡	0~5V模拟信号
B21-54—车身(地)	PRESSURE_IN 水压检测信号	预留	预留
B21-55—车身(地)	GND 油门深度屏蔽(地)	OFF挡	小于1Ω
B21-56—车身(地)	DC_GAIN2 油门深度信号2	ON挡	0~5V模拟信号
B21-57—车身(地)	DC_BRAKE1 刹车深度1	ON挡	0~5V模拟信号
B21-58—车身(地)	DC_BRAKE2 刹车深度2	ON挡	0~5V模拟信号
B21-59—车身(地)	GND(VCC) 外部电源(地)	OFF挡	小于1Ω
B21-60—B21-61	VCC 外部12V电源	ON挡	10~14V
B21-61—车身(地)	GND(VCC) 外部电源(地)	OFF挡	小于1Ω
B21-62—B21-61	VCC 外部12V电源	ON挡	10~14V

3.1.3 高压电控故障码

(1) 电动机控制器故障码(表3-1-3)

表3-1-3

故障码(ISO 15031-6)	描述	故障码(ISO 15031-6)	描述
P1B0000	电动机过流	P1B0A00	EEPROM错误
P1B0100	IPM故障	P1B0B00	巡航开关信号故障
P1B0200	电动机过温报警	P1B0C00	DSP复位故障
P1B0300	IGBT过温报警	P1B0F00	主动泄放故障
P1B0400	水温过高报警	P1B1000	水泵驱动故障
P1B0500	高压欠压	P1B1100	旋变故障——信号丢失
P1B0600	高压过压	P1B1200	旋变故障——角度异常
P1B0700	电压采样故障	P1B1300	旋变故障——信号幅值减弱
P1B0800	碰撞信号故障(硬线)	P1B1400	电动机缺A相
P1B0900	开盖保护	P1B1500	电动机缺B相

续表

故障码(ISO 15031-6)	描述	故障码(ISO 15031-6)	描述
P1B1600	电动机缺 C 相	U016400	电动机控制器与空调通信故障
P1B1700	油门信号故障——1 信号故障	U014000	电动机控制器与 BCM 通信故障
P1B1800	油门信号故障——2 信号故障	U029800	电动机控制器与 DC 通信故障
P1B1900	油门信号故障——校验故障	U029400	与 EV-HEV 开关通信故障
P1B1A00	刹车信号故障(低配)——1 信号故障	U021400	与 I-KEY 通信故障
P1B1B00	刹车信号故障(低配)——2 信号故障	P1B1F00	防盗验证失败故障
P1B1C00	刹车信号故障(低配)——校验故障	P1B6000	发动机启动失败
P1B1E00	电流霍尔传感器 B 故障	P1B6100	IPM 散热器过温故障
U010100	电机控制器与 TCU 通信故障	P1B6200	IGBT 三相温度校验故障报警
U011100	与电池管理器通信故障	P1B6300	电流霍尔传感器 C 故障
U010300	电动机控制器与 ECM 通信故障	U013400	与 EPS(电动助力转向)模块失去通信
U012100	电动机控制器与 ESC 通信故障	U012200	与低压电池管理器(BMS)失去通信
U012800	电动机控制器与 EPB 通信故障	P1BA200	换挡超时
U029100	电动机控制器与挡位控制器通信故障		

(2) 高压配电箱故障码

高压配电箱本身无故障码,但是可以通过电池管理器的故障码来判断接触器及霍尔传感器(表 3-1-4)。

表 3-1-4

故障码	描述	故障码	描述
P1A3D00	负极接触器回检故障	P1A4100	主接触器烧结故障
P1A3E00	正极接触器回检故障	P1A4D00	电流霍尔传感器故障
P1A3F00	预充接触器回检故障		

3.1.4 高压电控故障诊断

(1) P1B1100 旋变故障

❶ 退电 OFF 挡,拔掉电动机控制器低压接插件。

❷ 测量 B21-45 和 B21-30 之间的电阻是否为 15~19Ω;测量 B21-46 和 B21-31 之间的电阻是否为 15~19Ω;测量 B21-44 和 B21-29 之间的电阻是否为 7~10Ω。

❸ 如果所测电阻正常,则检查 B22 接插件是否松动,如果没有松动,则为动力总成故障。如果不正常,则更换驱动电机控制器与 DC 总成。

(2) P1B0500 欠压保护故障

❶ 检测动力电池电量是否大于 10%。如果异常,则给动力电池充电;如果正常,则检测高压母线。

❷ 检测高压母线。

a. 断开维修开关,等待 5min。

b. 插上维修开关,整车上电,为 EV 模式。

c. 用诊断仪读取直流母线电压值(表 3-1-5)。如果异常,则检查高压配电盒及高压线路；如果正常，则更换驱动电动机控制器与 DC 总成。

表 3-1-5

端子	正常值/V
母线电压	450～550

(3) 高压配电箱故障诊断

❶ 车上检查。检查维修开关是否松动或未安装。如果异常，则重新安装或更换维修开关；如果正常，则检查配电箱空调熔丝和车载充电器熔丝。

❷ 检查配电箱空调熔丝和车载充电器熔丝。

a. 开关置于"OFF"挡，关闭维修开关。

b. 拆开配电箱侧边小盖。

c. 测量上方空调熔丝（30A）和下方的车载充电器熔丝（30A）是否导通。如果异常，则更换空调和车载充电器保险熔丝；如果正常，则检查接触器电源脚。

❸ 检查接触器电源脚。

a. 开关置于"OFF"挡，连接好启动电池。

b. 用万用表测量低压接插件引脚对地电压（表 3-1-6）。如果异常，则检查低压线束供电；如果正常，则检查负极接触器控制脚。

表 3-1-6

端子	线色	正常值/V
K54-1—车身地	R/Y	约 12
K54-3—车身地	R/Y	约 12
K54-5—车身地	R/Y	约 12

❹ 检查负极接触器控制脚。

a. 整车上电于"ON"挡。

b. 用万用表测量低压接插件引脚的对地电压（表 3-1-7）。如果异常，则检查电池管理器或线束；如果正常，则检查预充接触器控制脚。

表 3-1-7

端子	线色	正常值/V
K54-10—车身地	L/W	12

❺ 检查预充接触器控制脚。

在上"ON"挡过程中，用万用表测量低压接插件引脚（K54-13）对地电压是否由 12V 降低为 1V 以下再恢复 12V（表 3-1-8）。如果异常，则检查电池管理器或线束；如果正常，则检查正极接触器控制脚。

表 3-1-8

端子	线色	正常值/V
K54-13—车身地	L/W	12

❻ 检查正极接触器控制脚。

a. 整车上电于"ON"挡。

b. 用万用表测量低压接插件引脚对地的电压（表 3-1-9）。如果异常，则检查电池管理器或线束；如果正常，则检查电流霍尔传感器电源。

表 3-1-9

端子	线色	正常值/V
K54-14—车身地	L	12

❼ 检查电流霍尔传感器电源。

a. 整车上电于"ON"挡。

b. 用万用表测量低压接插件引脚对地的电压（表 3-1-10）。如果异常，则检查电池管理器或线束。

表 3-1-10

端子	线色	正常值/V
K54-19—车身地	R/W	+15
K54-21—车身地	R/L	-15

3.1.5 高压电控拆装

❶ 结构组成。高压配电箱总成由箱体、上盖及内部器件等组成。

❷ 拆卸维修前需要做的工作。

a. 点火开关置于"OFF"挡。

b. 启动电池断电。

c. 拆卸座椅，拔掉维修开关。

d. 拆卸后备厢右后内饰板。

❸ 拆卸。

a. 断开外部所有接插件，包括电池包正、负极接插件，直流母线正、负极接插件，PTC接插件，车载接插件，漏电传感器接插件，低压接插件。

b. 用棘轮将高压配电箱搭铁线的紧固件螺栓松开，并将固定高压配电箱上的4颗六角法兰面承面带齿螺栓拧下（图3-1-5）。

c. 向车后方平移高压配电箱，轻轻取下。

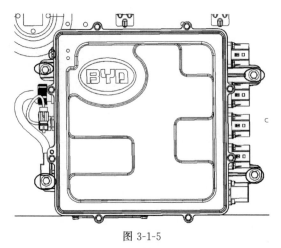

图 3-1-5

❹ 装配。

a. 先将高压配电箱安装在电池支架上，调整到位后用4颗螺栓将其固定，拧紧力矩要求约为 24N·m。

b. 再将搭铁线用螺栓固定，拧紧力矩要求约为 24N·m。

c. 接着将配电箱与漏电传感器的接插件对接到位，固定在上方车身腰形孔中。

d. 然后将高压接插件对接好，先在乘员舱将直流母线负极对准插入，听到"咔嗒"声时为连接到位，同时将二次锁死机构向里推入，完成接插件的连接。将直流母线负极和正极接好，再去车后方将电池负极、电池正极、车载、PTC依次对接好（接插件必须先对接好，再插二次锁止机构）。

❺ 最后再将低压接插件对接并固定好。

注意事项：操作员操作时应戴好手套，以免碰伤。安装前应确保高压配电箱外观清洁，表面不应有明显划痕或压痕。

3.2 长安逸动混合动力汽车

3.2.1 高压电控简介

（1）电动机控制器总成基本原理

由 HCU 分配给 IPU 需求的扭矩，电动驱动时，由电池提供直流高压电，IPU 转换为交流高压电供给 ISG 电动机总成，协同发动机一起工作；发电时，由 ISG 电动机总成提供交流高压电，IPU 转换为直流高压电给镍氢动力电池总成充电。

（2）直流变换器（DC/DC）基本原理

将车钥匙打至"START"挡，直流变换器（DC/DC）上电成功，根据 HCU 使能信号指令，DC/DC 开机工作，将动力电池的高压直流电转换为低压直流电，为铅酸蓄电池及整车负载提供电源。

3.2.2 高压电控针脚定义

（1）电动机控制器总成接插件针脚定义（表 3-2-1）

表 3-2-1

序号	定义	定义说明	序号	定义	定义说明
1	电源（地）	12V 电源（地）	13	激励—	旋变激励信号（地）
2	tmp—	电动机温度传感器（地）	14	激励+	旋变激励信号
3	sin+	旋变 sin 信号	15	sin—	旋变 sin 信号（地）
4	cos—	旋变 cos 信号（地）	16	cos+	旋变 cos 信号
11	电源（正）	12V 电源	20	CAN-L_1	CAN 通信低
12	tmp+	电动机温度传感器信号	21	CAN-H_1	CAN 通信高

（2）直流变换器（DC/DC）针脚定义（表 3-2-2）

表 3-2-2

针脚	定义	针脚	定义
1	工作电源（+12V）	5	输入电压故障反馈（FEEDBACK1）
2	使能信号	6	TEMP+
3	电压等级控制	7	TEMP—
4	输出电压故障/过温故障反馈（FEEDBACK2）	8	预留

3.2.3 高压电控故障码及诊断

（1）P1907——IPU 直流母线过压（表 3-2-3）

表 3-2-3

测试步骤	细节/结果/措施
(1)检查电池系统问题	用诊断仪检测电池管理系统中是否有 P1B00 和 P1B01 电池总电压过高故障？如果是,则按 P1B00 和 P1B01 电池总电压过高故障处理方法对其进行检测以及处理;如果否,则至步骤(2)
(2)检查 IPU 故障	将车钥匙转到"ON"挡,用万用表检测 IPU 直流母线电压与诊断显示的电压是否相差 5V 以上？如果是,则更换 IPU;如果否,则维修完毕

(2) P1909——电动机相电流过流（表 3-2-4）

表 3-2-4

测试步骤	细节/结果/措施
(1)故障判定	故障是否频繁出现？如果否,则不做处理,可清除故障码;如果是,则至步骤(2)
(2)检查绝缘电阻	将车钥匙转到"OFF"挡,用万用表检查 U/V/W 三相高压线对壳体的电阻是否大于 20MΩ？如果是,则更换 IPU;如果否,则对电动机及 IPU 进行干燥处理后,再检测其电阻,若还不大于 20MΩ 则更换电动机或 IPU

(3) P190E——IPU 功率模块故障（表 3-2-5）

表 3-2-5

测试步骤	细节/结果/措施
(1)故障判定	检查故障是否可以通过重新上电消除？如果是,则不做处理,清除故障;如果否,则进行步骤(2)
(2)检查 12V 供电	①在"OFF"挡的时候拔下 IPU24 芯接插件,将车钥匙拧到"ON"挡,用万用表测量 11 脚(电源正)与 1 脚(电源地)是否低于 9V？如果是,则进行步骤(2);如果否,则表明 IPU 硬件出现烧毁,应更换 IPU ②是否对地短路或者电压为 0？如果是,则参考电路图检修线束、熔丝、继电器;如果否,则进行步骤(3)
(3)检查低压充电	按直流变换器(DC/DC)的检测维修方法,确定是否 DC/DC 损坏？如果是,则更换 DC/DC;如果否,则给 12V 电池充电或者更换 12V 电池

(4) P190F——上电过程中继电器失效（表 3-2-6）

表 3-2-6

测试步骤	细节/结果/措施
(1)故障判定	检查故障是否可以通过重新上电的方式消除？如果是,则清除故障,不做处理;如果否,则进行步骤(2)
(2)检查 IPU	将车钥匙拧到"ON"挡,用万用表检测 IPU 直流母线电压与诊断显示的电压是否相差 5V 以上？如果是,则更换 IPU;如果否,则至步骤(3)
(3)检查动力电池总成中的预充电系统	①拆卸动力电池总成后,用万用表测量预充电电阻是否为 15Ω±2Ω(用二极管挡打通断为导通)？如果是,则至步骤②;如果否,则更换预充电电阻 ②将预充电继电器的 4 个连接线断开,并对＋3 脚加 12V 电压,对－4 脚接地形成回路,此时－1 脚与＋2 脚是否导通,撤销电源后不导通？如果是,则参考动力电池总成原理图检修线束;如果否,则更换预充电继电器

3.3 起亚 K5 混合动力汽车

3.3.1 高压电控

(1) 简介

混合动力控制总成（HPCU）内集成了电源转换模块［包括两个逆变器、低电压直流/直流转换器（LDC）和混合动力控制模块（HCU）］。

(2) 混合动力控制总成（HPCU）（表 3-3-1）

表 3-3-1

项目	规格	项目	规格
工作电压/V	180～310	LDC 额定功率/kW	1.8
工作频率/Hz	最大 800	冷却方式	水冷却
LDC 输出电压/V［12V 辅助蓄电池］	12.8～14.1		

(3) 混合动力控制总成（HPCU）组成（图 3-3-1）

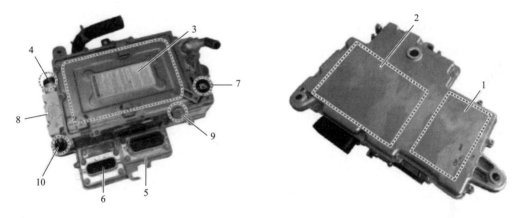

图 3-3-1

1—混合动力控制模块（HCU）［HPCU］；2—逆变器［HPCU］；3—低电压直流/直流转换器（LDC）［HPCU］；4—高电压连接器（高电压蓄电池系统总成）；5—高电压连接器（混合动力驱动电动机总成）；6—高电压连接器（HSG&电动空调压缩机）；7—低电压直流/直流转换器（LDC）电源输出端子（＋）；8—直流熔丝（30A）；9—低电压直流/直流转换器（LDC）搭铁端子（－）；10—高电压连接器（HSG&电动空调压缩机）

3.3.2 高压电控针脚定义

混合动力控制总成（HPCU）低压连接器 94 针脚见表 3-3-2。

表 3-3-2

端子	说明	端子	说明
1	HCU 搭铁	4	蓄电池电源(B+)
2	HCU 搭铁	5	蓄电池电源(B+)
3	HCU 搭铁	6	蓄电池电源(B+)

续表

端子	说明	端子	说明
15	制动开关2信号输入	69	驱动电动机位置传感器输入信号(3)
16	制动开关1信号输入	70	驱动电动机位置传感器输入信号(2)
31	传感器电源(+5V)	71	驱动电动机位置传感器输入信号(4)
32	搭铁(-)	72	屏蔽
33	离合器压力传感器(CPS)信号输入	73	点火开关
38	启动信号输入	78	P-CAN(高电位)
42	HSG 温度传感器(搭铁)	79	P-CAN(低电位)
43	HSG 温度传感器(信号)	81	H-CAN(高电位)
44	屏蔽	82	H-CAN(低电位)
48	驱动电动机温度传感器(搭铁)	87	HSG 电动机位置传感器输出(+)
49	驱动电动机温度传感器(信号)	88	HSG 电动机位置传感器输出(-)
50	屏蔽	93	电动机位置传感器输出(+)
62	HSG 电动机位置传感器输入信号(1)	94	电动机位置传感器输出(-)

3.3.3 混合动力控制总成 (HPCU)拆装

(1) 拆卸混合动力控制总成 (HPCU)

❶ 切断高电压电路。

❷ 拆卸空气导管和空气滤清器。

❸ 拧下固定螺栓，分离 LDC 电源输出导线和 EPDM 橡胶固定部件。

❹ 拧下固定螺栓，分离 LDC 搭铁（-）导线。

LDC 电源输出导线固定螺栓：10.8~13.7N·m。

LDC 搭铁（-）导线固定螺栓：10.8~13.7N·m。

❺ 拆卸副水箱。

❻ 拧下固定螺栓和螺母，并拆卸 HPCU 保护罩Ⓐ（图 3-3-2）。

HPCU 保护罩固定螺栓/螺母：10.8~13.7N·m。

❼ 分离电源导线Ⓐ（高电压蓄电池系统总成）和电源导线Ⓑ（HSG 和电动空调压缩机）（图 3-3-3）。

图 3-3-2

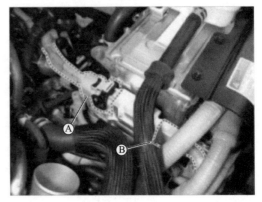

图 3-3-3

按顺序拆卸逆变器电源导线（图 3-3-4）。

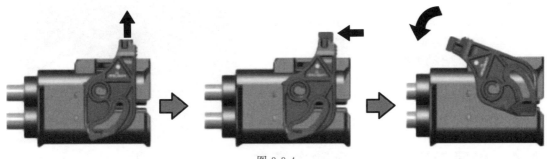

图 3-3-4

❽ 分离电动机电源连接器Ⓐ和 HSG 电源连接器Ⓑ（图 3-3-5）。
❾ 分离 HCU、逆变器（MCU）连接器Ⓐ（图 3-3-6）。

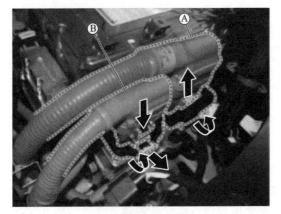

图 3-3-5

图 3-3-6

❿ 拆卸电源导线固定支架Ⓐ（图 3-3-7）。
⓫ 拧下固定螺栓，并拆卸混合动力控制总成（HPCU）Ⓐ（图 3-3-8）。
混合动力控制总成（HPCU）固定螺栓：19.6～29.4N·m。

图 3-3-7

图 3-3-8

⓬ 拆卸混合动力控制总成。

⑬ 拧下固定螺栓，并拆卸混合动力控制总成托盘Ⓐ（图3-3-9）。

混合动力控制总成（HPCU）托盘固定螺栓：19.6～29.4N·m。

（2）安装混合动力控制总成（HPCU）

❶ 按与拆卸的相反顺序安装HPCU。

❷ 在混合动力驱动电动机冷却系统中填充冷却水，然后使用KDS/GDS诊断仪执行放气操作。

图3-3-9

3.4 东风日产楼兰混合动力汽车

3.4.1 高压电控简介

（1）牵引电动机逆变器

注：牵引电动机的控制和HEV系统CAN的控制与其他控制模块的通信实际是由电动机控制器执行的。但是由于电动机控制器安装在牵引电动机逆变器的内部，因此此处的电动机控制器称为牵引电动机逆变器。

❶ 牵引电动机逆变器（图3-4-1）由电动机控制器、驱动器、平流电容器、电流传感器、冷却液温度传感器和电源模块组成。

❷ 牵引电动机逆变器基于由HEV系统CAN从HPCM发送的驱动命令信号控制牵引电动机。

❸ 牵引电动机逆变器基于分解器检测信号和电流传感器检测信号精确驱动牵引电动机。

❹ 牵引电动机逆变器执行高压电路的充电判断以及释放电路中的电压。

❺ 牵引电动机逆变器来自HPCM的命令操作速度控制。此控制瞬间吸收发动机和变速驱动桥之间的速度差并减少驾驶时的振动。

❻ 牵引电动机逆变器执行振动控制以便改善加速器响应，为驾驶提供良好的加速性能。

（2）DC/DC转换器

DC/DC转换器将锂离子电池的高压DC电压减至约13V，并向车载电气设备供应电压，同时用此电压对12V蓄电池充电。此外，其根据HPCM信号改变输出电压以便根据车辆状态供应合适电压（图3-4-2）。

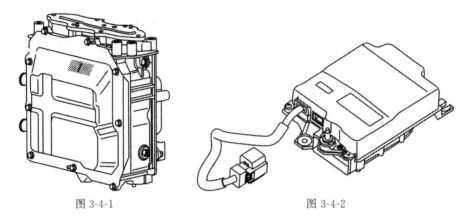

图3-4-1　　　　　　　　图3-4-2

3.4.2 高压电控故障码（表 3-4-1）

表 3-4-1

DTC	车辆状态
P0A01	正常驾驶时不改变
P0A1B	观察到任意以下状态 (1)停止牵引电动机的驱动控制，并要求系统主继电器停止接通 HPCM (2)停止牵引电动机的驱动控制
P0A3F	停止牵引电动机的驱动控制
P0A41	停止牵引电动机的驱动控制
P0A8D	停止牵引电动机的驱动控制，并要求系统主继电器停止接通 HPCM
P0AED	正常驾驶时不改变
P0BE9	停止牵引电动机的驱动控制，并要求系统主继电器停止接通 HPCM
P0BEA	停止牵引电动机的驱动控制，并要求系统主继电器停止接通 HPCM
P0BED	停止牵引电动机的驱动控制，并要求系统主继电器停止接通 HPCM
P0BEE	停止牵引电动机的驱动控制，并要求系统主继电器停止接通 HPCM
P0C05	停止牵引电动机的驱动控制
P0C19	停止牵引电动机的驱动控制
P0C79	停止牵引电动机的驱动控制，并要求系统主继电器停止接通 HPCM
P31A5	观察到任意以下状态 (1)停止牵引电动机的驱动控制 (2)正常驾驶时不改变
P31A6	正常驾驶时不改变
P31A8	观察到任意以下状态 (1)停止牵引电动机的驱动控制，并要求系统主继电器停止接通 HPCM (2)停止牵引电动机的驱动控制
P31A9	停止牵引电动机的驱动控制
P323F	停止牵引电动机的驱动控制，并要求系统主继电器停止接通 HPCM
P3243	停止牵引电动机的驱动控制，并要求系统主继电器停止接通 HPCM
P3244	正常驾驶时不改变
P3245	正常驾驶时不改变
P3246	停止牵引电动机的驱动控制，并要求系统主继电器停止接通 HPCM
P324A	停止牵引电动机的驱动控制，并要求系统主继电器停止接通 HPCM
P324D	停止牵引电动机的驱动控制，并要求系统主继电器停止接通 HPCM
P3266	停止牵引电动机的驱动控制，并要求系统主继电器停止接通 HPCM
P3267	正常驾驶时不改变
P3268	停止牵引电动机的驱动控制
P3269	停止牵引电动机的驱动控制
P326C	观察到任意以下状态 (1)停止牵引电动机的驱动控制 (2)正常驾驶时不改变

续表

DTC	车辆状态
P326D	停止牵引电动机的驱动控制,并要求系统主继电器停止接通 HPCM
U0100	正常驾驶时不改变
U0101	停止牵引电动机的驱动控制
U0111	
U0293	观察到任意以下状态 (1)停止牵引电动机的驱动控制 (2)正常驾驶时不改变
U1000	停止牵引电动机的驱动控制
U1321	正常驾驶时不改变
U300A	

3.4.3 高压电控故障诊断

(1) P0AE6、P0AE7 混合动力电池预充电接点（表 3-4-2 和表 3-4-3）

表 3-4-2

DTC	CONSULT 屏幕术语(故障诊断内容)	DTC 检测条件	
P0AE6	HYBRID 电池预充电接点(混合动力/EV 蓄电池预充电接点控制电路电压低)	诊断条件	点火开关置于"ON"位置
		信号(端子)	—
		阈值	当 HPCM 检测到预充电继电器 1 电路与接地短路时
		诊断延迟时间	—
P0AE7		诊断条件	点火开关置于"ON"位置
		信号(端子)	—
		阈值	当 HPCM 检测到预充电继电器 1 电路开路或与电源短路时
		诊断延迟时间	—
可能部位		(1)线束或接头(预充电继电器电路开路或短路) (2)预充电继电器 (3)HPCM	

表 3-4-3

检测项目	混合动力系统操作和车辆状态
预充电继电器	(1)混合动力系统停止 (2)即使踩下油门踏板时也不可驾驶

诊断步骤：由于混合动力车辆和电动车包含有高电压蓄电池，如果带高电压部件和车辆处理不正确，则会有触电、漏电或类似事故发生的危险。当进行检查和保养时，务必遵守正确的作业步骤。

> **警告**
> ❶ 进行高电压系统线束和零件的检查或保养前,务必先拆下维修塞以切断高压电路。
> ❷ 拆下的维修塞务必由负责相应工作的人员装在口袋内随身携带,或全程置于工具箱中,以防误将其接上。
> ❸ 开始在高压系统上作业前,务必穿戴好绝缘保护装备。
> ❹ 切勿让非负责人触摸车上的高压零件。为防止其他人触摸高压零件,不使用这些零件时务必要用绝缘板将其盖住。

❶ 检查预充电继电器输出信号电路。
使用 CONSULT 选择"EV/HEV""数据监控"模式中的"高压预充电继电器激活"。
按表 3-4-4 检查监视器显示。

表 3-4-4

监控项目	条件	显示
高压预充电继电器激活	点火开关:ON	OFF
	点火开关:ON→READY	ON
	就绪	OFF

按表 3-4-5 检查 HPCM 线束接头与接地之间的电压。

表 3-4-5

+ HPCM		−	条件	电压(近似值)
接头	端子			
E62	2	接地	点火开关:ON	小于 2.0V
			点火开关:ON→READY	大于蓄电池电压→2.0V
			就绪	小于 2.0V

如果异常,则执行 HPCM 电源和接地电路的故障诊断。
❷ 检查预充电继电器的操作。
a. 使用 CONSULT 选择"EV/HEV""数据监控"模式中的"高压预充电继电器激活"和"预充电继电器激活监控"。
b. 按表 3-4-6 检查监视器显示。

表 3-4-6

监控项目	条件	显示
高压预充电继电器激活	点火开关:ON	OFF
	点火开关:ON→READY	ON
	就绪	OFF
预充电继电器激活监控	点火开关:ON	OFF
	点火开关:ON→READY	ON
	就绪	OFF

❸ 先决条件。按照下列说明开始执行步骤。

a. 断开高压电路。

b. 检查高压电路中的电压。

❹ 检查预充电继电器的信号电路。

a. 断开 HPCM 线束接头。

b. 断开锂离子电池线束接头。

c. 检查 HPCM 线束接头和锂离子电池线束接头之间的导通性（表 3-4-7）。

表 3-4-7

+		−		导通性
HPCM		锂离子电池		
接头	端子	接头	端子	
E62	2	M112	9	存在

d. 同时检查线束是否对地或电源短路。如果异常，则修理或更换检测到故障的零件。

❺ 检查锂离子电池线束接头和接地之间的导通性（表 3-4-8）。如果异常，则修理或更换检测到故障的零件。

表 3-4-8

+		−	导通性
锂离子电池			
接头	端子		
M112	2	接地	存在
	7		
	14		
	24		

(2) P0B35、P0B37 SDSW（表 3-4-9）

表 3-4-9

DTC	CONSULT 屏幕术语（故障诊断内容）	DTC 检测条件	
P0B35	高压电维修断开（高压电维修断开电路电压低）	诊断条件	—
		信号（端子）	—
		阈值	在车辆以 5km/h 以上的车速行驶的情况下，HPCM 检测到维修塞处于 OFF 状态 3s 时
		诊断延迟时间	—
P0B37	高压电维修断开（高压电维修断开电路电压高）	诊断条件	—
		信号（端子）	—
		阈值	在车辆以低于 5km/h 的车速行驶的情况下，HPCM 检测到维修塞处于 OFF 状态 0.04s 时
		诊断延迟时间	—

DTC	CONSULT 屏幕术语（故障诊断内容）	DTC 检测条件
可能部位		(1)线束或接头（维修塞电路开路或短路） (2)维修塞

诊断步骤如下。

❶ 检查 DTC 优先级。如果 DTC P0B35 或 P0B37 与 DTC P0A1D 同时显示，则执行 DTC P0A1D 的故障诊断。

❷ 检查维修塞的安装。检查维修塞是否正常安装。如果异常，则修理或更换检测到故障的零件。

❸ 检查维修塞信号1。将点火开关转至"ON"挡，检查 HPCM 线束接头端子之间的电压（表 3-4-10）。

❹ 检查维修塞信号2。检查 HPCM 线束接头和接地之间的电压（表 3-4-11）。

表 3-4-10

HPCM				电压
+		−		
接头	端子	接头	端子	
E62	32	E64	112	蓄电池电压

表 3-4-11

+		−	电压
HPCM			
接头	端子		
E62	32	接地	蓄电池电压

❺ 先决条件。按照下列说明开始执行步骤。
a. 断开高压电路。
b. 检查高压电路中的电压。

❻ 检查维修塞信号电路。
a. 将点火开关转至"OFF"挡。
b. 断开锂离子电池线束接头。
c. 检查 HPCM 线束接头和锂离子电池线束接头之间的导通性（表 3-4-12）。

表 3-4-12

+		−		导通性
HPCM		锂离子电池		
接头	端子	接头	端子	
E62	32	M112	22	存在

d. 同时检查线束是否对地或电源短路。

❼ 检查熔丝。检查熔丝是否熔断（表 3-4-13）。

表 3-4-13

位置	熔丝编号	容量/A
熔丝和1号易熔线盒	♯75	10

❽ 检查维修塞的电源电路。检查锂离子电池线束接头和端子，以及熔丝和易熔线盒线束接头之间的导通性（表 3-4-14）。

表 3-4-14

+		−	导通性
锂离子电池		熔丝和 1 号易熔线盒	
接头	端子	熔丝编号	
M112	10	♯75	存在

同时检查线束是否对接地短路。如果异常，则修理或更换检测到故障的零件。

❾ 检查 HPCM 接地电路。检查 HPCM 线束接头和接地之间的导通性（表 3-4-15）。

表 3-4-15

+		−	导通性
HPCM			
接头	端子		
E63	50	接地	存在
E63	54		
E63	57		
E64	108		
E64	112		

（3）P0A01　冷却液温度传感器电动机（表 3-4-16）

表 3-4-16

DTC	CONSULT 屏幕术语（故障诊断内容）	DTC 检测条件	
P0A01	冷却液温度传感器电动机（冷却液温度传感器电动机电路范围/性能）	诊断条件	—
		信号（端子）	—
		阈值	当检测到冷却液温度值和 IGBT 温度值之间存在差异时
		诊断延迟时间	—
	可能部位	(1)冷却液温度传感器 (2)HPCM (3)IGBT (4)牵引电动机逆变器 (5)高压冷却系统	

检查高压冷却系统以下项目。

❶ 逆变器冷却液液位和泄漏情况。

❷ 电动水泵状态。

❸ 冷却液的循环情。

❹ 副散热器状态。

❺ 冷却风扇状态。

当发生故障时，确保冷却液温度值为 95℃或以下。

如果正常，则更换牵引电动机逆变器；如果异常，则修理或更换损坏的零件。

（4）P0A1B 驱动电动机 A 控制模块（表 3-4-17）

表 3-4-17

DTC	CONSULT 屏幕术语(故障诊断内容)	DTC 检测条件	
P0A1B	驱动电动机 A 控制模块(驱动电动机"A"控制模块)	诊断条件	—
		信号(端子)	—
		阈值	(1)当牵引力电动机逆变器的内部电源电压过低时 (2)检测到牵引电动机逆变器(电机控制器)故障
		诊断延迟时间	—
	可能部位	(1)牵引电动机逆变器 (2)HPCM	

注：观察到以下任意状态时，开启失效保护功能。

❶ 停止牵引电动机的驱动控制，并要求系统主继电器停止接通 HPCM。

❷ 停止牵引电动机的驱动控制。

诊断方法：

❶ 检查 HPCM 的 DTC。

❷ 将点火开关转至 ON。

❸ 执行"EV/HEV"中的"自诊断结果"；是否检测到 DTC？是，则检查 DTC 检测项目；否，则更换牵引电动机逆变器。

（5）P0A3F 驱动电动机 A 位置传感器（表 3-4-18）

表 3-4-18

DTC	CONSULT 屏幕术语(故障诊断内容)	DTC 检测条件	
P0A3F	驱动电动机 A 位置传感器(驱动电动机"A"位置传感器电路)	诊断条件	—
		信号(端子)	—
		阈值	当分解器信号检测到的输出电压异常时
		诊断延迟时间	—
	可能部位	(1)线束或接头(各电路开路或短路) (2)牵引电动机 (3)牵引电动机逆变器	

注：当观察到"停止牵引电动机的驱动控制"状态时，开启失效保护功能。

诊断步骤如下。

❶ 检查连接情况。

a. 将点火开关转至 OFF。

b. 检查牵引电动机逆变器线束接头和 CVT 单元（牵引电动机）线束接头的连接情况，判断是否正常。

❷ 检查牵引电动机分解器电路。

a. 断开牵引电动机逆变器线束接头。

b. 检查牵引电动机逆变器车辆侧线束接头端子和接地之间的导通性（表 3-4-19）。

c. 断开 CVT 单元线束接头。

d. 检查牵引电动机逆变器车辆侧线束接头端子和 CVT 单元（牵引电动机）车辆侧线束接头端子之间的导通性（表 3-4-20）。

表 3-4-19

牵引电动机逆变器		—	导通性
接头	端子		
F67	2	接地	不存在
	4		
	10		
	12		
	20		
	28		

表 3-4-20

牵引电动机逆变器		CVT 单元（牵引电动机）		导通性
接头	端子	接头	端子	
F67	2	F10	10	存在
	4		6	
	10		9	
	12		11	
	20		8	
	28		7	

e.检查线束有无短路（表 3-4-21）。

**注意**

切勿损坏接头端子。

表 3-4-21

牵引电动机逆变器		导通性
接头	端子	
F67	2	不存在
		4
		10
		12
		20
		28
	4	10
		12
		20
		28
	10	12
		20
		28
	12	20
		28
	20	28

❸ 检查牵引电动机分解器（表 3-4-22）。检查结果是否正常？若正常，则更换牵引电动机逆变器；若不正常，则表明牵引电动机分解器有故障，应更换变速驱动桥总成（牵引电动机）。

表 3-4-22

CVT 单元(牵引电动机)		导通性(参考值)
端子		
6	11	存在(60Ω 或以下)

CVT 单元(牵引电动机)		导通性(参考值)
端子		
7	8	存在(200Ω 或以下)
9	10	存在(200Ω 或以下)

(6) P0A8D 14V 电压（表 3-4-23）

表 3-4-23

DTC	CONSULT 屏幕术语(故障诊断内容)	DTC 检测条件	
P0A8D	14V 电源电压(14V 电源模块系统电压低)	诊断条件	—
		信号(端子)	—
		阈值	如果 12V 蓄电池电压过低
		诊断延迟时间	
	可能部位	(1)线束、接头或熔丝(各电路开路) (2)牵引电动机逆变器 (3)自关闭继电器 (4)12V 蓄电池 (5)DC/DC 转换器	

注：当观察到以下状态时，开启失效保护动能。停止牵引电动机的驱动控制，并要求系统主继电器停止接通 HPCM。

诊断步骤如下。

❶ 检查连接情况。

a. 将点火开关转至"OFF"位置。

b. 检查牵引电动机逆变器线束接头的连接状况。

如果异常，则修理或更换损坏的零件。

❷ 检查电源电路。

a. 断开牵引电动机逆变器线束接头。

b. 将点火开关转至"ON"位置。

c. 检查牵引电动机逆变器车辆侧线束接头端子和接地之间的电压（表 3-4-24）。

表 3-4-24

接头	牵引电动机逆变器		电压/V
	端子		
	+	−	
F67	38	37	9～16
	40	39	

 **注意**

切勿损坏接头端子。

❸ 检查以下项目。

a. DC/DC 转换器。

b. 牵引电动机逆变器车辆侧线束接头端子和 10A 熔丝（♯77）之间的线束开路或短路。

c. 10A 保险丝（♯77）。

d. 50A 易熔线（♯R）。
e. 自关闭继电器电路。
f. 12V 蓄电池。

检查结果是否正常？若正常，则检查结束；若不正常，则修理或更换损坏的零件。

3.4.4 牵引电动机逆变器绝缘电阻检查

 危险

由于混合动力车辆和电动车包含有高电压蓄电池，如果带高电压部件和车辆处理不正确，则会有触电、漏电或类似事故发生的危险。当进行检查和保养时，务必遵守正确的作业步骤。

 警告

❶ 进行高电压系统线束和零件的检查或保养前，务必先拆下维修塞以切断高压电路。
❷ 拆下的维修塞务必由负责相应工作的人员装在口袋随身携带，或全程置于工具箱中，以防误将其接上。
❸ 开始在高压系统上作业前，务必穿戴好绝缘保护装备。
❹ 切勿让非负责人触摸车上的高压零件。为防止其他人触摸高压零件，不使用这些零件时务必要用绝缘板将其盖住。

（1）先决条件
❶ 断开高压电路。
❷ 检查高压电路中的电压。

（2）检查牵引电动机逆变器绝缘电阻

 警告

与普通测试仪不同，绝缘电阻测试仪在测量时施加的电压为 500V。如果使用不正确，则可能会产生电击。如果在车辆的 12V 系统上使用该测试仪，则存在损坏电气设备的危险。应仔细阅读绝缘电阻测试仪说明手册，并注意安全操作。

❶ 从牵引电动机逆变器上断开牵引电动机逆变器线束接头、三相线束和高压线束（图 3-4-3）。
❷ 将牵引电动机逆变器接头端子 37 和牵引电动机逆变器箱体之间短路。

（3）使用量程为 500V 的绝缘电阻测试仪来测量绝缘电阻（表 3-4-25）。

 **注意**

❶ 进行该测试时，务必将绝缘电阻测试仪设为 500V。
❷ 使用高于 500V 的设置会导致正在检查的部件损坏。
❸ 等待 30s 直到值变稳定。

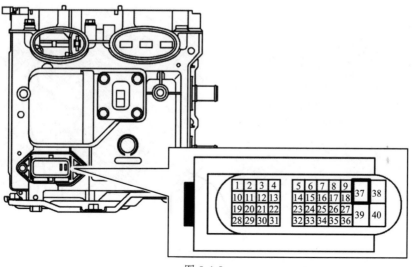

图 3-4-3

表 3-4-25

+	−	电阻
高压端子	牵引电动机逆变器箱体	1.8MΩ 或以上
三相线束插孔		

3.4.5 高压电控拆装

 警告

按照下列说明开始执行步骤。
❶ 断开高压电路。
❷ 检查高压电路中的电压。

（1）拆卸牵引电动机逆变器
❶ 拆下 TCM 和 ECM。
❷ 拆下 12V 蓄电池。
❸ 拆下空气管道。
❹ 从高压冷却系统排出冷却液。
❺ 拆下高压线束接头和三相线束接头端子螺栓①（图 3-4-4）。
❻ 拆下三相线束①和高压线束②（图 3-4-5）。

 注意

a. 使用胶带或类似物体封闭开口，以防污垢、灰尘或异物进入牵引电动机逆变器。
b. 切勿通过握住电线零件的方法来拉出高压线束接头或三相线束接头。

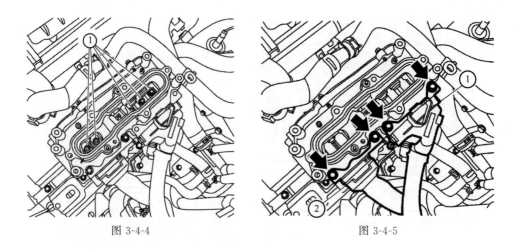

图 3-4-4　　　　　　　　　　　图 3-4-5

❼ 拆下牵引电动机逆变器线束接头Ⓐ和线束支架①（图 3-4-6）。

❽ 拆下水软管①和②（图 3-4-7）。

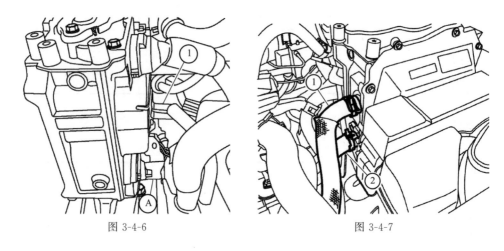

图 3-4-6　　　　　　　　　　　图 3-4-7

❾ 从牵引电动机逆变器支架上拆下螺栓①和螺母Ⓐ（图 3-4-8）。

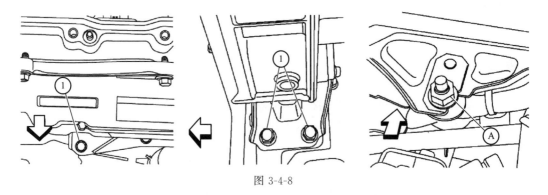

图 3-4-8

❿ 从牵引电动机逆变器上拆下牵引电动机逆变器支架。

(2)安装牵引电动机逆变器

注意

❶ 务必将高压线束接头和三相线束接头卡子重新安装到其原来的位置。如果卡子损坏,安装前,先用新的卡子进行更换。

❷ 如果更换了牵引电动机逆变器,首先检查牵引电动机逆变器的表面上是否有灰尘或泥土。

❸ 如果已更换了牵引电动机逆变器,则按箭头所示方向将高压警告标①和②规格标签朝上贴紧(图3-4-9)。切勿重复使用高压警告标签。

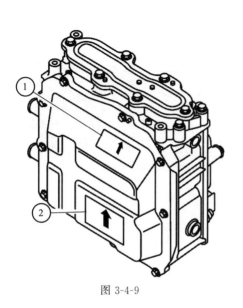
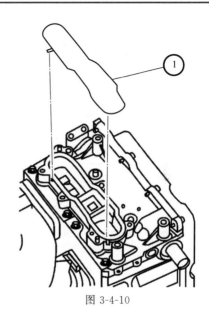

图 3-4-9　　　　　　　　　图 3-4-10

根据下列说明安装高压线束接头和三相线束接头。
❶ 安装三相线束接头和高压线束接头,然后将螺栓拧紧至规定扭矩。
❷ 安装高压线束接头和三相线束接头端子螺栓。
❸ 将高压盖衬垫①安装到牵引电动机逆变器上(图3-4-10)。

❶ 安装高压盖衬垫前,务必使高压盖衬垫的凸耳与牵引电动机逆变器对齐。
❷ 切勿重复使用高压盖衬垫。

❹ 安装高压盖时,将接头Ⓐ插入高压盖①的金属板②(图3-4-11)。

插入接头时切勿扭曲或弯曲金属板。

❺ 安装高压盖。

注意

应按所示顺序拧紧螺栓（图 3-4-12）。

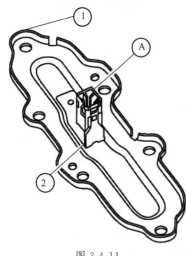
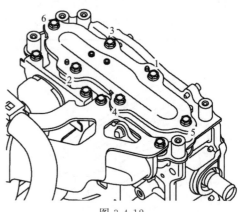

图 3-4-11　　　　　　　　　　图 3-4-12

❻ 安装完所有零件后，务必检查等势。
❼ 更换牵引电动机逆变器时执行其他维修。
❽ 安装后检查（等势测试）。
安装牵引电动机逆变器后，测量下列电阻值。

警告

为防止触电危险，务必穿戴好保护装置。
a. 在牵引电动机逆变器的上表面（铝）和变速驱动桥总成的上表面（铝）之间。标准：小于 0.1Ω。
b. 在牵引电动机逆变器的上表面（铝）和车辆（车身接地螺栓）之间。标准：小于 0.05Ω。
如果结果偏离标准值，检查有无油漆、机油、灰尘或其他物质黏附在螺栓或导电安装零件上。如果发现此类物质，则清洁周围区域并清除异物。

3.4.6　DC/DC 转换器拆装

警告

❶ 进行高电压系统线束和零件的检查或保养前，务必先拆下维修塞以切断高压电路。
❷ 拆下的维修塞务必由负责相应工作的人员装在口袋随身携带，或全程置于工

具箱中以防误将其接上。

❸ 开始在高压系统上作业前,务必穿戴好绝缘保护装备。

❹ 为防止其他人触摸高压零件,不使用这些零件时务必要用绝缘板将其盖住。

(1) 拆卸 DC/DC 转换器

❶ 拆下锂离子电池总成。

❷ 拆下 DC/DC 转换器①(图 3-4-13)。

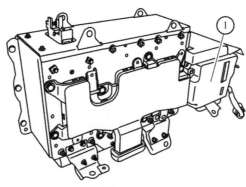

图 3-4-13

(2) 安装 DC/DC 转换器

按照与拆卸相反的顺序安装。

按照下列步骤,连接 DC/DC(图 3-4-14)。

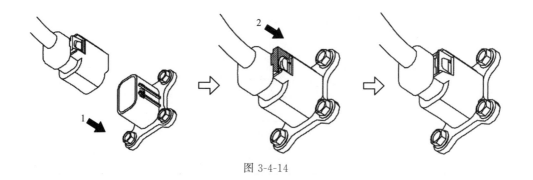

图 3-4-14

更换 DC/DC 转换器时,应贴上高压警告标签。

3.5 丰田凯美瑞混合动力汽车

3.5.1 高压电控简介

(1) 逆变器

该设备将高压直流(HV 蓄电池)转换为交流(MG1 和 MG2);反之亦然(将交流转换为直流)。

(2) DC/DC 转换器

将直流 244.8V 的电压转换成 11~15.5V 之间的直流电压,以向车身电气零部件提供电流,并向辅助蓄电池(DC12V)再充电,包括 SMRP。

3.5.2 高压电控故障码

故障码见表 3-5-1~表 3-5-4。

表 3-5-1

DTC 代码	检测项目	故障部位	MIL
P0343-747	凸轮轴位置传感器"A"电路高输入	(1)线束或连接器 (2)混合动力车辆控制 ECU (3)带转换器的逆变器总成	—
P0516-769	蓄电池温度传感器电路低电位	(1)辅助蓄电池(蓄电池温度传感器) (2)线束或连接器 (3)混合动力车辆控制 ECU	—
P0517-770	蓄电池温度传感器电路高电位	(1)辅助蓄电池(蓄电池温度传感器) (2)线束或连接器 (3)混合动力车辆控制 ECU	—
P0560-117	系统电压	(1)线束或连接器 (2)混合动力车辆控制 ECU	点亮
P0617-142	起动机继电器电路高电位	(1)线束或连接器 (2)混合动力车辆控制 ECU (3)主车身 ECU	—
P062F-143	EEPROM 故障	混合动力车辆控制 ECU	—
P0705-757	变速器挡位传感器电路	(1)线束或连接器 (2)换挡杆位置传感器 (3)混合动力车辆控制 ECU	—
P0705-758	变速器挡位传感器电路	(1)线束或连接器 (2)换挡杆位置传感器 (3)混合动力车辆控制 ECU	—

注:主警告灯点亮。

表 3-5-2

DTC 代码	检测项目	故障部位
P0A1A-793	发电机控制模块	(1)带转换器的逆变器总成(MG ECU) (2)混合动力车辆传动桥总成(发电机解析器) (3)混合动力车辆传动桥总成(电动机解析器) (4)线束或连接器

续表

DTC 代码	检测项目	故障部位
P0A1B-163	驱动电动机"A"控制模块	带转换器的逆变器总成(MG ECU)
P0A1B-164		带转换器的逆变器总成(MG ECU)
P0A1B-168		(1)带转换器的逆变器总成(MG ECU) (2)混合动力车辆传动桥总成(电动机解析器) (3)混合动力车辆传动桥总成(发电机解析器) (4)线束或连接器
P0A1B-192		带转换器的逆变器总成(MG ECU)
P0A1B-193		带转换器的逆变器总成(MG ECU)
P0A1B-195		带转换器的逆变器总成(MG ECU)
P0A1B-198		带转换器的逆变器总成(MG ECU)
P0A1B-511		带转换器的逆变器总成(MG ECU)
P0A1B-512		带转换器的逆变器总成(MG ECU)
P0A1B-661		(1)混合动力车辆传动桥总成 (2)带转换器的逆变器总成
P0A1B-786		带转换器的逆变器总成(MG ECU)
P0A1B-788		(1)线束或连接器 (2)带转换器的逆变器总成(MG ECU) (3)混合动力车辆传动桥总成
P0A1B-794		带转换器的逆变器总成(MG ECU)

注：主警告灯和 MIL 全部点亮。

表 3-5-3

DTC 代码	检测项目	故障部位
P0A72-326	发电机 V 相电流	(1)带转换器的逆变器总成 (2)维修塞把手
P0A72-328		(1)带转换器的逆变器总成 (2)维修塞把手
P0A72-333		(1)带转换器的逆变器总成 (2)维修塞把手
P0A72-515		(1)带转换器的逆变器总成 (2)维修塞把手
P0A75-334	发电机 W 相电流	(1)带转换器的逆变器总成 (2)维修塞把手
P0A75-336		(1)带转换器的逆变器总成 (2)维修塞把手
P0A75-341		(1)带转换器的逆变器总成 (2)维修塞把手
P0A75-516		(1)带转换器的逆变器总成 (2)维修塞把手
P0A78-113	驱动电动机"A"逆变器性能	(1)线束或连接器 (2)混合动力车辆传动桥总成 (3)带转换器的逆变器总成

续表

DTC 代码	检测项目	故障部位
P0A78-121	驱动电动机"A"逆变器性能	(1)HV 继电器总成 (2)带转换器的逆变器总成 (3)维修塞把手 (4)线束组 (5)线束或连接器 (6)混合动力车辆传动桥总成
P0A78-128		(1)线束或连接器 (2)混合动力车辆传动桥总成 (3)带转换器的逆变器总成
P0A78-266		带转换器的逆变器总成
P0A78-267		带转换器的逆变器总成
P0A78-279		带转换器的逆变器总成
P0A78-282		带转换器的逆变器总成

注：主警告灯和 MIL 全部点亮。

表 3-5-4

DTC 代码	检测项目	故障部位	MIL
P3226-563	DC/DC 增压转换器温度传感器	(1)线束或连接器 (2)逆变器冷却系统 (3)带电动机和支架的水泵总成 (4)带转换器的逆变器总成 (5)冷却风扇系统 (6)混合动力车辆控制 ECU (7)熔丝(INV W/P) (8)发动机室继电器盒	—
P3227-583	转换器温度传感器电路低电位	带转换器的逆变器总成	—
P3228-584	转换器温度传感器电路高电位	带转换器的逆变器总成	—
P3232-749	HV 门连接闭锁断路或对 B+短路	(1)线束或连接器 (2)混合动力车辆控制 ECU (3)带转换器的逆变器总成	—
P3233-750	HV 门连接闭锁对 B+短路	(1)线束或连接器 (2)混合动力车辆控制 ECU (3)带转换器的逆变器总成	—
U0100-211	与 ECM/PCM"A"失去通信	CAN 通信系统	点亮
U0100-212		CAN 通信系统	点亮
U0100-530		CAN 通信系统	点亮
U0100-774		CAN 通信系统	点亮
U0100-784		CAN 通信系统	点亮
U0110-159	与驱动电动机控制模块失去通信	(1)线束或连接器 (2)带转换器的逆变器总成(MG ECU) (3)混合动力车辆控制 ECU	—
U0110-160		(1)线束或连接器 (2)带转换器的逆变器总成(MG ECU) (3)混合动力车辆控制 ECU	—

续表

DTC 代码	检测项目	故障部位	MIL
U0110-656	与驱动电动机控制模块失去通信	(1)线束或连接器 (2)带转换器的逆变器总成(MG ECU) (3)混合动力车辆控制 ECU	—
U0110-657		(1)线束或连接器 (2)带转换器的逆变器总成(MG ECU) (3)混合动力车辆控制 ECU	—
U0129-220	与制动系统控制模块失去通信	CAN 通信系统	—
U0129-222		CAN 通信系统	—
U0129-528		CAN 通信系统	—
U0129-529		CAN 通信系统	—
U0140-146	与车身控制模块失去通信	CAN 通信系统	—

注：主警告灯点亮。

3.5.3　高压电控故障检查

❶ 检查高压系统或断开带转换器的逆变器总成低压连接器前，务必采取安全措施，如佩戴绝缘手套并拆下维修塞把手以防电击。拆下维修塞把手后放到自己的口袋中，防止其他技师在您进行高压系统作业时将其意外重新连接。

❷ 断开维修塞把手后，在接触任何高压连接器或端子前，等待至少 10min。等待 10min 后，检查带转换器的逆变器总成检查点端子处的电压。

(1) P0A08-101 DC/DC 转换器状态电路

❶ 故障说明（表 3-5-5）。

表 3-5-5

DTC 编号	INF 代码	DTC 检测条件	故障部位
P0A08	101	混合动力车辆转换器（DC/DC 转换器）的过热状态	• 风管 • 混合动力车辆转换器（DC/DC 转换器） • 辅助蓄电池

❷ 检查后窗台板装饰板总成。

检查并确认后窗台板装饰板总成的进气格栅未阻塞。如果异常，则清除异物；如果正常，则检查风管（所有）。

❸ 检查风管（所有）。

a. 检查风管是否安装正确。

b. 检查风管是否阻塞。

如果异常，则维修或更换风管（所有）；如果正常，则更换混合动力车辆转换器。

❹ 更换混合动力车辆转换器（DC/DC 转换器）。

❺ 检查辅助蓄电池

a. 将电源开关置于"ON"（READY）位置。

b. 静置车辆 5min。

c. 测量辅助蓄电池的电压。标准电压：高于 10.5V。

如果异常，则检查和更换辅助蓄电池。

（2）P0A08-264 DC/DC 转换器状态电路

❶ 描述。

a. 混合动力车辆转换器（DC/DC 转换器）将 HV 蓄电池的 244.8V 的直流电转换为 12V 的直流电，以对如车辆照明、音响和 ECU 系统部位供电。此外，它对辅助蓄电池充电。

b. 晶体管桥接电路先将 244.8V 的直流电转换为交流电，并经变压器降压。然后，经整流和滤波（转换为直流），转换为 12V 直流电。

c. 混合动力车辆转换器（DC/DC 转换器）控制输出电压，以保持辅助蓄电池端子处的电压恒定。

❷ 工作原理分析。

a. 混合动力车辆控制 ECU 使用 NODD 信号线路向混合动力车辆转换器（DC/DC 转换器）发送停止指令，并接收指示 12V 充电系统状态正常或异常的信号。

b. 如果车辆行驶时混合动力车辆转换器（DC/DC 转换器）不工作，则辅助蓄电池的电压将降低，这将阻止车辆继续运行。因此，混合动力车辆控制 ECU 监视混合动力车辆转换器（DC/DC 转换器）的工作，并在检测到故障时警告驾驶员（图 3-5-1）。

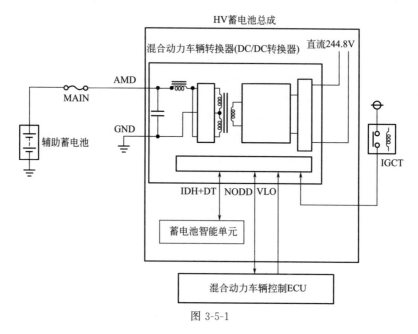

图 3-5-1

❸ 故障说明（表 3-5-6）。

表 3-5-6

DTC 编号	INF 代码	DTC 检测条件	故障部位
P0A08	264	混合动力车辆转换器(DC/DC 转换器)故障	• 线束或连接器 • 熔丝 • 线束组 • 混合动力车辆转换器(DC/DC 转换器) • 混合动力车辆控制 ECU • 风管

❹ 电路图（图 3-5-2）。

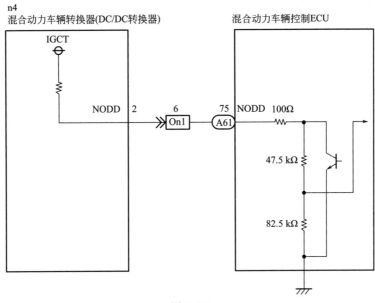

图 3-5-2

❺ 检查连接器的连接情况（混合动力车辆控制 ECU 连接器）。
❻ 检查线束组（发动机室继电器盒侧）。
a. 检查并确认线束组端子的螺母紧固至规定扭矩，线束组端子牢固连接且无接触故障。扭矩为 8.4N·m。
b. 检查线束组螺栓上是否有电弧痕迹。检测结果见表 3-5-7。

表 3-5-7

结果		处理
端子牢固连接且无接触故障	无电弧痕迹	检查熔丝
端子未牢固连接且有接触故障	有电弧痕迹	维修或更换故障零件、零部件和故障部位
端子未牢固连接且有接触故障	无电弧痕迹	牢固连接
端子牢固连接且无接触故障	有电弧痕迹	维修或更换故障零件、零部件和故障部位

❼ 检查熔丝。测量大灯系统熔丝以及空调鼓风机系统、除雾器系统、刹车灯系统和电动车窗系统的电阻。正常：小于 1Ω。

 提示

a. 如果任何熔丝断裂，则更换该熔丝并维修短路电路。
b. 如果异常，则维修或更换短路电路并更换断裂熔丝。
c. 如果正常，则检查连接器的连接情况（蓄电池组线束连接器）。

❽ 检查连接器的连接情况（蓄电池组线束连接器）。
❾ 检查 AMD 端子（混合动力车辆转换器侧）。检查并确认 AMD 端子的螺母紧固至规

定扭矩、AMD 端子牢固连接且无接触故障。扭矩：AMD 端子 A 为 8.0N·m；AMD 端子 B 为 9.0N·m。

检查线束组螺栓上是否有电弧痕迹。检查结果见表 3-5-8。

表 3-5-8

结果		处理
端子牢固连接且无接触故障	无电弧痕迹	检查混合动力车辆转换器(安装情况)
端子未牢固连接且有接触故障	有电弧痕迹	维修或更换故障零件、零部件和故障部位
端子未牢固连接且有接触故障	无电弧痕迹	牢固连接
端子牢固连接且无接触故障	有电弧痕迹	维修或更换故障零件、零部件和故障部位

❿ 检查混合动力车辆转换器（安装情况）。

务必佩戴绝缘手套。

a. 检查并确认维修塞把手未安装。

拆下维修塞把手后，除非修理手册规定，否则请勿将电源开关置于"ON"（READY）位置，因为这样可能会导致故障。

b. 检查并确认混合动力车辆转换器安装螺栓和 HV 蓄电池总成安装螺栓牢固连接（紧固至规定扭矩）且无接触故障。

图解如图 3-5-3 所示。

扭矩：螺栓 A 为 8.0N·m；螺栓 B 为 19N·m；螺母为 8.0N·m。

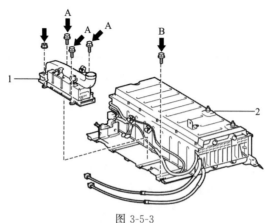

图 3-5-3
1—混合动力车辆转换器；2—HV 蓄电池总成

c. 检查各螺母和螺栓上是否有电弧痕迹。检查结果见表 3-5-9。

表 3-5-9

结果		处理
无连接松动或接触故障	无电弧痕迹	检查线束和连接器（混合动力车辆控制 ECU 内 NODD 的电阻值）
有连接松动或接触故障	有电弧痕迹	维修或更换故障零件、零部件和故障部位
有连接松动或接触故障	无电弧痕迹	牢固连接
无连接松动或接触故障	有电弧痕迹	维修或更换故障零件、零部件和故障部位

⓫ 检查线束和连接器（混合动力车辆控制 ECU 内 NODD 的电阻值）。

a. 断开蓄电池组线束连接器 On1（图 3-5-4）。

b. 根据图 3-5-5 和表 3-5-10 中的值测量电阻。如果正常，则检查连接器的连接情况（HV 继电器总成连接器）。

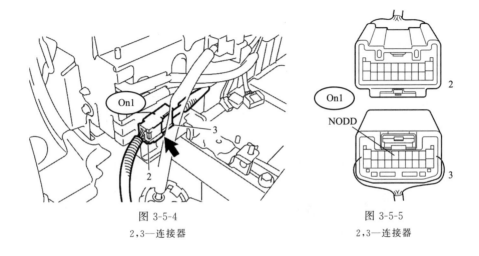

图 3-5-4
2,3—连接器

图 3-5-5
2,3—连接器

表 3-5-10

检测仪连接	规定状态/kΩ
NODD(On1-6)-车身搭铁	120~140

⓬ 检查连接器的连接情况（HV 继电器总成连接器）。

a. 将电源开关置于"OFF"位置并拆下维修塞把手。

 注意

拆下维修塞把手后，除非修理手册规定，请勿将电源开关置于"ON"位置，否则可能会导致故障。

b. 检查 HV 继电器总成连接器的连接情况（图 3-5-6）。

结果：连接器牢固连接且无接触故障。

如果异常，则牢固连接；如果正常，则检查 HV 继电器总成（高压熔丝）。

⓭ 检查 HV 继电器总成（高压熔丝）。

a. 检查并确认维修塞把手未安装。

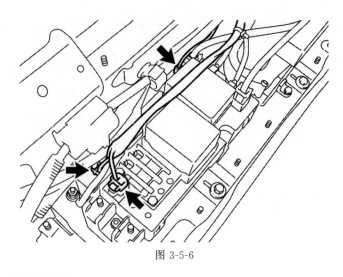

图 3-5-6

b. 拆下 HV 继电器总成。

c. 根据图 3-5-7 和表 3-5-11 中的值测量电阻。如果异常,则更换高压熔丝;如果正常,则检查 HV 继电器总成(电动车辆熔丝)。

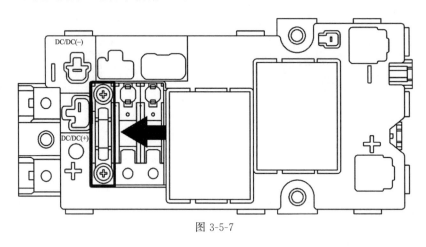

图 3-5-7

表 3-5-11

检测仪连接	规定状态/Ω
高压熔丝端子	小于 1

⓮ 检查 HV 继电器总成(电动车辆熔丝)。

a. 检查并确认维修塞把手未安装。

b. 检查并确认电动车辆熔丝螺栓紧固至规定扭矩,电动车辆熔丝牢固连接,且无接触故障。扭矩为 4.5N·m。

c. 检查电动车辆熔丝端子螺栓上是否有电弧痕迹(图 3-5-8)。检查结果见表 3-5-12。

表 3-5-12

结果		处理
端子牢固连接且无接触故障	无电弧痕迹	检查连接器的连接情况(混合动力车辆转换器连接器)

续表

结果		处理
端子未牢固连接且有接触故障	有电弧痕迹	维修或更换故障零件、零部件和故障部位
端子未牢固连接且有接触故障	无电弧痕迹	牢固连接
端子牢固连接且无接触故障	有电弧痕迹	维修或更换故障零件、零部件和故障部位

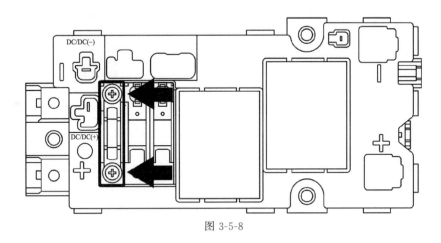

图 3-5-8

❺ 检查连接器的连接情况（混合动力车辆转换器连接器）。

❻ 检查线束和连接器（蓄电池组线束连接器-混合动力车辆转换器）。

a. 检查并确认维修塞把手未安装。

b. 断开混合动力车辆转换器（DC/DC 转换器）连接器 n4（图 3-5-9）。

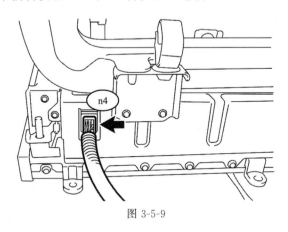

图 3-5-9

c. 将电源开关置于"ON"（IG）位置。

d. 根据图 3-5-10 和表 3-5-13 中的值测量电压。

表 3-5-13

检测仪连接	规定状态/V
NODD(n4-2)-车身搭铁	低于 1

e. 将电源开关置于"OFF"位置。

f. 根据表 3-5-14、表 3-5-15 中的值测量电阻。如果异常，则维修或更换线束或连接器；如果正常，则检查混合动力车辆转换器。

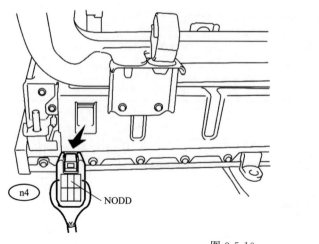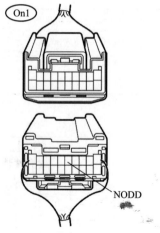

图 3-5-10

表 3-5-14 断路检查

检测仪连接	规定状态/Ω
NODD(On1-6)-NODD(n4-2)	小于 1

表 3-5-15 短路检查

检测仪连接	规定状态
NODD(On1-6)或 NODD(n4-2)-车身搭铁	10kΩ 或更大

❶❼ 检查混合动力车辆转换器。

a. 连接所有断开的连接器。

b. 安装维修塞把手。

c. 将大灯位置开关和鼓风机电动开关置于 HI 位置并打开后窗除雾器,测量从混合动力车辆转换器(DC/DC 转换器)输出的电流(图 3-5-11)。

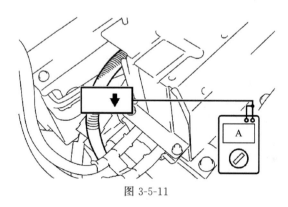

图 3-5-11

d. 根据先前条件,测量辅助蓄电池电压。检测结果见表 3-5-16。如果异常,则更换混合动力车辆转换器;如果正常,则检查是否存在间歇性故障。

表 3-5-16

项目	规定状态
自混合动力车辆转换器(DC/DC 转换器)的电流	60~140A
辅助蓄电池电压	13~15.5V

❶❽ 检查是否存在间歇性故障。

如果异常，则维修或更换故障零件、零部件和故障部位；如果正常，则检查后窗台板装饰板总成。

❶❾ 检查并确认后窗台板装饰板总成的进气格栅是否阻塞。

如果异常，则清除异物；如果正常，则检查风管（所有）。

❷⓿ 检查风管（所有）。

a. 检查风管是否安装正确。

b. 检查风管是否阻塞。

如果异常，则维修或更换风管（所有）；如果正常，则更换混合动力车辆转换器。

（3）P0A1A-200 发电机控制模块

❶ 描述。带转换器的逆变器总成（MG ECU）监视其内部工作并检测故障见表 3-5-17。

表 3-5-17

DTC 编号	INF 代码	DTC 检测条件	故障部位
P0A1A	200	发电机 R/D 解析器角度故障	• 带转换器的逆变器总成（MG ECU） • 混合动力车辆传动桥总成（发电机解析器） • 混合动力车辆传动桥总成（电动机解析器） • 线束或连接器
	792	REF 频率故障	
	793	REF 信号断路故障	

❷ 电路图（图 3-5-12）。

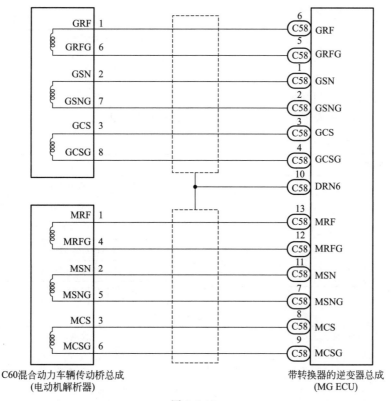

图 3-5-12

❸ 检查连接器的连接情况（带转换器的逆变器总成连接器）。

❹ 检查线束和连接器（带转换器的逆变器总成-发电机解析器）。

 **警告**

务必佩戴绝缘手套。

a. 将电源开关置于"OFF"位置并拆下维修塞把手。

b. 断开带转换器的逆变器总成连接器C58。

c. 将电源开关置于"ON"(IG)位置。

d. 根据图3-5-13和表3-5-18中的值测量电压。如果异常,则维修或更换线束或连接器;如果正常,则检查发电机解析器。

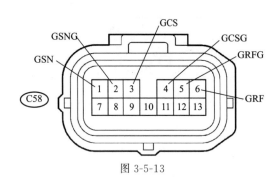

图 3-5-13

表 3-5-18

检测仪连接
GRF(C58-6)-车身搭铁
GRFG(C58-5)-车身搭铁
GSN(C58-1)-车身搭铁
GSNG(C58-2)-车身搭铁
GCS(C58-3)-车身搭铁
GCSG(C58-4)-车身搭铁

注:规定状态为低于1V。

❺ 检查发电机解析器。

a. 将电源开关置于"OFF"位置。

b. 根据图3-5-13和表3-5-19~表3-5-21中的值测量电阻。

表 3-5-19

检测仪连接	规定状态/Ω
GRF(C58-6)-GRFG(C58-5)	5.8~11.8
GSN(C58-1)-GSNG(C58-2)	11.7~17.7
GCS(C58-3)-GCSG(C58-4)	

表 3-5-20

检测仪连接
GRF(C58-6)或 GRFG(C58-5)-车身搭铁
GSN(C58-1)或 GSNG(C58-2)-车身搭铁
GCS(C58-3)或 GCSG(C58-4)-车身搭铁
GRF(C58-6)-GCSG(C58-4)
GRF(C58-6)-GCS(C58-3)

注:规定状态为10kΩ或更大。

表 3-5-21

检测仪连接	检测仪连接
GRF(C58-6)-GSNG(C58-2)	GRFG(C58-5)-GSN(C58-1)
GRF(C58-6)-GSN(C58-1)	GCSG(C58-4)-GSNG(C58-2)
GRFG(C58-5)-GCSG(C58-4)	GCSG(C58-4)-GSN(C58-1)
GRFG(C58-5)-GCS(C58-3)	GCS(C58-3)-GSNG(C58-2)
GRFG(C58-5)-GSNG(C58-2)	GCS(C58-3)-GSN(C58-1)

注:规定状态为10kΩ或更大。

❻ 检查发电机解析器连接器的连接情况。正常情况下连接器应牢固连接且无接触故障。

❼ 检查线束和连接器（带转换器的逆变器总成-发电机解析器）。

a. 断开发电机解析器连接器 C59。

b. 根据图 3-5-14 和表 3-5-22、表 3-5-23 中的值测量电阻。

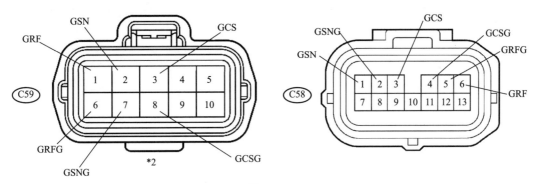

图 3-5-14

表 3-5-22

检测仪连接	检测仪连接
GRF(C58-6)-GRF(C59-1)	GSNG(C58-2)-GSNG(C59-7)
GRFG(C58-5)-GRFG(C59-6)	GCS(C58-3)-GCS(C59-3)
GSN(C58-1)-GSN(C59-2)	GCSG(C58-4)-GCSG(C59-8)

注：规定状态为小于 1Ω。

表 3-5-23

检测仪连接	检测仪连接
GRF(C58-6) 或 GRF(C59-1)-车身搭铁	GRF(C58-6)-GSN(C58-1)
GRFG(C58-5) 或 GRFG(C59-6)-车身搭铁	GRF(C58-6)-GSN(C58-2)
GSN(C58-1) 或 GSN(C59-2)-车身搭铁	GRFG(C58-5)-GCSG(C58-4)
GSNG(C58-2) 或 GSNG(C59-7)-车身搭铁	GRFG(C58-5)-GCS(C58-3)
GCS(C58-3) 或 GCS(C59-3)-车身搭铁	GRFG(C58-5)-GSN(C58-1)
GCSG(C58-4) 或 GCSG(C59-8)-车身搭铁	GRFG(C58-5)-GSN(C58-2)
GRF(C58-6)-GRFG(C58-5)	GCSG(C58-4)-GSN(C58-1)
GCS(C58-3)-GCSG(C58-4)	GCSG(C58-4)-GSN(C58-2)
GSN(C58-1)-GSNG(C58-2)	GCS(C58-3)-GSN(C58-1)
GRF(C58-6)-GCSG(C58-4)	GCS(C58-3)-GSNG(C58-2)
GRF(C58-6)-GCS(C58-3)	

注：规定状态为 10kΩ 或更大。

 提示

不能单独使用发电机解析器。如果需对其更换，则更换混合动力车辆传动桥总成。

如果异常，则维修或更换线束或连接器；如果正常，则更换混合动力车辆传动桥总成。

(4) P0A7A-325 发电机逆变器性能

❶ 描述。如果发电机逆变器电路断路或短路，或者电路过热，则信息将通过发电机逆变器故障信号线路从逆变器传送至 MG ECU 的端子 GFIV（表 3-5-24）。

表 3-5-24

DTC 编号	INF 代码	DTC 检测条件	故障部位
P0A7A	325	发电机逆变器故障信号检测（由于逆变器总成故障导致的过电流）	带转换器的逆变器总成

❷ 故障码（表 3-5-25）。

表 3-5-25

DTC 编号	相关诊断
P0A1A（所有 INF 代码）*1	发电机控制模块
P0A1B（所有 INF 代码）*1	驱动电动机"A"控制模块
P0A1D（除 INF 代码 390 外）	混合动力传动系统控制模块
P0A3F-243	驱动电动机"A"位置传感器电路
P0A40-500	驱动电动机"A"位置传感器电路范围/性能
P0A41-245	驱动电动机"A"位置传感器电路低电位
P0A4B-253	发电机位置传感器电路
P0A4C-513	发电机位置传感器电路范围/性能
P0A4D-255	发电机位置传感器电路低电位
P0A60（所有 INF 代码）*1	驱动电动机"A"V 相电流
P0A63（所有 INF 代码）*1	驱动电动机"A"W 相电流
P0A72（所有 INF 代码）*1	发电机 V 相电流
P0A75（所有 INF 代码）*1	发电机 W 相电流
P0A78-266,267,523,586	驱动电动机"A"逆变器性能
P0A94-585,587,589,590	DC/DC 转换器性能

❸ 检查连接器的连接情况（带转换器的逆变器总成连接器）。如果异常，则牢固连接；如果正常，则更换带转换器的逆变器总成。

(5) P0A90-251 驱动电动机"A"性能

❶ 描述。三相交流电流经定子线圈的三相绕组时，会在 MG2 内产生旋转磁场。系统根据转子的旋转位置和速度控制磁场的旋转。结果，转子上的永久磁铁在旋转方向上被拉动，从而产生扭矩。产生的扭矩与电流量几乎成比例。系统通过调整交流的频率控制 MG2 的转速。此外，系统正确控制旋转磁场和转子磁铁的角度，以一种有效的方式产生高扭矩，即使在高速时也是如此（表 3-5-26、图 3-5-15）。

表 3-5-26

DTC 编号	INF 代码	DTC 检测条件	故障部位
P0A90	251	电动机磁力失效或同相短路	混合动力车辆传动桥总成

❷ 故障码（表 3-5-27）。

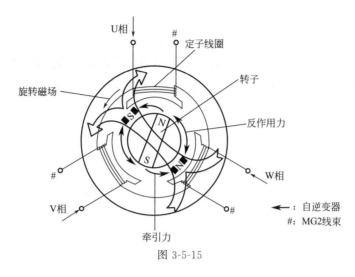

图 3-5-15

表 3-5-27

DTC 编号	相关诊断
P0A1A(所有 INF 代码)*1,P0A1B(所有 INF 代码)*1	MG ECU 电路故障
P0A1D(除 INF 代码 390 外)	HV ECU 电路故障
P0A3F-243,P0A40-500,P0A41-245	电动机解析器电路
P0A4B-253,P0A4C-513,P0A4D-255	发电机解析器电路
P0A51-174	MG ECU 电路故障
P0A60(所有 INF 代码)*1,P0A63(所有 INF 代码)*1	电动机电流传感器电路
P0A72(所有 INF 代码)*1,P0A75(所有 INF 代码)*1	发电机电流传感器电路
P0A78-306,510,586,266,267,523	电动机逆变器故障
P0A7A-344,522	发电机逆变器故障
P0A90-509	电动机系统故障
P0A92-521	发电机系统故障
P0A94-585,587,589,590	增压转换器电路
P0AA6(所有 INF 代码)*1	混合动力蓄电池电压系统绝缘故障
P3004-132	电源电缆故障
P3233-750	HV 门切断配线故障

❸ 检查连接器的连接情况（带转换器的逆变器总成连接器）。如果异常，则牢固连接；如果正常，则检查带转换器的逆变器总成（电动机电缆的连接情况）。

❹ 检查带转换器的逆变器总成（马达电缆的连接情况）。

a. 更换故障零件。

b. 牢固连接。

c. 更换混合动力车辆传动桥总成。

3.5.4 高压电控拆装

（1）逆变器拆卸

❶ 注意事项。

a. 检查高压系统或断开带转换器的逆变器总成低压连接器前，务必采取安全措施，如佩戴绝缘手套并拆下维修塞把手以防电击。拆下维修塞把手后放到自己的口袋中，防止其他技师在您进行高压系统作业时将其意外重新连接。

b. 断开维修塞把手后，在接触任何高压连接器或端子前，等待至少 10min。等待 10min 后，检查带转换器的逆变器总成检查点端子处的电压。开始工作前的电压应为 0。

❷ 拆卸后备厢装饰检修孔盖。

❸ 从蓄电池负极端子上断开电缆。

注意

断开并重新连接电缆后，某些系统需要初始化。

❹ 拆卸维修塞把手。

❺ 拆卸冷气进气管密封。

❻ 拆卸空气滤清器进气口总成。

❼ 拆卸空气滤清器盖分总成。

❽ 拆卸空气滤清器滤芯分总成。

❾ 拆卸空气滤清器壳分总成。

❿ 拆卸发动机室 2 号左侧盖。

a. 用手向上拉 A 部件以分离 2 个卡子（图 3-5-16）。

b. 向上拉 B 部件以分离卡子，并拆下发动机室 2 号左侧盖。

⓫ 排空冷却液（逆变器）。

⓬ 拆卸连接器盖总成。

拆下 2 个螺栓和连接器盖总成（图 3-5-17）。

警告

拆下维修塞把手后 10min 内不要触摸高压连接器和端子；佩戴绝缘手套。

注意

拆下维修塞把手时不要启动发动机，因为可能引起故障。

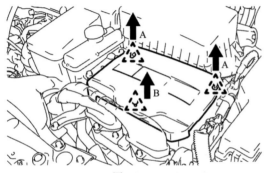

图 3-5-16

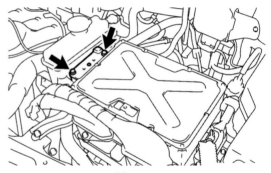

图 3-5-17

⑬ 检查端子电压。用电压表测量两相连接器端子（N-P）之间的电压（图 3-5-18）。标准电压为 0。

 提示

在电压表上用直流 750V 或更大的测量范围。

⑭ 分离电动机电缆。

a. 拆下 2 个螺栓 A（图 3-5-19）。

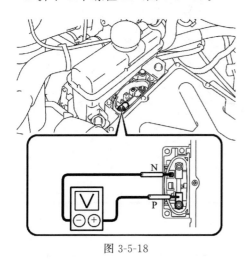

图 3-5-18

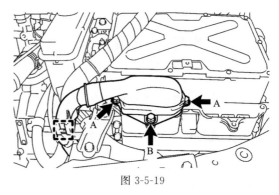

图 3-5-19

 注意

按错误顺序拆下螺栓 A 和 B 可能导致电缆及带转换器的逆变器损坏。

b. 松开螺栓 B 时，断开电动机电缆。

 注意

ⓐ 用绝缘胶带将拆下的端子绝缘。
ⓑ 用胶带或同等产品（非残留性）包住与电缆连接的孔，以防异物进入。

c. 断开线束卡夹。

⑮ 分离发电机电缆（图 3-5-19）。

a. 拆下 2 个螺栓 A。

b. 松开螺栓 B 时，断开发电机电缆。

c. 断开线束卡夹。

⑯ 拆卸逆变器储液罐分总成（图 3-5-20）。

a. 拆下 2 个螺栓。

b. 从逆变器储液罐分总成上断开 2 根水软管以拆下逆变器储液罐分总成。

⑰ 拆卸 2 个螺栓和 2 号逆变器支架（图 3-5-21）。

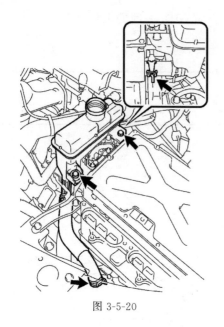
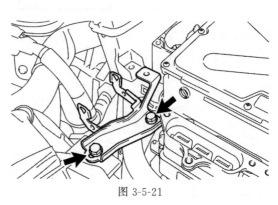

图 3-5-20　　　　　　　　　图 3-5-21

⑱ 拆下卡子并断开水软管（图 3-5-22）。

 注意

拆卸卡子时不要损坏水软管保护装置。

⑲ 分离空调线束总成（图 3-5-23）。

a. 断开空调线束总成。

 注意

用绝缘胶带将拆下的端子绝缘。

b. 分离线束卡夹。

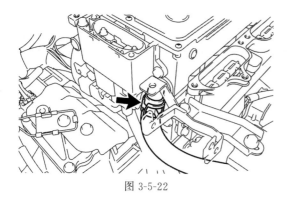
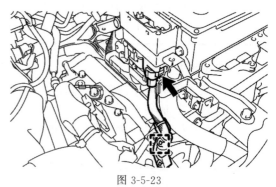

图 3-5-22　　　　　　　　　图 3-5-23

⑳ 分离线束组（图 3-5-24）。

a. 拆下螺栓并断开线束组。

**注意**

安装连接器盖以防异物进入。

b. 断开线束卡夹。
㉑ 拆卸带转换器的逆变器总成。
a. 如图 3-5-25 所示,将外部移至线束侧,然后断开断路器传感器连接器。

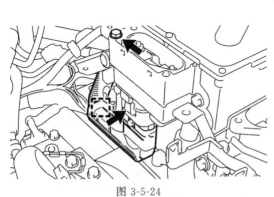

图 3-5-24

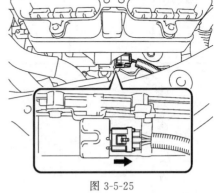

图 3-5-25

b. 断开连接器 C58。
c. 将锁止杆向上扳并断开连接器 A62。
d. 分离 2 个线束卡夹 1 和 2(图 3-5-26)。
e. 拆下 3 个螺栓和 6 号逆变器支架(图 3-5-27)。

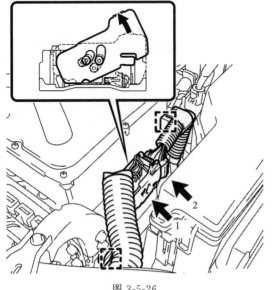

图 3-5-26

图 3-5-27

f. 拆下 3 个螺栓和带转换器的逆变器总成(图 3-5-28)。

注意

ⓐ 从车辆上拆卸带转换器的逆变器总成时,不要用连接器端子将其固定。

ⓑ 拆卸或安装带转换器的逆变器总成时,不要让 1 号断路器传感器撞到车身或其他物体。

ⓒ 不要翻转拆下的带转换器的逆变器总成。

㉒ 拆卸 2 个螺母和高压熔丝(图 3-5-29)。

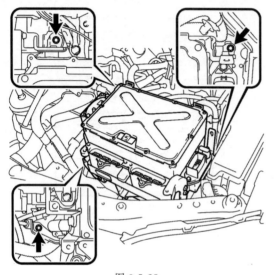

图 3-5-28　　　　　　　　　　　　图 3-5-29

(2) 逆变器安装

❶ 安装高压熔丝。螺栓扭矩为 4.0N·m。

❷ 安装带转换器的逆变器总成。

用 3 个螺栓安装 6 号逆变器支架。扭矩为 10N·m。完全紧固带转换器的逆变器总成的 3 个螺栓。扭矩为 12N·m。

❸ 连接线束组。

❹ 连接空调线束总成。

❺ 安装连接器盖总成。螺栓扭矩为 8.0N·m。

❻ 连接水软管。

❼ 安装 2 号逆变器支架。

❽ 安装逆变器储液罐分总成。

❾ 连接发电机电缆螺栓扭矩为 8.0N·m。

❿ 连接电动机电缆。螺栓扭矩为 8.0N·m。

⓫ 安装空气滤清器壳分总成。

⓬ 安装空气滤清器滤芯分总成。

⓭ 安装空气滤清器盖分总成。

⓮ 安装空气滤清器进气口总成。

⓯ 安装维修塞把手。

⑯ 将电缆连接到蓄电池负极端子上。

注意

断开并重新连接电缆后，某些系统需要初始化。

⑰ 安装后备厢装饰检修孔盖。
⑱ 添加冷却液（逆变器）。
⑲ 检查冷却液是否泄漏（逆变器）。
⑳ 安装发动机室 2 号左侧盖。
㉑ 安装冷气进气管密封。

（3）混合动力车辆转换器拆卸

❶ 注意事项。

a. 检查高压系统或断开带转换器的逆变器总成低压连接器前，务必采取安全措施，如佩戴绝缘手套并拆下维修塞把手以防电击。拆下维修塞把手后放到自己的口袋中，防止其他技师在您进行高压系统作业时将其意外重新连接。

b. 断开维修塞把手后，在接触任何高压连接器或端子前，等待至少 10min。等待 10min 后，检查带转换器的逆变器总成检查点端子处的电压。开始工作前的电压应为 0。

❷ 检查 DTC。在蓄电池内执行拆卸或安装工作前，确认未输出 P0AA6（混合动力蓄电池电压系统绝缘故障）。如果输出此 DTC，则首先执行此 DTC 的故障排除程序。

❸ 拆卸后备厢装饰检修孔盖。
❹ 从蓄电池负极端子上断开电缆。
❺ 拆卸维修塞把手。
❻ 拆卸发动机室 2 号左侧盖。
❼ 拆卸连接器盖总成。
❽ 检查端子电压。
❾ 安装连接器盖总成。
❿ 安装发动机室 2 号左侧盖。
⓫ 拆卸后备厢地板垫。
⓬ 拆卸备胎罩卡夹。
⓭ 拆卸备胎罩总成。
⓮ 拆卸后备厢 1 号装饰钩。
⓯ 拆卸后地板装饰板。
⓰ 拆卸后备厢后装饰罩。
⓱ 拆卸后备厢左侧内装饰罩。
⓲ 拆卸后排座椅坐垫总成。
⓳ 拆卸后排座椅头枕总成。
⓴ 拆卸后排中央座椅头枕总成。
㉑ 拆卸后排座椅靠背总成。
㉒ 拆卸 2 号上背板孔盖。
㉓ 拆卸后备厢前装饰罩。
㉔ 拆卸 5 号 HV 蓄电池进气管。

㉕ 拆卸线束卡夹支架。
㉖ 拆卸蓄电池上托架分总成。
㉗ 拆卸1号蓄电池盖。
㉘ 拆卸5号蓄电池托架面板。
㉙ 拆下卡子、螺栓和2号HV蓄电池排气管（图3-5-30）。
㉚ 拆下卡子和1号HV蓄电池排气管（图3-5-31）。

警告

配戴绝缘手套。

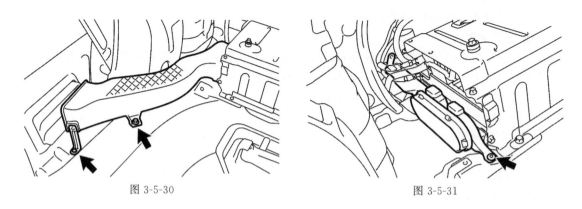

图3-5-30　　　　　　　　　　　图3-5-31

㉛ 从HV继电器总成上断开电缆。
a. 拆下螺母并断开搭铁线。
b. 从HV继电器总成上断开5个连接器（图3-5-32）。
㉜ 拆卸混合动力车辆转换器。
a. 从混合动力车辆转换器上拆下2个螺母，分离3个卡夹并断开线束（图3-5-33）。

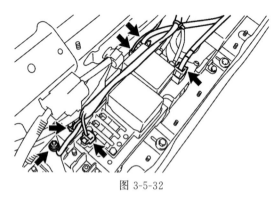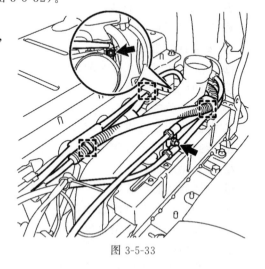

图3-5-32　　　　　　　　　　　图3-5-33

b. 拆下4个螺栓、螺母和混合动力车辆转换器（图3-5-34）。
c. 从混合动力车辆转换器上断开连接器。
㉝ 拆下2个卡子和换气扇内风管（图3-5-35）。

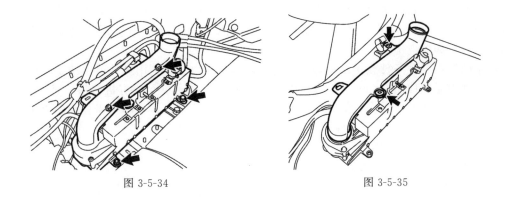

图 3-5-34　　　　　　　　　　　图 3-5-35

(4) 混合动力车辆转换器安装

❶ 安装换气扇内风管。
❷ 安装混合动力车辆转换器。
❸ 将电缆连接到 HV。
❹ 安装 1 号 HV。
❺ 用螺栓和卡子安装 2 号 HV 蓄电池排气管。扭矩为 8.0N·m。
❻ 安装 5 号蓄电池托架面板。
❼ 安装 1 号蓄电池盖。
❽ 安装蓄电池上托架分总成。
❾ 安装线束卡夹支架。
❿ 安装 5 号 HV 蓄电池进气管。
⓫ 安装后备厢前装饰罩。
⓬ 安装 2 号上背板孔盖。
⓭ 安装后排座椅靠背总成。
⓮ 安装后排中央座椅头枕总成。
⓯ 安装后排座椅头枕总成。
⓰ 安装后排座椅座垫总成。
⓱ 安装后备厢左侧内装饰罩。
⓲ 安装后备厢后装饰罩。
⓳ 安装后地板装饰板。
⓴ 安装后备厢 1 号装饰钩。
㉑ 安装备胎罩总成。
㉒ 安装备胎罩卡夹。
㉓ 装后备厢地板垫。
㉔ 安装维修塞把手。
㉕ 将电缆连接到蓄电池负极端子上。
㉖ 安装后备厢装饰检修孔盖。

3.6　本田 CR-V 混合动力汽车

3.6.1　高压电控简介

运动混合 i-MMD 系统是一个由汽油发动机和两个电动机并联的混合动力系统。

除了发动机,它的主要结构是在变速器(e-CVT)中的两个高压电动机,发动机舱内的电源控制单元(PCU),在后备厢下部的高压蓄电池,以及 PCU 和高压蓄电池之间的高压电动机电源变频器电缆。

该系统根据驾驶条件或手动操作 EV 开关切换驱动力,并利用最佳可用功率驱动。

电动动力系统使用约 266.4V 的高压电路和包含蓄电池单元的有机溶液(锂离子)。处理不当可能会造成严重受伤,如触电。在电动动力系统或附近作业时,需要准备以下物品。

❶ 防护物品(绝缘手套或橡胶手套、护目镜、安全鞋)。
❷ ABC 灭火器(可用于机油燃烧和电气燃烧)。
❸ 抹布(用于擦拭电解液)。
❹ 绝缘胶带。

3.6.2 PCU 的拆卸和安装

 注意

❶ 戴上绝缘手套并使用绝缘工具进行保护以免电击。
❷ 拆卸或安装标记的部位时,务必使用绝缘工具并用绝缘胶带缠绕。
❸ 使用翼子板盖以免损坏油漆表面。
❹ 为避免损坏线束和端子,握住连接器部分,小心地拔出线束连接器。
❺ 在所有线束和软管上做标记,以防误接,而且要确保它们没有接触其他线束、软管,或者妨碍其他零件。

(1)拆卸

❶ 拆卸维修插头。
❷ 排空 EPP 冷却液。
❸ 拆卸两个进气管和进气谐振器。
❹ 拆卸 PCM。
❺ 拆卸储液罐托架。
❻ 断开高压电动机功率逆变器单元电缆。
❼ 拆卸高压电动机电源逆变器单元电缆托架。
❽ 拆卸 PCU 护板托架。
❾ 断开搭铁电缆端子。
❿ 断开 PCU 插接器。
⓫ 断开冷却软管。
⓬ 拆卸 PCU。
⓭ 拆卸三相螺栓和螺母。

(2)安装

❶ 安装所有拆下的零件(图 3-6-1、图 3-6-2)。
❷ 校准电动机转子位置。

3.6.3 DC/DC 转换器的拆卸和安装

(1)拆卸

❶ 拆卸维修插头。

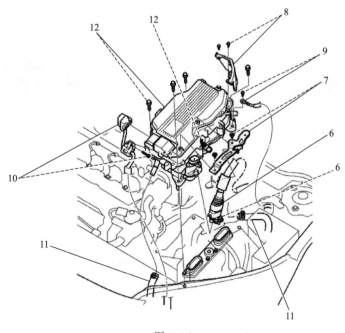

图 3-6-1
6~12—拆下的零件

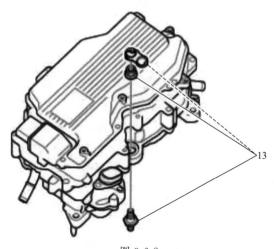

图 3-6-2
13—拆下的零件

❷ 拆卸 IPU 箱。
❸ 拆卸 DC/DC 转换器。
❹ 拆卸 DC/DC 分线束托架。

 注意

用绝缘胶带缠绕电缆端子；断开 DC/DC 输出电缆端子 A（图 3-6-3）；断开 DC/DC 输入电缆端子 B（图 3-6-3）；断开连接器 C（图 3-6-4）。

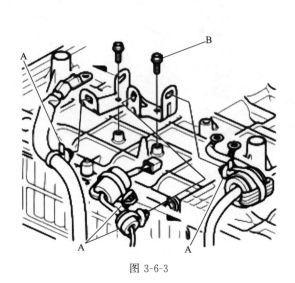

图 3-6-3

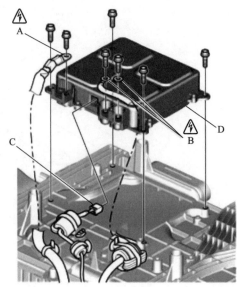

图 3-6-4

❺ 拆下 DC/DC 转换器 D（图 3-6-4）。

（2）安装

按照与拆卸相反的顺序安装零件。

3.6.4　IPU 箱的拆卸和安装

　注意

❶ 佩戴绝缘手套和使用绝缘工具，以免受电击。

❷ 当拆卸或安装标有 ⚠ 号的项目时，应一直使用绝缘工具，并使用绝缘胶带将其缠住。

❸ 使用盖子以免损坏油漆表面。

❹ 为避免损坏线束和端子，应握住连接器部分，小心地拔出线束连接器。

❺ 在所有线束和软管上做标记，以防误接，而且要确保它们没有接触其他线束、软管，或者妨碍其他零件。

❻ 强冲击（比如，高压蓄电池跌落，碰撞损坏）可能会导致电解液泄漏、内部电路短路和热量增加，引起火灾。应避免对高压蓄电池的冲击。

❼ 有机电解液有毒，如果误食，立即寻求医疗救护。

❽ 高压蓄电池损坏可能导致易燃气体或电解液泄漏，并可能导致火灾。不要损坏高压蓄电池并远离火花、火焰和香烟。

（1）拆卸

❶ 拆卸维修插头。

❷ 拆卸后地毯装饰件。

❸ 断开高压电动机功率逆变器单元电缆和 IPU 线束。

注意

a. 用绝缘胶带缠绕电缆端子。
b. 断开高压电动机功率逆变器单元电缆搭铁端子 A（图 3-6-5）。
c. 断开高压电动机功率逆变器单元电缆端子 B 和连接器 C。
d. 拆下线束夹 D。
e. 拆下线束夹 A（图 3-6-6）。
f. 断开连接器 B（图 3-6-6）。

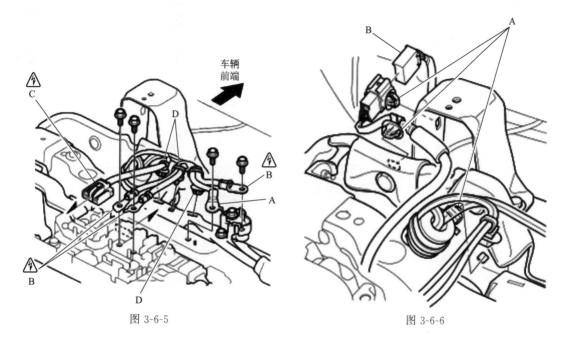

图 3-6-5　　　　　　　　　　　　　图 3-6-6

❹ 拆卸 12V 输出端子基座 B（图 3-6-7）。

 注意

断开 DC/DC 输出电缆端子 A（图 3-6-7）。

❺ 拆卸 IPU 风扇前出气管、IPU 风扇出口接头和 IPU 风扇后出气管（图 3-6-8）。
❻ 拆卸 IPU 箱后盖。
❼ 拆卸搭铁电缆。
❽ 拆卸 IPU 总成。
断开连接器 A，并拆下线束夹 B（图 3-6-9）。
拆下 IPU 车架螺栓 C 和 IPU 总成 D。
（2）安装
按照与拆卸相反的顺序安装零件。

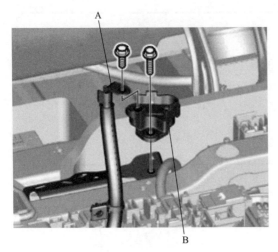

图 3-6-7

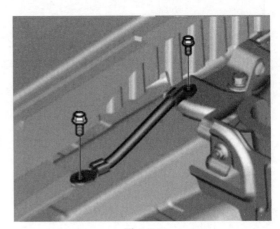

图 3-6-8

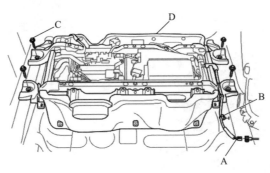

图 3-6-9

第 4 章 充电系统

4.1 比亚迪秦混合动力汽车

4.1.1 简介

充电系统主要是通过家用插头和交流充电桩接入交流充电口,通过车载充电器将家用 220V 交流电转为 528V 直流高压电给动力电池进行充电,其主要组成部分如图 4-1-1 所示。

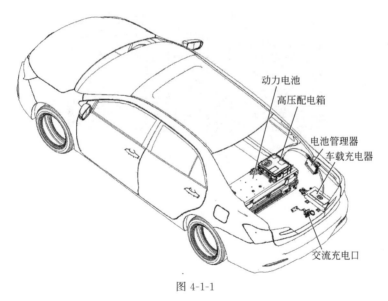

图 4-1-1

4.1.2 充电系统故障码

故障码列表见表 4-1-1。

表 4-1-1

故障码(ISO 15031-6)	故障定义	故障码(ISO 15031-6)	故障定义
P157016	车载充电器交流侧电压低	P157218	车载充电器直流侧电流小
P157017	车载充电器交流侧电压高	P157216	车载充电器直流侧电压低
P157100	车载充电器高压输出断线故障	P157217	车载充电器直流侧电压高
P157219	车载充电器直流侧电流大	P157300	车载充电器风扇状态故障

续表

故障码(ISO 15031-6)	故障定义	故障码(ISO 15031-6)	故障定义
P157400	供电设备故障	P157D11	充电感应信号外部对地短路
P157513	低压输出断线	P157D12	充电感应信号外部对电源短路
P157616	低压蓄电池电压过低	P157E11	充电连接信号外部对地短路
P157617	低压蓄电池电压过高	P157E12	充电连接信号外部对电源短路
P157713	交流充电感应信号断线故障	P157F11	交流输出端短路
P157897	充放电枪连接故障	P158011	直流输出端短路
P15794B	电感温度高	P158119	放电输出过流
P157A37	充电电网频率高	P158200	H桥故障
P157A36	充电电网频率低	P15834B	MOS管温度高
P157B00	交流侧电流高	U011100	与动力电池管理器通信故障
P157C00	硬件保护	U015500	与组合仪表通信故障

4.1.3 充电口介绍（图 4-1-2）

图 4-1-2

4.1.4 充电系统故障检查

（1）原理图（图 4-1-3）

（2）充电系统检查步骤

❶ 检查整车回路。

检查车载充电器、配电箱、电池管理器的接插件是否松动、破损或未安装。

❷ 车上检查。

检查维修开关是否松动或未安装。如果异常，则重新安装或更换维修开关；如果正常，则检查交流充电连接装置。

❸ 检查交流充电连接装置。

a.插上交流充电连接装置。

b.检查电缆上控制盒的"ready"灯是否常亮，"charge"灯是否闪烁。如果异常，则更换交流充电连接装置；如果正常，则检查仪表充电指示灯是否点亮。

❹ 检查仪表充电指示灯是否点亮。

a.整车上"ON"挡电，将交流充电连接装置连接充电桩或家用电源。

第 4 章 充电系统 157

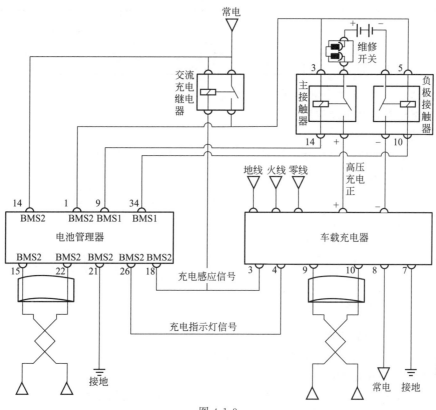

图 4-1-3

b. 观察仪表充电指示灯是否点亮。

c. 用万用表测量车载充电器低压接插件电压（充电指示灯）（表 4-1-2）。如果异常，则尝试更换车载充电器，检查线束或仪表；如果正常，则检查车载充电器感应信号。

表 4-1-2

端子	线色	正常值/V
K55-H—车身地	Y	小于 1
BMS 输出仪表指示灯信号 K65-26—车身地	—	小于 1

❺ 检查车载充电器感应信号。

a. 将交流充电连接装置连接至充电桩或家用电源。

b. 用万用表测量车载充电器低压接插件电压（充电请求信号）（表 4-1-3）。如果异常，则更换车载充电器；如果正常，则检查低压电源是否输入。

表 4-1-3

端子	线色	正常值/V
K55-C—车身地	L	小于 1

❻ 检查低压电源是否输入。

a. 不连接交流充电连接装置。

b. 用万用表测量车载充电器低压接插件电压（启动电池正负极）（表 4-1-4）。如果异常，则检查线束；如果正常，则检查交流充电及"OFF"挡充电继电器。

表 4-1-4

端子	线色	正常值/V
K55-H—车身地	R	11～14
K55-G—车身地	B	小于 1

❼ 检查交流充电及"OFF"挡充电继电器。

a. 不连接交流充电连接装置。

b. 取下充电继电器。

c. 给控制端加电压，检查继电器是否吸合（图 4-1-4、表 4-1-5）。如果异常，则更换继电器；如果正常，则检查配电箱车载充电熔丝。

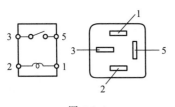

图 4-1-4

表 4-1-5

端子	正常值
1 为启动电池正极	3 与 5 导通
2 为启动电池负极	

❽ 检查配电箱车载充电熔丝。

a. 断开维修开关，不连接交流充电连接装置。

b. 拆开配电箱侧边小盖。

c. 测量下方车载熔丝（30A）是否导通。如果异常，则更换车载充电熔丝；如果正常，则检查配电箱正极接触器电源端。

❾ 检查配电箱正极接触器电源端。

a. 上"ON"挡电，用万用表检测配电箱低压接插件 K54-3。

b. 将交流充电连接装置连接至充电桩或家用电源。

c. 测量接插件对应引脚低压是否为 12V 以上。如果异常，则检查接触器供电低压线束；如果正常，则检查配电箱正极接触器控制端。

❿ 检查配电箱正极接触器控制端。

a. 上"ON"挡电，用万用表检测配电箱低压接插件 K54-14。

b. 将交流充电连接装置连接至充电桩或家用电源。

c. 测量接插件对应引脚低压是否为 12V 以下。如果异常，则检查接触器控制低压线束或电池管理器；如果正常，则检查配电箱负极接触器电源端。

⓫ 检查配电箱负极接触器电源端。

a. 上"ON"挡电，用万用表检测配电箱低压接插件 K54-5。

b. 将交流充电连接装置连接至充电桩或家用电源。

c. 测量接插件对应引脚低压是否为 12V 以上。如果异常，则检查接触器供电低压线束；如果正常，则检查配电箱负极接触器控制端。

⓬ 检查配电箱负极接触器控制端。

a. 上"ON"挡电，用万用表检测配电箱低压接插件 K54-10。

b. 将交流充电连接装置连接至充电桩或家用电源。

c. 测量接插件对应引脚低压是否为 12V 以下。如果异常，则检查接触器控制低压线束或电池管理器；如果正常，则检查交流充电口总成。

⓮ 检查交流充电口总成。

a. 拔出交流充电口接插件。

b. 分别测量充电口和接插件两端各对应引脚是否导通。如果异常,则更换交流充电口总成;如果正常,则检查车载充电器 CAN 通信。

⓯ 检查车载充电器 CAN 通信。

a. 检查接插件端子是否异常。

b. 将交流充电口连接充电桩或家用电源。

c. 用万用表测量车载充电器低压线束端电压(表 4-1-6)。如果异常,则更换线束。

表 4-1-6

端子	线色	正常值/V
K55-K—车身地	V	1.5~2.5
K55-J—车身地	P	2.5~3.5

4.1.5 充电系统拆装

(1) 车载充电器总成拆装

❶ 结构组成。车载充电器总成由盒盖、盒体、支架、散热器等组成。

❷ 拆卸维修前工作。

a. 点火开关置于"OFF"挡。

b. 启动电池断电。

c. 拔掉维修开关。

d. 拆卸后备厢右后内饰板。

❸ 拆卸。

a. 断开外部接插件,包括高压输出接插件(接高压配电箱的电缆)、低压接插件(包含 CAN 线线束)和交流输入接插件(220V 电源线)。

b. 用棘轮将车载充电器交流输入搭铁线的 M6 六角法兰面螺母松开,然后将固定车载三个支架上的 M6×12 六角法兰面承面带齿螺栓拧下(图 4-1-5)。

c. 将车载充电器轻轻取出。

❹ 装配。

a. 戴上手套,把车载充电器放置在后备厢安装支架上,使车载充电器支架上的孔和车身上支架的孔对正;将车载充电器安装在后备厢右侧,先将右侧通风口处六角法兰面承面带齿螺栓拧上,将车载充电器推入、对准孔位,再将左侧两颗六角法兰面承面带齿螺栓固定,同时将 3 颗螺栓拧紧,拧紧力矩要求约为 8N·m。

b. 再将交流输入接插件和搭铁线固定好。接插件对准防错角度插入,再顺时针拧紧锁死,搭铁线用六角法兰面螺母拧紧,拧紧力矩要求约为 6N·m。

c. 校核无误后打上油漆印记,然后将

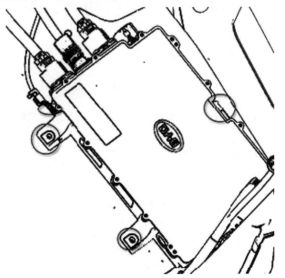

图 4-1-5

低压接插件和高压输出接插件对接固定好。

注意事项： 操作员操作时应戴好手套，以免碰伤。安装前确保车载充电器外观清洁，表面油漆不应有划痕。

(2) 交流充电口总成拆装

❶ 结构组成。交流充电口总成由车辆插座、电缆、接插件等组成。

❷ 拆卸维修前工作。

a. 点火开关置于"OFF"挡。

b. 启动电池断电。

c. 拔掉维修开关。

d. 拆卸后后备厢右后内饰板。

e. 拆掉电池管理器。

f. 拆铰链护板。

❸ 拆卸。

a. 断开交流输出接插件（与车载充电器对接接插件）。

b. 将固定电缆的扎带松开（固定在车身钣金和铰链上）。

c. 用棘轮将固定充电口座的 M6×20 六角法兰面承面带齿螺栓拧下，并将充电口上的电锁取下。

d. 将交流充电口往车外轻轻取出。

❹ 装配。

a. 戴上手套，把交流充电口尾部电缆穿过钣金，正对充电口座确认好方向（盖子打开方向向右打开）用四颗六角法兰面承面带齿螺栓固定，拧紧力矩要求约为 8N·m，并扣上电锁。

b. 再将电缆扎带依次固定在车身钣金和铰链上。

c. 然后将接插件与车载充电器对接好。

注意事项： 操作员操作时应戴好手套，以免碰伤。安装前确保充电口外观清洁，表面油漆不应有划痕，电缆接插件表面不应破损。

4.2 宝马 X5 混合动力汽车

4.2.1 充电系统简介

便捷充电系统（KLE）的接口概览如图 4-2-1 所示。

4.2.2 拆卸和安装（更新）蓄电池充电模块

警告

工作开始之前务必遵守下列两点。

❶ 将高压系统切换为无电压。

❷ 注意混合动力汽车的操作安全提示。

(1) 需要的准备工作

断开蓄电池负极导线。

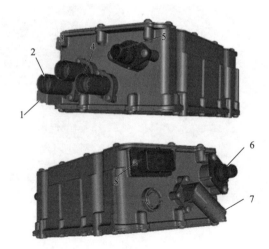

图 4-2-1

1—电位平衡导线接口；2—电动空调压缩机（EKK）的高压接口；3—电动机-电子伺控系统（EME）的高压接口；4—至电气加热装置的高压接口；5—冷却剂接口（回流管路）；6—冷却剂接口（供给管路）；7—至充电接口的高压接口；8—信号线接口

（2）拆卸与安装步骤

❶ 松脱插头①（图 4-2-2）。

图 4-2-2

❷ 将导线②松脱并放在一旁。
❸ 将附加配电器③沿箭头方向松开并放在一旁。
❹ 松开螺母①（图 4-2-3）。
❺ 拆下断路继电器②并放在一旁。
❻ 松开螺栓③。
❼ 将蓄电池充电模块④及支架抽出。
❽ 松脱插头①（图 4-2-4）。
❾ 取下蓄电池充电模块②。

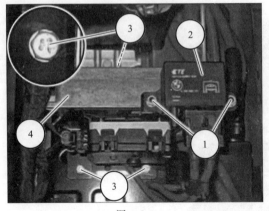
图 4-2-3

图 4-2-4

4.2.3 拆卸和安装便捷充电系统

 警告

工作前必须注意以下几点。
❶ 无电压时切换高压系统。
❷ 注意电动汽车的操作安全提示。
❸ 遵守电位补偿螺旋接合的提示。

(1) 需要的准备工作
❶ 断开蓄电池负极导线。
❷ 拆下左底板饰件。
❸ 排出冷却液（低温回路）。

(2) 拆卸便捷充电系统
❶ 将便捷充电系统支架上的电线束和高压线松脱（图 4-2-5）。
❷ 将导线①从支架上松脱。
❸ 打开导线支架②，取下高压线。
❹ 将变速箱传动轴盖板上等电势导线②的螺母①松开（图 4-2-6）。

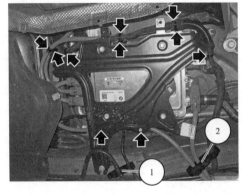
图 4-2-5

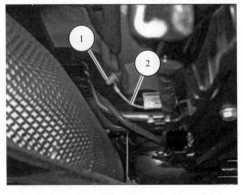
图 4-2-6

❺ 松开并脱开信号导线①（图 4-2-7）。
❻ 解除并松脱高压导线②。
❼ 插上专用工具 2 336 647，以保护高压接口。
❽ 将冷却液管③解除联锁并脱开。
❾ 解除并松脱高压导线①（图 4-2-8）。
❿ 解除并松脱高压导线②。
⓫ 解除并松脱高压导线③。

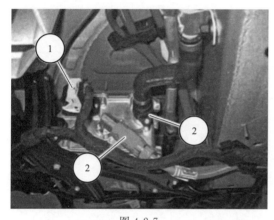

图 4-2-7　　　　　　　　　　图 4-2-8

⓬ 将蓄电池正极导线①从便捷充电系统的支架上松脱（图 4-2-9）。
⓭ 插上专用工具 2 336 647，以保护高压接口。
⓮ 将冷却液管②解除联锁并脱开。

 注意

下一个工作步骤必须有第二人辅助完成。

⓯ 松开便捷充电系统支架③上的螺栓①（图 4-2-10）。

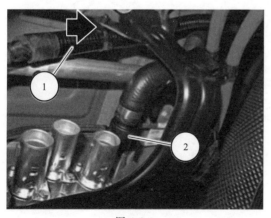 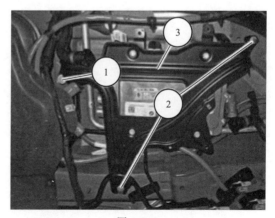

图 4-2-9　　　　　　　　　　图 4-2-10

⓰ 在助手帮助下固定便捷充电系统以防脱落。
⓱ 松开便捷充电系统支架③上的螺母②。
⓲ 将便捷充电系统以及便捷充电系统支架③小心地取下。
（3）安装便捷充电系统
安装的顺序与拆卸顺序相反。

第5章 电池管理系统

5.1 比亚迪秦混合动力汽车

5.1.1 电池管理系统简介

(1) 简介

本车采用分布式电池管理系统,由1个电池管理控制器(BMC)和10个电池信息采集器(BIC)及1套动力电池采样线组成。电池管理控制器的主要功能有充放电管理、接触器控制、功率控制、电池异常状态报警和保护、SOC/SOH 计算、自检以及通信功能等;电池信息采集器的主要功能有电池电压采样、温度采样、电池均衡、采样线异常检测等;动力电池采样线的主要功能是连接电池管理控制器和电池信息采集器,实现两者之间的通信及信息交换。

(2) 组件位置

电池管理控制器位于后备厢车身右侧 C 柱内板后段(图 5-1-1)。

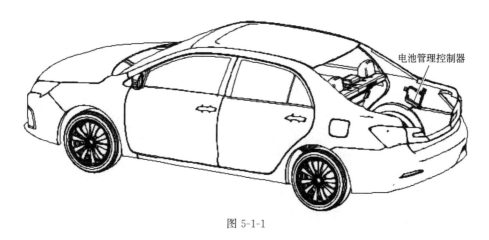

图 5-1-1

10 个电池信息采集器分别位于动力电池包内部每个动力电池模组的前端(图 5-1-2)。

(3) 系统图(图 5-1-3)

5.1.2 电池管理系统针脚定义

针脚定义如图 5-1-4 和表 5-1-1 所示。

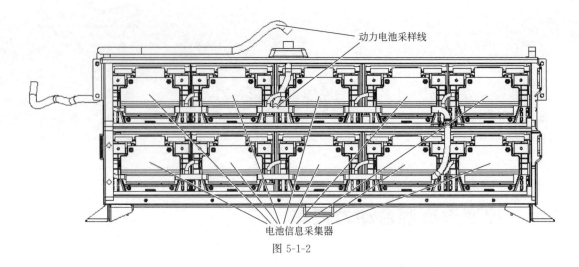

图 5-1-2

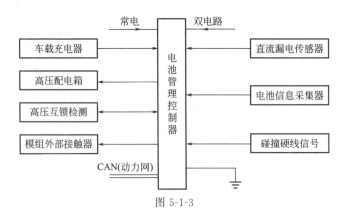

图 5-1-3

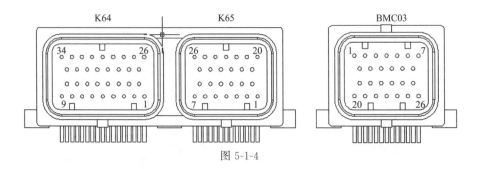

图 5-1-4

表 5-1-1

连接端子	端子描述	线色	条件	正常值/V
K64-1—GND	维修开关输出信号	Y/G	ON 挡/OK 挡/充电	PWM 脉冲信号
K64-6—GND	整车低压(地)	B	始终	小于 1
K64-9—GND	主接触器	L	整车上高压电	小于 1
K64-14—GND	12V 启动电池(正)	G/R	ON 挡/OK 挡/充电	9～16
K64-17—GND	预充接触器	L/W	预充过程中	小于 1

续表

连接端子	端子描述	线色	条件	正常值/V
K64-26—GND	电流霍尔输出信号	R/B	电源ON挡	0~4.2
K64-27—GND	电流霍尔电源(正)	R/W	ON挡/OK挡/充电	9~16
K64-29—GND	电流霍尔电源(负)	R	ON挡/OK挡/充电	−16~−9
K64-30—GND	整车低压(地)	B	始终	小于1
K64-31—GND	仪表充电指示灯信号		车载充电时	
K64-33—GND	交流充电接触器	G	上ON挡电后2s	小于1
K64-34—GND	负极接触器	L/Y	始终	小于1
K65-1—GND	双路电	R/L	电源ON挡/充电	11~14
K65-7—GND	高压互锁1输入信号	W/R	ON挡/OK挡/充电	PWM脉冲信号
K65-9—GND	整车CAN-H	P	ON挡/OK挡/充电	2.5~3.5
K65-18—GND	慢充感应信号	L	车载充电时	小于1
K65-21—GND	整车CAN(地)	B	始终	小于1
K65-22—GND	整车CAN-L	V	ON挡/OK挡/充电	1.5~2.5
K65-24—GND	高压互锁2输入信号		ON挡/OK挡/充电	PWM脉冲信号
K65-25—GND	碰撞信号	L	启动	约−15
K65-26—GND	车载充电指示灯信号		车载充电时	
BMC03-1—GND	采集器CAN-L	Y	ON挡/OK挡/充电	1.5~2.5
BMC03-2—GND	采集器CAN(地)	B	始终	小于1
BMC03-3—GND	模组接触器1控制	R/L	模组继电器吸合时	小于1
BMC03-7—GND	BIC供电电源(正)	R	ON挡/OK挡/充电	9~16
BMC03-8—GND	采集器CAN-H	W	ON挡/OK挡/充电	2.5~3.5
BMC03-13—GND	GND	B	始终	小于1
BMC03-14—GND	模组接触器1电源	L/B	ON挡/OK挡/充电	9~16

5.1.3 电池管理系统故障码（表5-1-2）

表5-1-2

故障码 (ISO 15031-6)	故障定义	故障码 (ISO 15031-6)	故障定义
P1A0000	严重漏电故障	P1A0700	BIC6工作异常故障
P1A0100	一般漏电故障	P1A0800	BIC7工作异常故障
P1A0200	BIC1工作异常故障	P1A0900	BIC8工作异常故障
P1A0300	BIC2工作异常故障	P1A0A00	BIC9工作异常故障
P1A0400	BIC3工作异常故障	P1A0B00	BIC10工作异常故障
P1A0500	BIC4工作异常故障	P1A0C00	BIC1电压采样异常故障
P1A0600	BIC5工作异常故障	P1A0D00	BIC2电压采样异常故障

续表

故障码 (ISO 15031-6)	故障定义	故障码 (ISO 15031-6)	故障定义
P1A0E00	BIC3 电压采样异常故障	P1A3B00	动力电池单节温度严重过低
P1A0F00	BIC4 电压采样异常故障	P1A3D00	负极接触器回检故障
P1A1000	BIC5 电压采样异常故障	P1A3F00	预充接触器回检故障
P1A1100	BIC6 电压采样异常故障	P1A4100	主接触器烧结故障
P1A1200	BIC7 电压采样异常故障	P1A4300	电池管理器+15V 供电过高故障
P1A1300	BIC8 电压采样异常故障	P1A4400	电池管理器+15V 供电过低故障
P1A1400	BIC9 电压采样异常故障	P1A4500	电池管理器-15V 供电过高故障
P1A1500	BIC10 电压采样异常故障	P1A4600	电池管理器-15V 供电过低故障
P1A2000	BIC1 温度采样异常故障	P1A4700	交流充电感应信号断线故障
P1A2100	BIC2 温度采样异常故障	P1A4800	电动机控制器断开主接触器
P1A2200	BIC3 温度采样异常故障	P1A4C00	漏电传感器失效故障
P1A2300	BIC4 温度采样异常故障	P1A4D00	电流霍尔传感器故障
P1A2400	BIC5 温度采样异常故障	P1A4E00	电池组过流告警
P1A2500	BIC6 温度采样异常故障	P1A5000	电池管理系统自检故障
P1A2600	BIC7 温度采样异常故障	P1A5200	碰撞系统故障
P1A2700	BIC8 温度采样异常故障	P1A5500	电池管理器 12V 电源输入过高
P1A2800	BIC9 温度采样异常故障	P1A5600	电池管理器 12V 电源输入过低
P1A2900	BIC10 温度采样异常故障	P1A5700	大电流拉断接触器
P1A2A00	BIC1 均衡电路故障	U011000	与电动机控制器通信故障
P1A2B00	BIC2 均衡电路故障	P1A5A00	与漏电传感器通信故障
P1A2C00	BIC3 均衡电路故障	U110300	与气囊 ECU 通信故障
P1A2D00	BIC4 均衡电路故障	P1A5C00	分压接触器 1 回检故障
P1A2E00	BIC5 均衡电路故障	U20B000	BIC1 CAN 通信超时故障
P1A2F00	BIC6 均衡电路故障	U20B100	BIC2 CAN 通信超时故障
P1A3000	BIC7 均衡电路故障	U20B200	BIC3 CAN 通信超时故障
P1A3100	BIC8 均衡电路故障	U20B300	BIC4 CAN 通信超时故障
P1A3200	BIC9 均衡电路故障	U20B400	BIC5 CAN 通信超时故障
P1A3300	BIC10 均衡电路故障	U20B500	BIC6 CAN 通信超时故障
P1A3400	预充失败故障	U20B600	BIC7 CAN 通信超时故障
P1A3500	动力电池单节电压严重过高	U20B700	BIC8 CAN 通信超时故障
P1A3600	动力电池单节电压一般过高	U20B800	BIC9 CAN 通信超时故障
P1A3700	动力电池单节电压严重过低	U20B900	BIC10 CAN 通信超时故障
P1A3800	动力电池单节电压一般过低	U029700	与车载充电器通信故障
P1A3900	动力电池单节温度严重过高	U012200	与低压 BMS 通信故障
P1A3A00	动力电池单节温度一般过高	P1A9000	因温度低导致限充电功率为 0

续表

故障码 (ISO 15031-6)	故障定义	故障码 (ISO 15031-6)	故障定义
P1A9100	因温度高导致限充电功率为 0	P1AC500	BIC 程序不一致
P1A9200	因温度低导致限放电功率为 0	P1AC600	BMC 程序与 BIC 程序不匹配
P1A9300	因温度高导致限放电功率为 0	P1AC700	湿度过高故障
P1A9400	因电压低导致限放电功率为 0	U029800	电池管理器与 DC 通信故障
P1A9500	因采集器故障导致充放电功率为 0	U02A200	与主动泄放模块通信故障
P1A9600	因电压高导致无法回馈	U016400	与空调通信故障
P1AC000	气囊 ECU 碰撞报警	P1ACA00	电池组放电严重报警
P1AC200	高压互锁 2 故障	U010300	与发动机通信故障
P1AC300	高压互锁 3 故障	U0A21	与漏电传感器通信故障
P1AC400	电池严重不均衡	P1AD000	模组连接异常

5.1.4 电池管理系统电脑板拆装

❶ 将车辆退电至"OFF"挡电,断开蓄电池负极。
❷ 拆掉后备厢内饰护面。
❸ 拔掉电池管理控制器上连接的动力电池采样线和整车低压线束的接插件,拔掉整车低压线束在电池管理控制器支架上的固定卡扣。
❹ 用 10 号套筒拆卸电池管理控制器的三个固定螺母。
❺ 更换电池管理器,插上动力电池采样线和整车低压线束的接插件。
❻ 用 10 号套筒拧紧电池管理控制器的三个固定螺母。
❼ 安装好后备厢内饰护面,接回蓄电池负极,结束。

5.2 长安逸动混合动力汽车

5.2.1 电池管理系统简介

车钥匙打至"ON"挡或"START"挡,整车上电成功后,BCU 闭合继电器。HCU 根据整车运行工况需求,控制电动机为发电模式或者电动模式。镍氢动力电池总成一直为 DC/DC 提供高压输入,用于为 12V 铅酸蓄电池充电(图 5-2-1)。

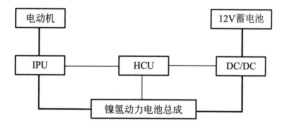

细线为控制信号转递线
粗线为能量转递线

图 5-2-1

5.2.2 电池管理系统针脚定义

针脚定义如图 5-2-2 和表 5-2-1 所示。

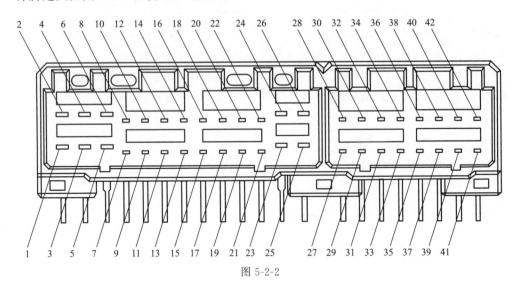

图 5-2-2

表 5-2-1

针脚号	定义	针脚号	定义
1	功率(地)	24	温度信号
2	正极继电器控制	25	温度电源(负)
3	风扇继电器控制	26	屏蔽地
4	负极继电器控制	27	电流信号(负)
5	Safety Line(安全线)	28	电流信号(正)
6	Safety Line(安全线)	29	电压采集线 9
8	预充电继电器控制	30	电压采集线 10
10	12V 电源	31	电压采集线 7
11	Handshake(回路)	32	电压采集线 8
12	12V 电源(地)	33	电压采集线 5-2
16	电流传感器电源	34	电压采集线 6
17	电流传感器接地	37	电压采集线 4
18	DC/DC 电流信号	38	电压采集线 5-1
19	诊断 CAN2-H(高)	39	电压采集线 2
20	诊断 CAN2-L(低)	40	电压采集线 3
21	通信 CAN1-H(高)	41	电压采集线 0
22	通信 CAN1-L(低)	42	电压采集线 1
23	温度电源(正)		

5.2.3 电池管理系统故障诊断

P1B1E 温差过大二级故障见表 5-2-2。

表 5-2-2

测试步骤	细节/结果/措施
(1)检查接插件连接	目测及用手触碰感觉电池总成整车接插件是否紧固？如果是,则转至步骤(2);如果不是,则更换或重新可靠连接接插件
(2)检查温度传感器	车钥匙打到"ON"挡,用金美 CAN 卡监控温度值,观察 2 个温度值 是否差值大于 6℃ 且其中有 -0.06℃ 和 85℃？如果是,则参考电池模块温度过高或电池模块温度过低的维修方法;如果否,则至步骤(3)
(3)检查散热系统	①车钥匙打到"ON"挡,用金美 CAN 卡监控温度是否超过 50℃？ ②查看风扇是否损坏？ ③查看风道是否损坏或堵塞？ 如果是,则更换风扇或清理风道;如果否,则至步骤(4)
(4)检查温度传感器	车辆静止 1h 左右后,车钥匙打到"ON"挡,用金美 CAN 卡监控温度值,观察 2 个温度值是否与车内温度一致？如果是,则至步骤(5);如果否,则更换温度传感器及其线束
(5)检查电池模块	①钥匙打到"ON"挡,不启动整车,用金美 CAN 卡或诊断仪监动力电池数据,观察最大和最小电池模块电压 ②启动车辆,轻踩油门,转速稳定在 2500r/min,使整车进入充电模式。观察数据,在电流相对稳定时,观察最大和最小电池模块电压是否相差 2V 以内？ 如果是,则更换电池管理系统;如果不是,则更换异常电池模块,并使用维护仪维护

5.3 起亚 K5 混合动力汽车

（1）电池管理系统简介

蓄电池管理控制模块（BMS ECU）控制高电压蓄电池系统的充电状态（SOC）、电源、电量平衡、冷却和故障诊断。

（2）蓄电池管理控制模块（BMS ECU）拆装

在执行高电压系统相关操作前，必须切断高电压电路。如果不遵守安全说明，会导致严重的电击伤害。

❶ 拆卸。

a. 切断高电压电路。

b. 拆卸高电压上盖。

c. 分离蓄电池温度信号线束连接器和控制线束连接器。

d. 分离蓄电池电压信号线束连接器。

e. 拧下固定螺母，并拆卸 BMS ECU。BMS ECU 固定螺母的紧固力矩为 7.8~11.8N·m。

❷ 安装。按照与拆卸的相反顺序安装蓄电池管理控制模块（BMS ECU）。

5.4 东风日产楼兰混合动力汽车

5.4.1 电池管理系统简介

（1）简介

LBC（图 5-4-1）安装在锂离子电池内。LBC 是蓄电池控制的核心，它用于检测锂离子电池的电压和电流,锂离子电池内的温度,以及各分电池的电压,以确定 SOC(充电状态)。此外,它还用于计算允许的输入/输出值和发送计算数据到 HPCM(混合动力控制模块)。HPCM 根据锂离子电池状态控制车辆。

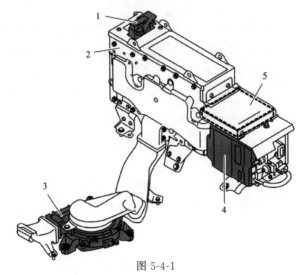

图 5-4-1

1—维修塞;2—锂离子电池;3—蓄电池冷却风扇;4—DC/DC 转换器;5—锂离子电池控制器(LBC)

(2) LBC 的主要作用

❶ 锂离子电池状态检查:SOC(充电状态);可能的输出功率值;可能的输入功率值;温度。

❷ 优化分电池电压偏差。

❸ 防止过电压和过电流。

❹ 防止过热。

❺ 检测高压电路的绝缘电阻的减小。

5.4.2 电池管理系统故障码

(1) 失效-保护(表 5-4-1)

表 5-4-1

失效-保护	说明	故障现象	HPCM 检测到的 DTC
系统主继电器 OFF	系统主继电器关闭	• 无法启动发动机 • 点亮混合动力系统报警灯	P3182
无电池	发动机启动后,系统主继电器关闭,车辆仅在发送机的驱动力下驱动行驶。牵引电动机扭矩变得受限	• 驱动力下降 • 可使用 12V 蓄电池的剩余电量行驶 • 点亮混合动力系统报警灯	P3181
电动机扭矩 OFF	车辆在牵引电动机扭矩和锂离子电池输入/输出功率受限的状况下行驶	• 仅辅助部分可充电 • 发动机停止控制被禁止 • 驱动力下降 • 可使用燃油的剩余量行驶 • 点亮混合动力系统报警灯	P317F
—	混合动力系统报警灯点亮	点亮混合动力系统报警灯	P3180, P3184

(2) 故障码（表 5-4-2）

表 5-4-2

优先级	DTC	检测项目	优先级	DTC	检测项目
1	P30EE	分电池保护	3	P0A1F	锂离子电池控制器
2	P0A84, P0A85	蓄电池冷却风扇		P0A7E	电池温度高
	P0A9D, P0A9E, P0AC7, P0AC8, P0ACC, P0ACD, P0AEA, P0AEB, P0C70	• 蓄电池温度传感器 • 进气温度传感器		P0A7F	分电池最高电压和最低电压之间的差异
				P0AA7	车载绝缘电阻监控系统
	P0AA9, P0AAA	车载绝缘电阻监控系统		P0ABF	蓄电池电流传感器
	P0AC0, P0AC1, P0AC2	蓄电池电流传感器		P0C6E	蓄电池温度传感器
	P30D0	充电状态合理性		P3030	锂离子电池控制器的通信功能
	P30EF	内部电阻		P30F1	再充控制
	P30F5	总电压传感器		P30F2	放电控制
	P30FA, P30FB	传感器电源		P30F4, P30F6	总电压传感器
	P30FE	12V 蓄电池电压		P30F7	分电池控制器 IC 休眠诊断
	P31A5, P31A7	通信故障		P30F9	控制模块
	P3292-P3295	分电池控制器 IC 通信错误		P30FC	过电流
	P3374	分电池过放电		P326E-P3271	分电池控制器 IC
	U0100, U0101, U0110, U0293, U1000,	CAN 通信		P3300	总电压超过
				P3373	总电压过放电

5.4.3 电池管理系统故障诊断

（1）P0A1F 蓄电池能量控制模块

❶ DTC 检测逻辑（表 5-4-3）。

表 5-4-3

DTC	故障诊断 （故障诊断内容）	检测条件	
P0A1F	蓄电池电量控制模块 （电池电量控制模块）	诊断条件	当点火开关处于"ON"位置时
		信号(端子)	—
		阈值	检测到 LBC 电子电路的功能发生故障时
		诊断延迟时间	4s 或更长时间

❷ 可能的原因：锂离子电池控制器（LBC）故障。

❸ 失效-保护。下列失效-保护模式中的任意一项根据故障区域和 LBC 故障状态运转。

a. 仅辅助部分可充电。

b. 发动机停止控制被禁止。

c. 驱动力下降。

d. 可使用燃油的剩余量行驶。

e. 点亮混合动力系统报警灯。

(2) P31A7 CAN 数据（INV/MC）

❶ DTC 检测逻辑（表 5-4-4）。

表 5-4-4

DTC	故障诊断 （故障诊断内容）	检测条件	
P31A7	转换器/电动机控制 CAN 错误（逆变器 CAN 错误/电动机控制）	诊断条件	当点火开关处于"ON"位置时
		信号（端子）	—
		阈值	LBC 检测到 CAN 数据错误时
		诊断延迟时间	2s 或更长时间

❷ 可能的原因：HPCM 故障；牵引电动机逆变器故障；LBC 故障。

❸ 失效-保护：仅辅助部分可充电；发动机停止控制被禁止；驱动力下降；可使用燃油的剩余量行驶；点亮混合动力系统报警灯。

诊断步骤如下。

a. 执行自诊断。

b. 使用 CONSULT 执行"所有 DTC 读取"。

c. 检查"自诊断结果"（表 5-4-5）。

表 5-4-5

DTC	检测到 DTC 的控制模块	故障零件
P31A7	仅发生在"EV/HEV"中	• HPCM • 牵引电动机逆变器
	仅发生在"HV 蓄电池"中	LBC
	• EV/HEV • HV BAT	牵引电动机逆变器

解决方案：更换检测到 DTC"P31A7"的控制模块对应的故障零件。

(3) P326E-P3271 分电池控制器 IC

❶ DTC 检测逻辑（表 5-4-6）。

表 5-4-6

DTC	故障诊断 （故障诊断内容）	检测条件	
P326E	分电池控制器 IC1 （分电池控制器 IC1）	诊断条件	当点火开关处于"ON"位置时
		信号（端子）	—
		阈值	LBC 内的分电池控制器 IC1 电子电路检测到故障时
		诊断延迟时间	2.5s 或更长时间
P326F	分电池控制器 IC2 （分电池控制器 IC2）	诊断条件	当点火开关处于"ON"位置时
		信号（端子）	—
		阈值	LBC 内的分电池控制器 IC2 电子电路检测到故障时
		诊断延迟时间	2.5s 或更长时间

续表

DTC	故障诊断 （故障诊断内容）	检测条件	
P3270	分电池控制器 IC3 （分电池控制器 IC3）	诊断条件	当点火开关处于"ON"位置时
		信号（端子）	—
		阈值	LBC 内的分电池控制器 IC3 电子电路检测到故障时
		诊断延迟时间	2.5s 或更长时间
P3271	分电池控制器 IC4 （分电池控制器 IC4）	诊断条件	当点火开关处于"ON"位置时
		信号（端子）	—
		阈值	LBC 内的分电池控制器 IC4 电子电路检测到故障时
		诊断延迟时间	2.5s 或更长时间

❷ 可能的原因：锂离子电池控制器 LBC 故障。

❸ 失效-保护：仅辅助部分可充电；发动机停止控制被禁止；驱动力下降；可使用燃油的剩余量行驶；点亮混合动力系统报警灯。

（4）P327A-P327D 分电池控制 IC 电压 2

❶ DTC 检测逻辑（表 5-4-7）。

表 5-4-7

DTC	故障诊断 （故障诊断内容）	检测条件	
P327A	分电池控制 IC1 电压 2 （分电池控制器 IC1 电压 2）	诊断条件	当点火开关处于"ON"位置时
		信号（端子）	—
		阈值	LBC 内的分电池控制器 IC1 电源电路检测到故障时
		诊断延迟时间	3s 或更长时间
P327B	分电池控制 IC2 电压 2 （分电池控制器 IC2 电压 2）	诊断条件	当点火开关处于"ON"位置时
		信号（端子）	—
		阈值	LBC 内的分电池控制器 IC2 电源电路检测到故障时
		诊断延迟时间	3s 或更长时间
P327C	分电池控制 IC3 电压 2 （分电池控制器 IC3 电压 2）	诊断条件	当点火开关处于"ON"位置时
		信号（端子）	—
		阈值	LBC 内的分电池控制器 IC3 电源电路检测到故障时
		诊断延迟时间	3s 或更长时间
P327D	分电池控制 IC4 电压 2 （分电池控制器 IC4 电压 2）	诊断条件	当点火开关处于"ON"位置时
		信号（端子）	—
		阈值	LBC 内的分电池控制器 IC4 电源电路检测到故障时
		诊断延迟时间	3s 或更长时间

❷ 可能的原因：锂离子电池控制器 LBC 故障。

❸ 失效-保护：无法启动发动机；仅辅助部分可充电；发动机停止控制被禁止；驱动力下降；可使用燃油的剩余量行驶；点亮混合动力系统报警灯。

(5) P3286-P3289 分电池控制 IC 电压 1

❶ DTC 检测逻辑（表 5-4-8）。

表 5-4-8

DTC	故障诊断 （故障诊断内容）	检测条件	
P3286	分电池控制 IC1 电压 1 （分电池控制器 IC1 电压 1）	诊断条件	当点火开关处于"ON"位置时
		信号（端子）	—
		阈值	LBC 内的分电池控制器 IC1 电源电路检测到故障时
		诊断延迟时间	4s 或更长时间
P3287	分电池控制 IC2 电压 1 （分电池控制器 IC2 电压 1）	诊断条件	当点火开关处于"ON"位置时
		信号（端子）	—
		阈值	LBC 内的分电池控制器 IC2 电源电路检测到故障时
		诊断延迟时间	4s 或更长时间
P3288	分电池控制 IC3 电压 1 （分电池控制器 IC3 电压 1）	诊断条件	当点火开关处于"ON"位置时
		信号（端子）	—
		阈值	LBC 内的分电池控制器 IC3 电源电路检测到故障时
		诊断延迟时间	4s 或更长时间
P3289	分电池控制 IC4 电压 1 （分电池控制器 IC4 电压 1）	诊断条件	当点火开关处于"ON"位置时
		信号（端子）	—
		阈值	LBC 内的分电池控制器 IC4 电源电路检测到故障时
		诊断延迟时间	4s 或更长时间

❷ 可能的原因：锂离子电池控制器 LBC 故障。

❸ 失效-保护：无法启动发动机；仅辅助部分可充电；发动机停止控制被禁止；驱动力下降；可使用燃油的剩余量行驶；点亮混合动力系统报警灯。

(6) P3300 总电压超过可用电压

❶ DTC 检测逻辑（表 5-4-9）。

表 5-4-9

DTC	故障诊断 （故障诊断内容）	检测条件	
P3300	总电压超过 （总电压超过）	诊断条件	当点火开关处于"ON"位置时
		信号（端子）	总电压
		阈值	总电压超出可用电压时
		诊断延迟时间	2s 或更长时间

❷ 可能的原因：锂离子电池故障；LBC 故障；HPCM 故障；牵引电动机逆变器故障。

❸ 失效-保护：无法启动发动机；驱动力下降；可使用12V蓄电池的剩余电量行驶；点亮混合动力系统报警灯。

(7) P3301 分电池电压超过可用电压

❶ DTC 检测逻辑（表5-4-10）。

表 5-4-10

DTC	故障诊断 （故障诊断内容）	检测条件	
P3301	分电池电压超过 （分电池电压超过）	诊断条件	当点火开关处于"ON"位置时
		信号（端子）	分电池电压
		阈值	分电池电压超出可用电压范围时
		诊断延迟时间	2s 或更长时间

❷ 可能的原因：锂离子电池故障；LBC故障；HPCM故障；牵引电动机故障。

❸ 失效-保护：无法启动发动机；驱动力下降；可使用12V蓄电池的剩余量行驶；点亮混合动力系统报警灯。

(8) P3373 总电压过放电

❶ DTC 检测逻辑（表5-4-11）。

表 5-4-11

DTC	故障诊断 （故障诊断内容）	检测条件	
P3373	总电压过放电 （总电压过放电）	诊断条件	当点火开关处于"ON"位置时
		信号（端子）	总电压
		阈值	总电压低于可用电压范围时
		诊断延迟时间	2s 或更长时间

❷ 可能的原因：锂离子电池故障；LBC故障；HPCM故障；牵引电动机故障。

❸ 失效-保护：无法启动发动机；驱动力下降；可使用12V蓄电池的剩余电量行驶；点亮混合动力系统报警灯。

(9) P3374 分电池电压过放电

❶ DTC 检测逻辑（表5-4-12）。

表 5-4-12

DTC	故障诊断 （故障诊断内容）	检测条件	
P3374	分电池电压过放电 （分电池电压过放电）	诊断条件	当点火开关处于"ON"位置时
		信号（端子）	分电池电压
		阈值	分电池电压低于可用电压范围时
		诊断延迟时间	2s 或更长时间

❷ 可能的原因：锂离子电池故障；LBC故障；HPCM故障；牵引电动机故障。

❸ 失效-保护：无法启动发动机；驱动力下降；可使用12V蓄电池的剩余电量行驶；点亮混合动力系统报警灯。

5.4.4 配置锂离子电池控制器

 说明

❶ 由于在更换后,车辆规格未包含在 LBC 中,所以要求使用 CONSULT 写入车辆规格。

❷ 配置有下列三个功能(表 5-4-13)。

表 5-4-13

功能	说明
读取/写入配置	更换 ECU 后	用目的数据写入车辆配置
手动配置	用手动选择写入车辆配置

 注意

❶ 锂离子电池包含 LBC。更换锂离子电池时,必须使 CONSULT 执行"读取/写入配置",以重新配置 LBC。

❷ 除全新 LBC 外,切勿对其他 LBC 执行"读取/写入配置"或"手动配置"。

 注意(工作步骤)

❶ 执行以下步骤时,确保点火开关处于"ON"位置。

❷ 执行以下步骤时,确保车辆不是处于就绪模式。如果在车辆处于就绪的模式下执行这些动作,可能会导致其他错误。

(1) 写入模式选择

❶ 将点火开关转至"ON"位置。

 **注意**

切勿让车辆进入就绪状态。

❷ 选择 LBC 的"再编程/编程,配置"。

a. 写入目的数据时,转至(2)。

b. 手动写入时,转至(3)。

(2) 执行"读取/写入配置"的"更换 ECU 后"

执行"读取/写入配置"的"更换 ECU 后",转至(4)。

(3) 执行"手动配置"

❶ 选择"手动配置"。

❷ 触摸"下一步"。

❸ 触摸"OK"。

❹ 检查是否已成功写入配置,然后触摸"结束",转至(4)。
(4) 检查所有 ECU 自诊断结果
❶ 用 CONSULT 清除所有 ECU 自诊断结果。
❷ 将点火开关转至"OFF"位置。
❸ 将点火开关转至"ON"位置。

注意

切勿让车辆进入就绪状态。

❹ 检查有无检测到 DTC。

5.5 丰田凯美瑞混合动力汽车

5.5.1 电池管理系统简介

❶ 蓄电池智能单元监视用于确定由混合动力车辆控制 ECU 计算出的充电或放电值的 HV 蓄电池状态信号(电压、电流和温度),并通过串行通信将其传送到混合动力车辆控制 ECU。

❷ 蓄电池智能单元采用泄漏检测电路来检测 HV 蓄电池的任何泄漏情况。

❸ 蓄电池智能单元监视用于混合动力车辆控制 ECU 以进行冷却风扇控制的冷却风扇的电压,并通过串行通信将其传送到混合动力车辆控制 ECU。

5.5.2 电池管理系统故障码(表 5-5-1)

表 5-5-1

DTC 编号	检测项目	故障部位
P0AC7-123	混合动力蓄电池温度传感器"B"电路低电位	(1)HV 蓄电池(蓄电池温度传感器) (2)蓄电池智能单元
P0AC8-123	混合动力蓄电池温度传感器"B"电路高电位	(1)HV 蓄电池(蓄电池温度传感器) (2)蓄电池智能单元
P0ACB-123	混合动力蓄电池温度传感器"C"范围/性能	(1)HV 蓄电池(蓄电池温度传感器) (2)蓄电池智能单元
P0ACC-123	混合动力蓄电池温度传感器"C"电路低电位	(1)HV 蓄电池(蓄电池温度传感器) (2)蓄电池智能单元
P0ACD-123	混合动力蓄电池温度传感器"C"电路高电位	(1)HV 蓄电池(蓄电池温度传感器) (2)蓄电池智能单元
P0AE9-123	混合动力蓄电池温度传感器"D"范围/性能	(1)HV 蓄电池(蓄电池温度传感器) (2)蓄电池智能单元
P0AEA-123	混合动力蓄电池温度传感器"D"电路低电位	(1)HV 蓄电池(蓄电池温度传感器) (2)蓄电池智能单元
P0AEB-123	混合动力蓄电池温度传感器"D"电路高电位	(1)HV 蓄电池(蓄电池温度传感器) (2)蓄电池智能单元

续表

DTC 编号	检测项目	故障部位
P0B3D-123	混合动力蓄电池电压传感器"A"电路低电位	(1)蓄电池智能单元 (2)HV 蓄电池
P0B42-123	混合动力蓄电池电压传感器"B"电路低电位	(1)蓄电池智能单元 (2)HV 蓄电池
P0B47-123	混合动力蓄电池电压传感器"C"电路低电位	(1)蓄电池智能单元 (2)HV 蓄电池
P0B4C-123	混合动力蓄电池电压传感器"D"电路低电位	(1)蓄电池智能单元 (2)HV 蓄电池
P0B51-123	混合动力蓄电池电压传感器"E"电路低电位	(1)蓄电池智能单元 (2)HV 蓄电池
P0B56-123	混合动力蓄电池电压传感器"F"电路低电位	(1)蓄电池智能单元 (2)HV 蓄电池
P0B5B-123	混合动力蓄电池电压传感器"G"电路低电位	(1)蓄电池智能单元 (2)HV 蓄电池
P0B60-123	混合动力蓄电池电压传感器"H"电路低电位	(1)蓄电池智能单元 (2)HV 蓄电池
P0B65-123	混合动力蓄电池电压传感器"I"电路低电位	(1)蓄电池智能单元 (2)HV 蓄电池
P0B6A-123	混合动力蓄电池电压传感器"J"电路低电位	(1)蓄电池智能单元 (2)HV 蓄电池
P0B6F-123	混合动力蓄电池电压传感器"K"电路低电位	(1)蓄电池智能单元 (2)HV 蓄电池
P0B74-123	混合动力蓄电池电压传感器"L"电路低电位	(1)蓄电池智能单元 (2)HV 蓄电池
P0B79-123	混合动力蓄电池电压传感器"M"电路低电位	(1)蓄电池智能单元 (2)HV 蓄电池
P0B7E-123	混合动力蓄电池电压传感器"N"电路低电位	(1)蓄电池智能单元 (2)HV 蓄电池
P0B83-123	混合动力蓄电池电压传感器"O"电路低电位	(1)蓄电池智能单元 (2)HV 蓄电池

注：MIL 为点亮状态。

5.5.3 电池管理系统故障检查

(1) P0A1F-123 蓄电池能量控制模块

❶ 描述。混合动力车辆控制 ECU 根据蓄电池智能单元发出的故障信号警示驾驶员并执行失效保护控制（表 5-5-2）。

表 5-5-2

DTC 编号	DTC 检测条件	故障部位
P0A1F-123	从蓄电池智能单元接收到故障信号	• 蓄电池智能单元 • 辅助蓄电池 • 线束或连接器

❷ 电路图（图 5-5-1）。

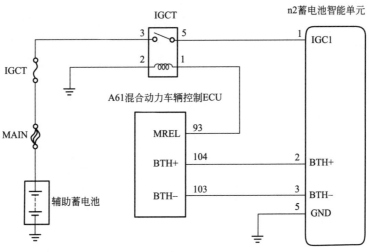

图 5-5-1

❸ 检查辅助蓄电池。

测量辅助蓄电池端子间的电压（标准电压：11～14V）。如果异常，则充电或更换辅助蓄电池；如果正常，则检查线束和连接器（IGCT电压）。

❹ 检查线束和连接器（IGCT电压）。

 警告

务必佩戴绝缘手套。

a. 拆下维修塞把手。
b. 拆下蓄电池智能单元。

 提示

不要断开蓄电池智能单元连接器。

c. 从蓄电池智能单元上断开连接器 n2。
d. 将电源开关置于"ON"（IG）位置。
e. 根据图 5-5-2 和表 5-5-3 中的值测量电压。如果异常，则检查线束和连接器（蓄电池智能单元-IGCT 继电器）；如果正常，则更换蓄电池智能单元。

表 5-5-3

检测仪连接	规定状态
IGC1(n2-1)-GND(n2-5)	8.6V 或更高

❺ 检查线束和连接器（蓄电池智能单元-IGCT 继电器）。

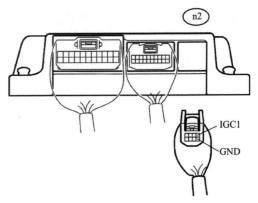

图 5-5-2

a. 从发动机室继电器盒上拆下 IGCT 继电器。

b. 根据图 5-5-3 和表 5-5-4 中的值测量电阻。如果异常，则维修或更换线束或连接器；如果正常，则检查并维修电源电路。

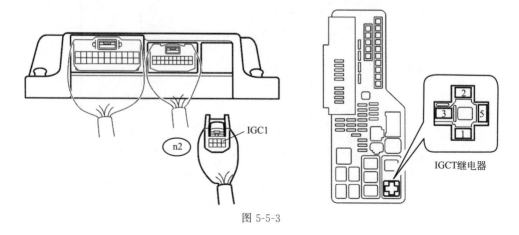

图 5-5-3

表 5-5-4

检测仪连接	规定状态/Ω
IGC1(n2-1)-IGCT 继电器 5	小于 1

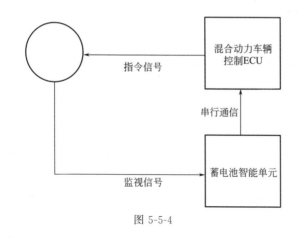

图 5-5-4

（2）P0A84-123 混合动力蓄电池组冷却风扇 1

❶ 描述。蓄电池冷却鼓风机总成的转速由混合动力车辆控制 ECU 控制。混合动力车辆控制 ECU 的端子 FCTL 打开蓄电池鼓风机继电器时，向蓄电池冷却鼓风机总成供电。混合动力车辆控制 ECU 发送指令信号（SI）到蓄电池冷却鼓风机总成以设置与 HV 蓄电池温度相应的风扇转速。用串行通信通过蓄电池智能单元，将关于施加到蓄电池冷却鼓风机总成（VM）电压的信息，作为监控信号发送到混合动力车辆控制 ECU（图 5-5-4、表 5-5-5）。

表 5-5-5

DTC 编号	DTC 检测条件	故障部位
P0A84-123	蓄电池冷却鼓风机总成(VM)的输出电压与目标控制电压范围相比过低时(单程检测)	• 线束或连接器 • BATT FAN 熔丝 • BATT FAN 继电器 • 蓄电池冷却鼓风机总成 • 蓄电池智能单元 • 混合动力车辆控制 ECU • HV 蓄电池

❷ 电路图（图 5-5-5）。

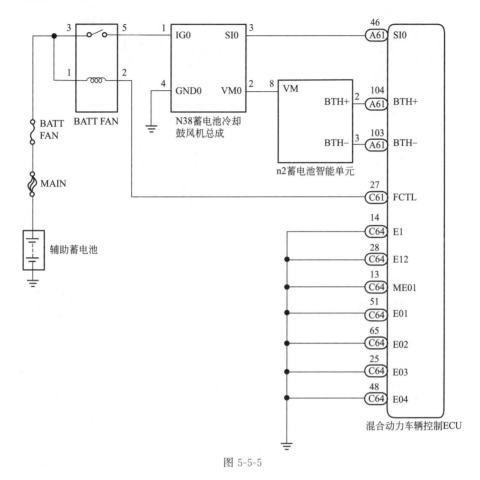

图 5-5-5

❸ 检查熔丝（BATT FAN）。

测量 BATT FAN 熔丝的电阻（图 5-5-6）（标准电阻：小于 1Ω）。如果异常，则更换熔丝（BATT FAN）。

❹ 检查线束和连接器（BATT FAN 熔丝-车身搭铁）。

a. 从发动机室继电器盒上拆下 BATT FAN 熔丝。

b. 从发动机室继电器盒上拆下 BATT FAN 继电器。

c. 根据图 5-5-7 和表 5-5-6 中的值测量电阻。如果异常，则维修或更换线束或连接器；如果正常，则检查线束和连接器（蓄电池冷却鼓风机-车身搭铁）。

表 5-5-6

检测仪连接	规定状态
BATT FAN 熔丝 2 或 BATT FAN 继电器 3 或 1-车身搭铁	10kΩ 或更大

❺ 检查线束和连接器（蓄电池冷却鼓风机-车身搭铁）。

a. 拆下行李箱前装饰罩。

b. 断开蓄电池冷却鼓风机总成连接器。

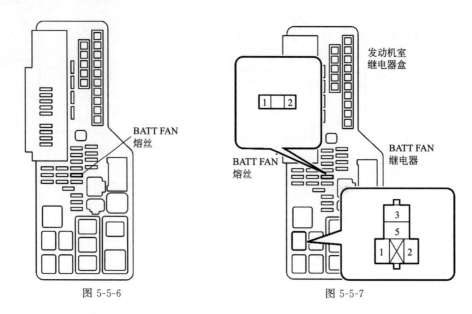

图 5-5-6　　　　　　　　　图 5-5-7

c. 根据图 5-5-8 和表 5-5-7 中的值测量电阻。如果异常，则维修或更换线束或连接器；如果正常，则更换蓄电池冷却鼓风机总成。

表 5-5-7

检测仪连接	规定状态
IG0(N38-1)-车身搭铁	10kΩ 或更大

（3）P0A95-123 高压熔丝

❶ 故障码（表 5-5-8）。

图 5-5-8

表 5-5-8

DTC 编号	DTC 检测条件	故障部位
P0A95-123	尽管互锁开关接合，端子 VC9 和 VC10 之间的电压仍低于标准值（单程检测）	• 维修塞把手 • HV 蓄电池

❷ 电路图（图 5-5-9）。

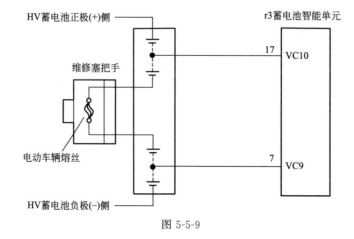

图 5-5-9

❸ 检查维修塞把手。

警告

务必佩戴绝缘手套。

a. 将电源开关置于"OFF"位置,并拆下维修塞把手。

注意

拆下维修塞把手后,除非修理手册规定,否则请勿将电源开关置于"ON"(READY)位置,因为这样可能会导致故障。

b. 测量维修塞把手端子之间的电阻(图 5-5-10)。标准电阻:小于 1Ω。如果异常,则更换维修塞把手;如果正常,则更换 HV 蓄电池。

(4) P0AAE-123 混合动力蓄电池组空气温度传感器"A"电路低电位

❶ 描述。进气温度传感器(蓄电池)安装在 HV 蓄电池上。传感器电阻随进气温度的变化而变化。进气温度传感器的特性与蓄电池温度传感器的特性相同。蓄电池智能单元用来自进气温度传感器的信号控制蓄电池冷却鼓风机总成的气流量(表 5-5-9、表 5-5-10)。

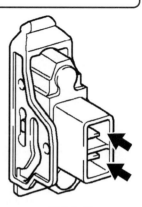

图 5-5-10

表 5-5-9

DTC 编号	DTC 检测条件	故障部位
P0AAE-123 P0AAF-123	进气温度传感器指示的温度低于(断路)或高于(短路)预定标准时	• HV 蓄电池(进气温度传感器) • 蓄电池智能单元

表 5-5-10

显示的温度	故障
−45℃或更低	断路或+B 短路
95℃或更高	搭铁短路

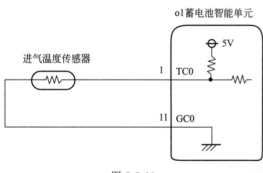

图 5-5-11

❷ 电路图(图 5-5-11)。

❸ 检查连接器的连接情况(进气温度传感器)。

a. 拆下维修塞把手。

b. 拆下 HV 继电器总成。

c. 检查蓄电池智能单元连接器 o1 的连接情况(图 5-5-12)。如果异常,则牢固连接;如果正常,则检查 HV 蓄电池(进气温度传感器)。

**提示**

进气温度传感器不能单独使用。如需更换，则更换 HV 蓄电池。

❹ 检查 HV 蓄电池（进气温度传感器）。

a. 拆下蓄电池智能单元。

b. 从蓄电池智能单元上断开连接器 o1。

c. 根据图 5-5-13 和表 5-5-11 中的值测量电阻。如果异常，则更换 HV 蓄电池；如果正常，则检查 HV 蓄电池（蓄电池温度传感器和进气温度传感器）。

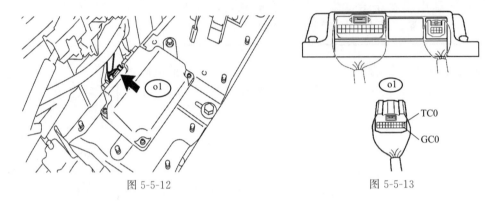

图 5-5-12   图 5-5-13

表 5-5-11

检测仪连接	规定状态
TC0(o1-1)-GC0(o1-11)	在 0℃时为 26.7~27.9kΩ
TC0(o1-1)-GC0(o1-11)	在 25℃时为 9.9~10.1kΩ
TC0(o1-1)-GC0(o1-11)	在 40℃时为 5.7~6.0kΩ

❺ 检查 HV 蓄电池（蓄电池温度传感器和进气温度传感器）。

a. 从蓄电池智能单元上断开连接器 o1。

b. 从蓄电池智能单元上断开连接器 n2。

c. 根据图 5-5-14 和表 5-5-12 中的值测量电阻。如果异常，则更换 HV 蓄电池；如果正常，则更换蓄电池智能单元。

表 5-5-12

检测仪连接	检测仪连接
TB0(o1-7)-IGC1(n2-1)	TC0(o1-1)-IGC1(n2-1)
GB0(o1-17)-IGC1(n2-1)	GC0(o1-11)-IGC1(n2-1)
TB1(o1-6)-IGC1(n2-1)	TB0(o1-7)-GND(n2-5)
GB1(o1-16)-IGC1(n2-1)	TB1(o1-6)-GND(n2-5)
TB2(o1-5)-IGC1(n2-1)	TB2(o1-5)-GND(n2-5)
GB2(o1-15)-IGC1(n2-1)	TB3(o1-4)-GND(n2-5)
TB3(o1-4)-IGC1(n2-1)	TC0(o1-1)-GND(n2-5)
GB3(o1-14)-IGC1(n2-1)	

注：规定状态为 10kΩ 或更大。

(5) P0AC2-123 混合动力蓄电池组电流传感器电路高电位

❶ 描述。

a. 安装在 HV 蓄电池正极电缆侧的蓄电池电流传感器，检测流入和流出 HV 蓄电池的安培数。蓄电池智能单元接收 0~5V 之间的电压，此电压与电缆的安培数流量成比例。该电压从蓄电池电流传感器进入端子 IB。

b. 蓄电池电流传感器输出电压低于 2.5V 表示 HV 蓄电池正在放电；电压高于 2.5V 表示 HV 蓄电池正在充电。

c. 根据从蓄电池电流传感器输入到蓄电池智能单元端子 IB 的信号，混合动力车辆控制 ECU 确定由 HV 蓄电池接收的充电量或放电量的安培数。根据累计的安培数，混合动力车辆控制 ECU 也计算 HV 蓄电池的 SOC（充电状态）（图 5-5-15、表 5-5-13）。

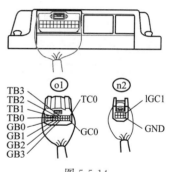

图 5-5-14

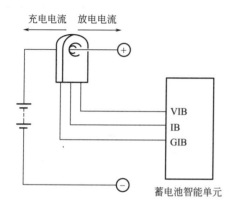

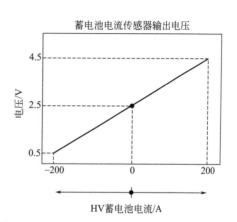

图 5-5-15

表 5-5-13

DTC 编号	DTC 检测条件	故障部位
P0ABF-123	由于 VIB/GIB 故障蓄电池电流传感器输出过低或过高时	• HV 继电器总成（蓄电池电流传感器） • 蓄电池智能单元 • 线束或连接器
P0AC1-123 P0AC2-123	由于 IB 故障蓄电池电流传感器输出过低或过高时	

❷ 电路图（图 5-5-16）。

❸ 检查线束和连接器（蓄电池智能单元-蓄电池电流传感器）。

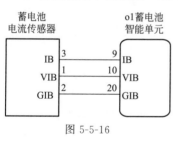

图 5-5-16

a. 拆下维修塞把手。

b. 拆下 HV 继电器总成。

c. 从蓄电池智能单元上断开连接器 o1。

d. 根据图 5-5-17 和表 5-5-14、表 5-5-15 中的值测量电阻。如果异常，则维修或更换线束或连接器；如果正常，则检查蓄电池智能单元（VIB 电压）。

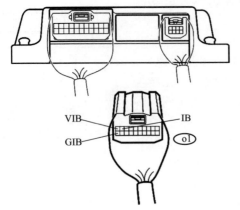
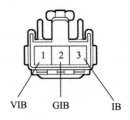

图 5-5-17

表 5-5-14
检测仪连接
IB(o1-9)-IB(3)
GIB(o1-20)-GIB(2)
VIB(o1-10)-VIB(1)
注：规定状态为小于1Ω。

表 5-5-15
检测仪连接
IB(o1-9)或 IB(3)-车身搭铁和其他端子
GIB(o1-20)或 GIB(2)-车身搭铁和其他端子
VIB(o1-10)或 VIB(1)-车身搭铁和其他端子
注：规定状态为10kΩ 或更大。

 提示

线束不能单独使用。如果不能维修，则更换 HV 蓄电池。

❹ 检查蓄电池智能单元（VIB 电压）。

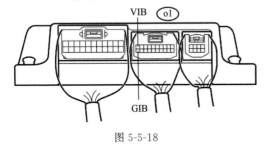

图 5-5-18

a. 将连接器 o1 连接到蓄电池智能单元上。
b. 安装蓄电池托架。
c. 连接线束组的辅助蓄电池正极端子电缆。
d. 将电源开关置于"ON"（IG）位置。
e. 根据图 5-5-18 和表 5-5-16 中的值测量电压。如果异常，则更换蓄电池智能单元；如果正常，则检查蓄电池智能单元（IB 电压）。

表 5-5-16	
检测仪连接	规定状态/V
VIB(o1-10)-GIB(o1-20)	4.6~5.4

❺ 检查蓄电池智能单元（IB 电压）。
a. 连接 HV 继电器总成（蓄电池电流传感器）的连接器。
b. 将电源开关置于"ON"（IG）位置。
c. 根据图 5-5-19 和表 5-5-17 中的值测量电压。如果异常，则更换 HV 继电器总成；如果正常，则更换蓄电池智能单元。

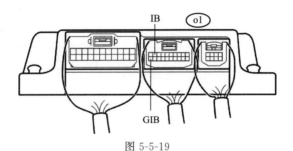

图 5-5-19

表 5-5-17

检测仪连接	规定状态/V
IB(o1-9)-GIB(o1-20)	2.46~2.54

(6) U029A-123 与混合动力蓄电池组传感器模块失去通信

❶ 描述。蓄电池智能单元检测 HV 蓄电池条件（电压、电流和温度）和蓄电池冷却风扇电压，并通过串行通信将检测到的信息发送到混合动力车辆控制 ECU（表 5-5-18）。

表 5-5-18

DTC 编号	DTC 检测条件	故障部位
U029A-123	蓄电池智能单元和混合动力车辆控制 ECU 之间的串行通信故障（单程检测）	• 线束或连接器 • 混合动力车辆控制 ECU • 蓄电池智能单元

❷ 检查线束和连接器（电压）。
a. 拆下维修塞把手。
b. 拆下蓄电池智能单元。
c. 从蓄电池智能单元上断开连接器 n2。
d. 将电源开关置于"ON"（IG）位置。
e. 根据图 5-5-20 和表 5-5-19 中的值测量电压。

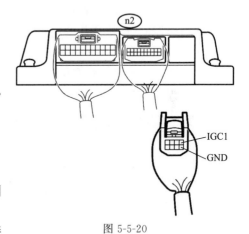

表 5-5-19

检测仪连接	规定状态/V
IGC1(n2-1)-GND(n2-5)	11~14

图 5-5-20

❸ 检查线束和连接器（混合动力车辆控制 ECU-蓄电池智能单元）。
a. 从混合动力车辆控制 ECU 上断开连接器 A61。
b. 根据图 5-5-21 和表 5-5-20、表 5-5-21 中的值测量电阻。

表 5-5-20

检测仪连接
BTH+(A61-104)-BTH+(n2-2)
BTH-(A61-103)-BTH-(n2-3)

注：规定状态为小于 1Ω。

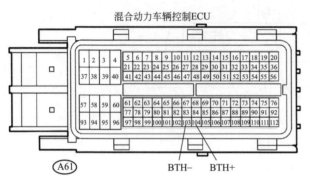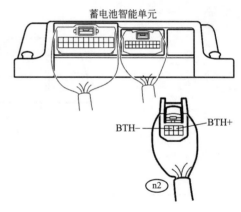

图 5-5-21

c. 将电源开关置于"ON"（IG）位置。

d. 根据图 5-5-21 和表 5-5-22 中的值测量电压。如果异常，则维修或更换线束或连接器；如果正常，则检查波形。

表 5-5-21

检测仪连接
BTH+（A61-104）或 BTH+（n2-2）-车身搭铁
BTH-（A61-103）或 BTH-（n2-3）-车身搭铁

注：规定状态为 10kΩ 或更大。

表 5-5-22

检测仪连接
BTH+（A61-104）-车身搭铁
BTH-（A61-103）-车身搭铁

注：规定状态为低于 1V。

❹ 检查波形。

a. 将连接器 A61 连接到混合动力车辆控制 ECU。

b. 将连接器 n2 连接到蓄电池智能单元上。

c. 在图 5-5-22 和表 5-5-23 中规定的蓄电池智能单元端子之间连接示波器，并测量波形。如果异常，则更换蓄电池智能单元；如果正常，则更换混合动力车辆控制 ECU。

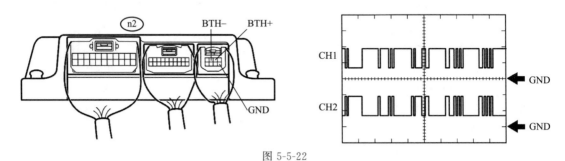

图 5-5-22

表 5-5-23

项目	内容
端子	CH1：BTH+（n2-2）-GND（n2-5） CH2：BTH-（n2-3）-GND（n2-5）
设备设定	2V/格，500μs/格
条件	电源开关置于"ON"（IG）位置

5.5.4 电池管理系统拆装

（1）拆卸电池管理器

❶ 拆卸 HV 继电器总成。

❷ 拆卸蓄电池智能单元。

a. 拆下螺栓和蓄电池智能单元（图 5-5-23）。

警告

佩戴绝缘手套。

b. 从蓄电池智能单元上断开 3 个连接器（图 5-5-24）。

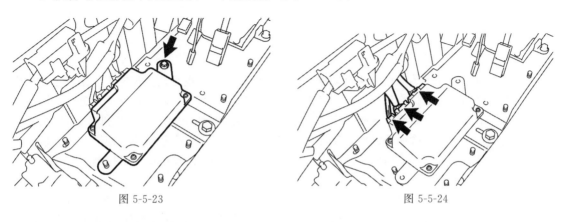

图 5-5-23　　　　　　　　　　　图 5-5-24

（2）安装电池管理器

❶ 安装蓄电池智能单元。

a. 将 3 个连接器连接到蓄电池智能单元上（图 5-5-25）。

b. 用螺母安装蓄电池智能单元（图 5-5-26）。扭矩为 8.0N·m。

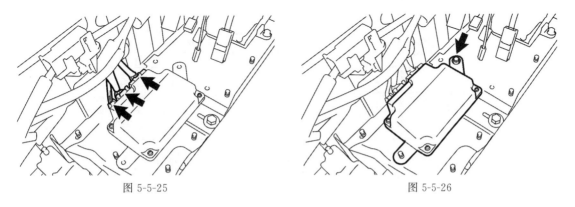

图 5-5-25　　　　　　　　　　　图 5-5-26

❷ 安装 HV 继电器总成。

第6章 空调系统

6.1 比亚迪秦混合动力汽车

6.1.1 空调系统简介

(1) 简介

本车空调系统为单蒸双压缩机自动调节空调,应用于 HA 混合动力型轿车。系统主要由机械压缩机、电动压缩机、冷凝器、HVAC 总成、制冷管路、PTC、暖风水管、风道、空调控制器等零部件组成,具有制冷、采暖、除霜除雾、通风换气四种功能。该系统利用 HTC 水暖采暖,利用蒸气压缩式制冷循环制冷,制冷剂为 R124a,冷冻油型号为 POE。控制方式为按键操纵式。自动空调箱体的模式风门、冷暖混合风门和内外循环风门都由电动机控制。

(2) 制冷系统原理 (图 6-1-1)

由空调驱动器驱动的电动压缩机将气态的制冷剂从蒸发器中抽出,并将其压入冷凝器。高压气态制冷剂经冷凝器时液化而进行热交换(释放热量),热量被车外的空气带走。高压液态的制冷剂经膨胀阀的节流作用而降压,低压液态制冷剂在蒸发器中气化而进行热交换(吸收热量),蒸发器附近被冷却了的空气通过鼓风机吹入车厢。气态的制冷剂又被压缩机抽走,泵入冷凝器,如此使制冷剂进行封闭的循环流动,不断地将车厢内的热量排到车外,使车厢内的气温降至适宜的温度。

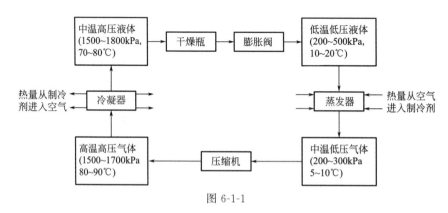

图 6-1-1

(3) 供暖系统原理 (图 6-1-2)

供暖系统采用水暖式制热,HEV 模式时通过发动机冷却液制热,EV 模式时通过 PTC 模块加热冷却液制热。供暖系统主要由 PTC、PTC 水泵、热交换器、暖风水管及鼓风机、风道及控制机构等组成。HEV 模式发动机工作时,被发动机气缸燃烧高温加热的冷却液在发动机冷却系统水泵的作用下,经暖风进水管进入热交换器,通过鼓风机吹出的空气将冷却液散发出的热量送到车厢内或风窗玻璃,用以提高车厢内温度和除霜。在热交换器中进行了散热过程的冷却液经暖风出水管被水泵抽回,如此循环,实现暖风供热;EV模式工作时,PTC加热冷却液,并通过PTC水泵将加热后的冷却液经暖风进水管送入热交换器,通过鼓风机吹出的空气将冷却液散发出的热量送到车厢内或风窗玻璃,用以提高车厢内温度和除霜。在热交换器中进行了散热过程的冷却液经暖风出水管被PTC水泵抽回,如此循环,实现暖风供热。

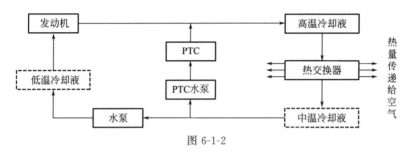

图 6-1-2

(4) 风扇控制逻辑

发动机出水口温度高于98℃或散热器出水口水温高于80℃的时候风扇转速低;发动机出水口温度低于96℃且散热器出水口温度低于65℃的时候风扇停转。

发动机出水口温度高于106℃或者散热器出水口水温高于86℃的时候风扇转速高;发动机出水口温度低于100℃且散热器出水口温度低于75℃的时候风扇停转。

空调打开且ECU检测到中压开关低电平信号后,控制风扇转速高。

注:风扇高速工作之前,低速风扇必须先运行2s,然后风扇高速运转。

开启压缩机的同时,空调控制器会给电喷系统发送电子风扇挡位。

❶ 当空调系统压力<1.47MPa时,发送低速挡位。

❷ 当空调系统压力≥1.47MPa时,发送高速挡位。

❸ 当压缩机关闭时,空调控制器延时约1min发送不工作挡位。

6.1.2 空调系统故障症状表

故障症状见表6-1-1。

表 6-1-1

症状	可疑部位	症状	可疑部位
空调系统所有功能失效	空调控制器/面板电源电路	制冷系统工作不正常(仅机械压缩机工作,电动压缩机无法工作)	电动压缩机
	空调控制器		空调控制器
	线束或连接器		线束和连接器
制冷系统失效(鼓风机工作正常,电动压缩机与机械压缩机都不工作)	压力传感器	鼓风机不工作	鼓风机熔丝
	空调控制器		鼓风机继电器
	线束或连接器		鼓风机
制冷系统工作不正常(仅电动压缩机工作,机械压缩机无法工作)	ECM		调速模块
	空调控制器		空调控制器
	线束和连接器		线束或连接器

续表

症状	可疑部位	症状	可疑部位
鼓风机风速不可调（鼓风机工作正常）	鼓风机调速模块	内外循环调节失效	线束和连接器
	空调控制器	后除霜失效	后除霜电加热丝熔丝
	线束或连接器		后除霜电加热继电器
出风模式调节不正常	出风模式控制电动机		后除霜电加热丝
	空调控制器		继电器控制模块
	线束和连接器		线束或连接器
温度调节不正常	冷暖混合控制电动机	冷凝、散热风扇故障	保险
	空调控制器		继电器
	线束和连接器		风扇
内外循环调节失效	循环控制电动机		ECM
	空调控制器		线束

6.1.3 空调系统故障码

（1）空调控制器故障码及自诊断故障码（表 6-1-2）

表 6-1-2

故障码(DTC)	检测项目	故障部位
11(B2A20)	室内温度传感器断路	室内温度传感器回路
12(B2A21)	室内温度传感器短路	
13(B2A22)	室外温度传感器断路	室外温度传感器回路
14(B2A23)	室外温度传感器短路	
15(B2A24)	蒸发器温度传感器断路	蒸发器温度传感器回路
16(B2A25)	蒸发器温度传感器短路	
17(B2A2A)	出风模式控制电动机故障	出风模式控制电动机回路
18(B2A2B)	主驾驶侧电动机故障	冷暖混合控制电动机回路
19(B2A2C)	副驾驶侧电动机故障	冷暖混合控制电动机回路
20(B2A2D)	主控制器控制的鼓风机故障	鼓风机电路
21(U0146)	空调控制器未接收到网关转发信号（包括允许、水温、车速）	CAN 通信
22(B2A2F)	压力故障	高低压力故障
B2A27	阳光传感器短路	阳光传感器回路
B2A44	主驾驶通道传感器断路	箱体内部故障
B2A45	主驾驶通道传感器短路	箱体内部故障
B2A4B	循环电动机故障	循环电机回路
B2A4C	输入电压过低	电源电路
B2A4D	输入电压过高	

续表

故障码(DTC)	检测项目	故障部位
B2A4E	压力传感器断路	压力传感器回路
B2A4F	压力传感器短路	
U0146	与网关失去通信故障(包括车速、水温、放电允许、软关断信号)	CAN通信
U0253	与空调压缩机失去通信故障	CAN通信
U0254	与PTC失去通信故障	CAN通信
U1103	与安全气囊失去通信故障	CAN通信
B2A58	主驾吹面通道传感器故障	箱体内部故障
B2A59	主驾吹脚通道传感器故障	箱体内部故障

(2) 电动压缩机故障码 (表6-1-3)

表 6-1-3

故障码(DTC)	检测项目	故障部位
B2AB0	电流采样电路故障	空调压缩机
B2AB1	电动机缺相故障	空调压缩机
B2AB2	IPM/IGBT故障	空调压缩机
B2AB3	内部温度传感器故障	空调压缩机
B2AB4	内部电流过大故障	空调压缩机
B2AB5	启动失败故障	空调压缩机
B2AB6	内部温度异常	空调压缩机
B2AB7	转速异常故障	空调压缩机
B2AB8	相电压过高故障	空调压缩机
B2AB9	负载过大故障	空调压缩机
U2A01	负载电压过压故障	电池包,高压线束
U2A02	负载电压低压故障	电池包,高压线束
B2ABA	内部低压电源故障	空调压缩机、线束

(3) PTC故障码 (表6-1-4)

表 6-1-4

故障码(DTC)	检测项目	故障部位
U0164	与空调控制器失去通信	线束、空调控制器
U0253	与空调压缩机失去通信	线束、空调压缩机
B1210	左侧散热片温度传感器断路	PTC
B1211	左侧散热片温度传感器短路	PTC
B1212	PTC驱动组件故障	PTC
B1213	PTC加热组件故障	PTC
B1216	PTC回路电流过大	PTC
B1217	控制器内部+15V电压异常	线束,电源

续表

故障码(DTC)	检测项目	故障部位
B1218	IGBT 组件功能失效	PTC
B121A	1# IGBT 驱动芯片功能失效	PTC
B121B	2# IGBT 驱动芯片功能失效	PTC
B121C	3# IGBT 驱动芯片功能失效	PTC
B121D	4# IGBT 驱动芯片功能失效	PTC

（4）PM2.5 测试仪自诊断故障码（表 6-1-5）

表 6-1-5

故障码(DTC)	检测项目	故障部位
B1108	PM2.5 速测仪短路	PM2.5 测试仪
B1109	PM2.5 速测仪断路	PM2.5 测试仪
B110A	PM2.5 速测仪 CAN 信号故障	CAN 网络
B110B	PM2.5 速测仪气泵故障	PM2.5 测试仪
B110C	PM2.5 速测仪激光二极管失效	PM2.5 测试仪
B110D	PM2.5 速测仪光电接收模块失效	PM2.5 测试仪
B110F	PM2.5 速测仪电磁阀失效	PM2.5 测试仪

6.1.4　空调系统插接器针脚定义

低压插接器针脚定义如图 6-1-3 和表 6-1-6 所示。

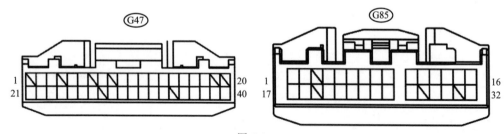

图 6-1-3

表 6-1-6

端子号	端子描述	条件	正常值/V
G47-3	ON 挡电源脚	ON 挡	11～14
G47-4	空调水泵控制脚	水泵工作	小于 1
G47-12	PM2.5 电源继电器控制	ON 挡	11～14
G47-14	A/C 鼓风机继电器驱动信号	鼓风机开启	小于 1
G47-18	接地	始终	小于 1
G47-20	压力传感器电源	开启空调	5
G47-22	模式电动机反馈电源	ON 挡	5

续表

端子号	端子描述	条件	正常值/V
G47-23	冷暖电动机反馈电源	ON 挡	5
G47-25	三通水阀 3 反馈电源	ON 挡	5
G85-1	冷暖电动机控制	—	—
G85-2	三通水阀 1 控制	—	—
G85-3	出风模式电动机控制	—	—
G85-5	内外循环电动机控制	—	—
G85-8	冷暖电动机控制	—	—
G85-9	三通水阀 1 控制	—	—
G85-10	出风模式电动机控制	—	—
G85-11	内外循环电动机反馈电源	ON 挡	5
G85-13	内外循环电动机控制	—	—
G85-14	三通水阀 2 控制	—	—
G85-15	三通水阀 2 控制	—	—
G85-19	接地	始终	小于 1
G85-20	三通水阀 1 反馈	—	—
G85-21	日光照射传感器信号	—	—
G85-24	鼓风机反馈信号	—	—
G95-2	BCAN-H	始终	2.5
G95-3	BCAN-L	始终	2.5
G95-4	空调子网 CAN-L	始终	2.5
G95-6	压力传感器信号采集	空调工作	0~5
G95-7	室外温度传感器信号	—	—
G95-8	主驾驶位置吹脚传感器	—	—
G95-9	室外温度传感器信号	—	—
G95-10	蒸发器温度传感器信号	—	—
G95-11	调速模块控制	—	—
G95-14	空调子网 CAN-H	始终	2.5
G95-16	主驾驶位置吹面传感器	—	—
G95-18	日光照射传感器信号	—	—
G95-25	冷暖循环电动机信号	ON 挡	0~5
G95-26	三通水阀 1 信号电源	ON 挡	5
G95-27	内外循环信号反馈	ON 挡	0~5
G95-29	三通水阀 2 信号电源	ON 挡	5
G95-30	出风模式信号反馈	ON 挡	0~5

6.1.5 空调系统故障诊断

(1) 车上检查

❶ 直接观察。

a. 空调系统出现不工作或工作不正常等故障时，会有一些外观的表现。通过直观的检查（眼看、手摸、耳听）能准确而又简便地诊断故障所在，迅速排除故障。

b. 仔细观察管路有无破损，冷凝器的表面有无裂纹或油渍。如果冷凝器、蒸发器或其管路某处有油渍，确认有无渗漏，可用皂泡法重点检查渗漏的部位有：各管路的接头处和阀的连接处；软管及软管接头处；压缩机油封、密封垫等处。

c. 冷凝器、蒸发器等表面有无刮伤变形处。

d. 仔细检查有关的线路连接有无断路之处。

❷ 通过手感检查故障。

a. 检查空调制冷系统高压端。接通空调开关，使制冷压缩机工作 10～20min 后，用手触摸空调系统高压端管路及部件。从压缩机出口→冷凝器→干燥罐到膨胀阀进口处，手感温度应是从热到暖。

如果中间的某处特别热，则说明其散热不良。

如果这些部件发凉，则说明空调制冷系统可能有阻塞、无制冷剂、压缩机不工作或工作不良等故障。

b. 检查空调制冷系统低压端。接通空调开关，使制冷压缩机工作 10～20min 后，用手触摸空调系统低压端管路及部件。从蒸发器到压缩机进口处，手感温度应是从凉到冷。

如果不凉或是某处出现了霜冻，均说明制冷系统有异常。

c. 检查压缩机出口端温度差。接通空调开关，使制冷压缩机工作 10～20min 后，用手触摸压缩机进出口两端，压缩机的高、低压端应有明显的温度差。

如果温差不明显或无温差，则可能是已完全无制冷剂或制冷剂严重不足。

d. 检查线路。用手检查导线插接器连接是否良好，空调系统线路各接插件应无松动和发热。

如果接插件有松动或手感接插件表面的温度较高（发热），则说明接插件内部接触不良而导致了空调系统不工作或工作不正常。

❸ 用耳听检查故障。仔细听压缩机有无异响、压缩机是否工作，以判断空调系统不制冷或制冷不良是否出自压缩机或压缩机控制电路。

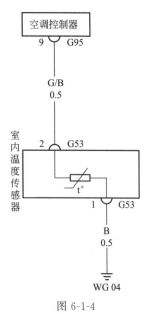

图 6-1-4

(2) 11（B2A20）室内温度传感器断路

❶ 电路图如图 6-1-4 所示。

❷ 检查室内温度传感器。

a. 断开室内温度传感器连接器 G53，取下室内温度传感器。

b. 按照图 6-1-5 和表 6-1-7 测量阻值。如果异常，则更换室内温度传感器；如果正常，则检查线束（室内温度传感器-ACECU）。

图 6-1-5

表 6-1-7

端子	条件/℃	下限值/kΩ	上限值/kΩ
1-2	-25	126.4	134.7
	-10	54.60	57.65
	0	32.25	33.69
	10	19.68	20.35
	20	12.37	12.67
	30	7.95	8.14
	50	3.51	3.66

❸ 检查线束（室内温度传感器-AC ECU）。

a. 断开前室内温度传感器连接器 G53。

b. 断开 AC ECU 连接器 G95。

c. 根据图 6-1-6 和表 6-1-8 检查端子间阻值。如果异常，则更换线束；如果正常，则更换空调控制器。

图 6-1-6

表 6-1-8

端子	线色	正常情况
G53-2—G95-9	G/B	小于 1Ω
G53-1—车身(地)	B	小于 1Ω
G53-1—G53-2	—	大于 10kΩ

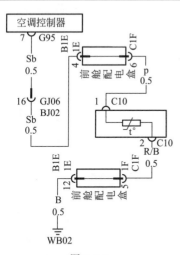

图 6-1-7

图 6-1-8

（3）13（B2A22）室外温度传感器断路、14（B2A23）室外温度传感器短路

❶ 电路图（图 6-1-7）。

❷ 检查室外温度传感器。

a. 断开室外温度传感器连接器 C10，取下室外温度传感器。

b. 根据图 6-1-8 和表 6-1-9 测量阻值。如果异常，则更换室外温度传感器；如果正常，则检查线束（室外温度传感器-AC ECU）。

表 6-1-9

端子	条件/℃	下限值/kΩ	上限值/kΩ
1-2	-25	126.4	134.7
	-10	54.60	57.65
	0	32.25	33.69
	10	19.68	20.35
	20	12.37	12.67
	30	7.95	8.14
	50	3.51	3.66

图 6-1-9

❸ 检查线束（室外温度传感器-AC ECU）。
a. 断开室外温度传感器连接器 C10。
b. 断开 AC ECU 连接器 G95。
c. 根据图 6-1-9 和表 6-1-10 检查端子间的阻值。如果异常，则更换室外温度传感器；如果正常，则检查线束（室外温度传感器-AC ECU）。

图 6-1-10

❹ 检查线束（室外温度传感器-AC ECU）。
a. 断开室外温度传感器连接器 C10。
b. 断开 AC ECU 连接器 G95。
c. 根据图 6-1-10 和表 6-1-11 检查端子间的阻值。如果异常，则更换线束；如果正常，则更换空调控制器。

表 6-1-10

端子	线色	正常情况
C10-1—G95-7	P-Sb	小于 1Ω
C10-2—车身地	R/B	小于 1Ω
C10-1—C10-2	—	大于 10kΩ

表 6-1-11

端子	线色	正常情况
C10-1—G95-7	P-Sb	小于 1Ω
C10-2—车身地	R/B	小于 1Ω
C10-1—C10-2	—	大于 10kΩ

（4）15（B2A24）蒸发器温度传感器断路、16（B2A25）蒸发器温度传感器短路

❶ 电路图（图 6-1-11）。

❷ 检查蒸发器温度传感器。
a. 断开蒸发器温度传感器连接器 G54，取下蒸发器温度传感器。
b. 按照表 6-1-12 测量阻值。如果异常，则更换蒸发器温度传感器；如果正常，则检查线束（蒸发器温度传感器-空调控制器）。

表 6-1-12

端子	条件/℃	下限值/kΩ	上限值/kΩ
1-2	−20	14.82	16.38
	0	5.081	5.559
	10	3.101	3.359
	15	2.466	2.644
	20	1.946	2.106
	30	1.276	1.354
	40	0.845	0.897

图 6-1-11

❸ 检查线束（蒸发器温度传感器-空调控制器）。
a. 断开空调系统连接器 G95。
b. 断开蒸发器温度传感器 G54。
c. 根据表 6-1-13 检查端子间阻值。如果异常，则更换线束；如果正常，则更换空调控制器。

表 6-1-13

端子	线色	正常情况
G95-10—G54-12	Br/W	小于 1Ω
G54-11—车身地	B	小于 1Ω
G54-11—X981-2	—	大于 10kΩ

(5) 17 (B2A2A) 出风模式控制电动机故障

❶ 电路图如图 6-1-12 所示。

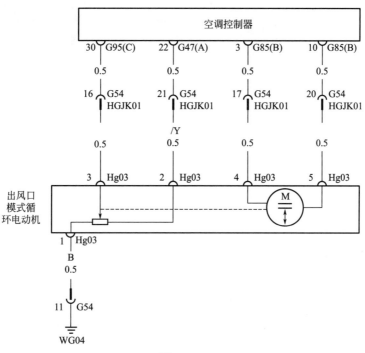

图 6-1-12

❷ 检查出风模式控制电动机运行情况。
a. 断开出风模式控制电动机连接器 G54，不拆下电动机。
b. 根据表 6-1-14 测试模式控制电动机。

 注意

a. 不正确的供电和接地，会造成模式控制电动机损坏，请认真遵守操作指示。
b. 当模式电动机停止运转时，应立即断开蓄电池。

表 6-1-14

端子	正常情况
G54-17—蓄电池正极 G54-20—蓄电池负极	模式控制电动机应当运行自如，并在吹面通风处停止
G54-20—蓄电池正极 G54-17—蓄电池负极	倒装接头，模式控制电动机应当运转平稳，在前除霜处停止

❸ 检查机械结构（联动装置和风门）。拆除模式控制电动机，检查其联动装置和风门运动的平稳性（表 6-1-15）。

❹ 检查线束（空调控制器-模式电机）。
a. 断开空调控制器接插件 G47、G85、G95。
b. 断开模式电机接插件 G54。

c. 根据表 6-1-16 测线束阻值。如果异常，则更换线束；如果正常，则检查线束（模式控制电动机-车身地）。

表 6-1-15

结果	进行
联动装置和风门运行自如	更换出风模式控制电动机
联动装置和风门卡滞或被黏合	根据需要进行维修或更换

表 6-1-16

端子	线色
G54-21—G47-22	R/Y
G54-16—G95-30	R/L
G54-17—G85-3	W/L
G54-20—G85-10	Y/G

注：正常情况为小于 1Ω。

❺ 检查线束（模式控制电动机-车身地）。
a. 断开模式电动机接插件 G54。
b. 根据表 6-1-17 测线束阻值。如果异常，则更换线束；如果正常，则检查线束是否对地短路。

表 6-1-17

端子	线色	正常情况/Ω
G54-11—车身地	B	小于 1

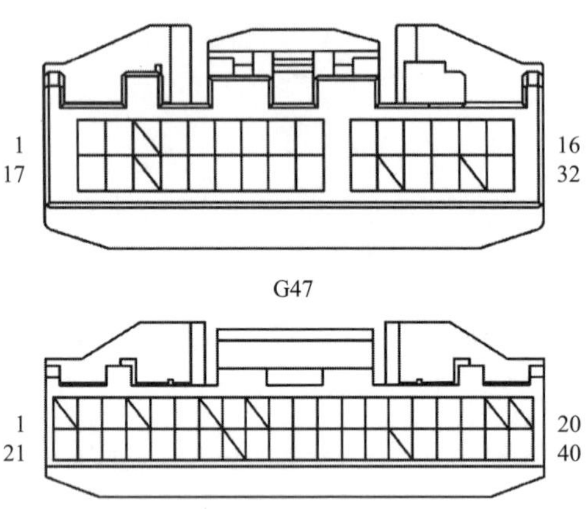

❻ 检查线束是否对地短路。根据图 6-1-13 和表 6-1-18 断开接插件 G47、G85，测线束端各端子对地阻值。如果异常，则更换线束；如果正常，则检查空调控制器。

表 6-1-18

端子	线色
G47-22—车身（地）	R/L
G95-30—车身（地）	R/Y
G85-3—车身（地）	Y/G
G85-10—车身（地）	W/L

注：正常情况为大于 10kΩ。

图 6-1-13

❼ 检查空调控制器。
a. 从空调控制器连接器 G47、G85 后端引线。
b. 打开空调，根据图 6-1-14 和表 6-1-19 检查端子输出值。如果异常，则更换空调控制器。

表 6-1-19

端子	条件	正常情况/V
G47-22—车身地	开空调	约 5
G95-30—车身地	吹面	约 0.2
	吹脚除霜	约 3.1
	吹面吹脚	约 1.1
	吹脚	约 2.5
G85-3—G85-10	调节出风模式	11~14

第 6 章 空调系统 203

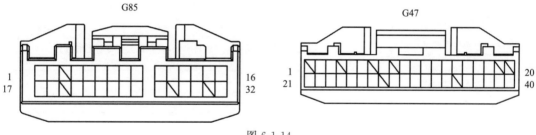

图 6-1-14

(6) 18 (B2A2B) 冷暖电机故障

❶ 电路图如图 6-1-15 所示。

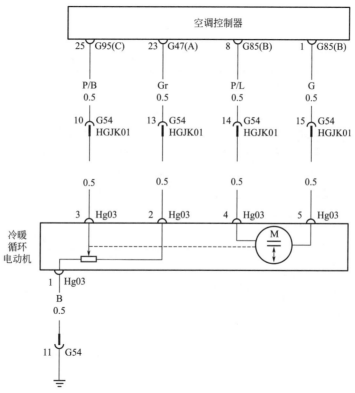

图 6-1-15

❷ 检查冷暖混合控制电动机运行情况。

a. 断开冷暖混合控制电机连接器 G54, 不拆下电动机。

b. 根据表 6-1-20 测试冷暖混合控制电动机。

注意

a. 不正确的供电和接地, 会造成冷暖混合控制电动机损坏, 请认真遵守操作指示。

b. 当空气混合控制电动机停止运转时, 应立即断开蓄电池。

表 6-1-20

端子	正常情况
G54-14—蓄电池正极 G54-15—蓄电池负极	冷暖混合控制电动机应当运转自如,并在最大制冷状态时停止
G54-15—蓄电池正极 G54-14—蓄电池负极	倒装接头,冷暖混合控制电动机应当运转平稳,并在最大加热状态时停止

❸ 检查机械结构。

a.拆下空气混合电动机。

b.检查空气控制联动装置和门是否移动自如（表 6-1-21）。

表 6-1-21

结果	进行
联动装置和风门运行自如	更换空调混合控制电动机
联动装置和风门卡滞或被黏合	根据需要进行维修或更换

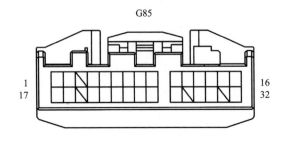

图 6-1-16

❹ 检查线束（冷暖混合控制电动机-空调控制器）。

a.断开冷暖混合控制电动机连接器 G54。

b.断开空调控制器连接器 G47、G85。

c.根据图 6-1-16 和表 6-1-22 测线束阻值。如果异常，则更换或维修线束；如果正常，则检查线束［空气混合电动机-车身（地）］。

表 6-1-22

端子	线色
G54-13—G47-23	Gr
G54-10—G95-25	P/B
G54-15—G85-1	G
G54-14—G85-8	P/L

注：正常情况为小于 1Ω。

❺ 检查线束［空气混合电动机-车身（地）］。

a.断开冷暖混合控制电机连接器 G54。

b.根据表 6-1-23 测线束阻值。如果异常，则更换或维修线束；如果正常，则检查线束是否对地短路。

表 6-1-23

端子	线色	正常情况/Ω
G54-11—车身(地)	B	小于 1

❻ 检查线束是否对地短路。根据图 6-1-17 和表 6-1-24 断开接插件 G47、G85、G95，测线束端各端子对地阻值。如果异常，则更换或维修线束；如果正常，则检查空调控制器。

表 6-1-24

端子	线色	端子	线色
G47-23—车身(地)	Gr	G85-1—车身(地)	G
G95-25—车身(地)	P/B	G85-8—车身(地)	P/L

注：正常情况为大于 10kΩ。

❼ 检查空调控制器。从空调控制器连接器 G47 后端引线（图 6-1-18）。打开空调，检查端子输出值（表 6-1-25）。如果异常，则更换空调控制器（AC ECU）。

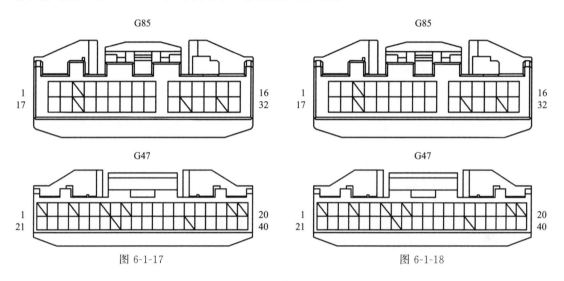

图 6-1-17　　　　　　　　　　图 6-1-18

表 6-1-25

端子	条件(调节温度)	正常情况/V
G47-23—车身地	开空调	约 5
G95-25—车身地	32℃ 25℃ 18℃	约 0.9 约 1.9 约 4.1
G85-1—G85-8	调节温度	11～14

6.1.6　空调关键零件拆装

（1）空调面板拆装

❶ 拆卸空调面板。

a. 将电源挡位退至 OFF 挡。

b. 断开蓄电池负极。

c. 拆卸 DVD 屏罩总成。

d. 拆卸中控装饰条。

e. 拆卸换挡机构盖板。

f. 拆卸点烟器盒。

g. 拆卸中控置物盒。

h. 拆卸空调面板（与多媒体主机一体）（图 6-1-19）。

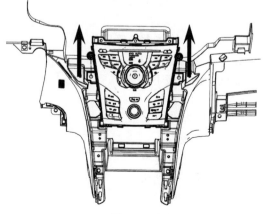

图 6-1-19

❷ 安装空调面板。

a. 将空调面板放入固定位置，接上后面接插件，安装固定螺栓。

b. 安装中控置物盒。

c. 安装点烟器盒。

d. 安装换挡机构盖板。

e. 安装中控装饰条。

f. 安装 DVD 屏罩总成。

g. 接上蓄电池负极。

（2）空调箱体拆装

❶ 拆卸空调箱体。

a. 将电源挡位退至 OFF 挡。

b. 断开蓄电池负极。

c. 回收冷媒。

d. 拆卸仪表板上本体（拆左/右 A 柱上护板，断开各接插件，拆安全气囊与管梁连接螺栓、搭铁点等）。

e. 拆卸副仪表台。

f. 拆卸仪表板下本体。

g. 断开管梁与车身各连接点。

h. 断开空调箱体上的各管路（制冷管路/暖风水管/排水管）。

i. 拆卸空调箱体与前围板固定点（一个螺栓、一个螺母）。

j. 断开空调上各接插件。

k. 用棘轮拆卸空调箱体与前围板的 2 个固定点（图 6-1-20）。

l. 断开转向管柱。

m. 将管梁同箱体一起抬出驾驶舱。

❷ 安装空调箱体。

a. 将管梁同箱体放入驾驶舱正确位置。

b. 连接转向管柱。

c. 安装空调箱体。

d. 将空调箱体装入固定位置，接上各接插件、管路。

e. 安装空调箱体与前围板的 2 个固定点。

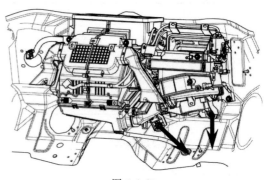

图 6-1-20

f. 接上空调箱体上各管路。

g. 安装管梁与车身各连接点。

h. 安装仪表板下本体。

i. 安装副仪表台。

j. 安装仪表板上本体。

k. 加注冷媒。

l. 接上蓄电池负极。

（3）空调压缩机拆装

❶ 拆卸空调压缩机。

a. 将电源挡位退至 OFF 挡。

b. 拔下紧急维修开关。

c. 断开蓄电池负极。

d. 回收压缩机及制冷管路里的制冷剂。

e. 断开压缩机上管路。

f. 拆卸压缩机。

g. 断开压缩机接插件。

h. 用 10mm 棘轮扳手拆卸各固定螺栓，取下压缩机（图 6-1-21）。

❷ 安装空调压缩机。

a. 将压缩机放置于固定位置。

b. 用 10mm 扳手安装 3 个固定螺栓。

c. 接上压缩机接插件。

d. 装上压缩机上管路。

e. 充注制冷剂。

f. 接上蓄电池负极。

g. 连接紧急维修开关。

（4）空调控制器拆装

❶ 拆卸空调控制器。

a. 将电源挡位退至 OFF 挡。

b. 拔下紧急维修开关。

c. 断开蓄电池负极。

d. 拆卸副仪表板左前护板。

e. 拆卸空调控制器。

f. 断开空调控制器接插件。

g. 用十字起子拆卸 2 个固定螺钉，取下控制器（图 6-1-22）。

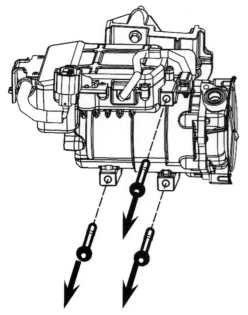

图 6-1-21

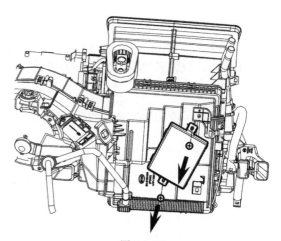

图 6-1-22

❷ 安装空调控制器。

a. 将控制器放置于固定位置。

b. 用十字起子安装 2 个固定螺钉。

c. 接上控制器接插件。

d. 安装副仪表板左前护板。

e. 接上蓄电池负极。

f. 连接紧急维修开关。

6.2　长安逸动混合动力汽车

6.2.1　空调系统简介

(1) 通风系统工作原理

从空调进风罩开始，新鲜空气经粉尘过滤器、暖通空调系总成和风道，然后到达各个出风口进入车内空间。

(2) 制冷系统工作原理

气态制冷剂从压缩机入口处吸入，然后被压缩。制冷剂因而被加热到 70～110℃。然后，压缩气体被泵入到冷凝器中。冷凝器是由许多供空气穿流的散热片组成的，因而使压缩气体能被外界迎风和从冷凝器风扇吸入的空气充分冷却。

被冷却以后的制冷剂储存在干燥瓶里。然后，浓缩的液态制冷剂通过膨胀阀后，压力及温度迅速下降，同时有一部分制冷剂被蒸发。膨胀阀刚好在制冷管路中蒸发器前面部分，而制冷剂在蒸发器里被完全蒸发。因为蒸发器是冷的，所以通过此处的空气也会被冷却。

(3) 暖风工作原理

❶ 选择进风方式为内循环和外循环。

❷ 空气过滤器过滤灰尘和大分子杂质。

❸ 经过蒸发器降温除湿（制冷时）。

a. 蒸发器大量吸收空气中的热量，致使空气温度降低。

b. 空气中的水蒸气在蒸发器表面冷凝成水，经过蒸发器排水管排出车外。

❹ 经过暖风芯体加热（暖风时）。

a. 经过发动机加热的水通过暖风芯体的进水管进入到暖风芯体，暖风芯体向驾驶室内的空气中放热，致使驾驶室内的空气温度受热上升。

b. 同时暖风芯体对发动机有辅助散热的功能。

6.2.2　空调系统制冷剂的加注与回收

❶ 空调系统制冷剂型号：R134a。

注意

严禁加注 R134a 以外的制冷剂，避免对空调系统造成危害。

❷ 加注制冷剂的真空要求：系统内压力≤1kPa。

❸ 制冷剂加注：560g±10g。
❹ 空调系统制冷剂加注方法。
a. 生产线上加注。
ⓐ将加注机上的加注口与空调加注口对接。
ⓑ按加注机的操纵要求设定加注量。
ⓒ启动加注机进行加注（如无泄漏，抽真空及加注一次性完成）。
b. 售后维修时的加注。
ⓐ卸掉空调加注阀盖，接上空调压力表。
ⓑ将快速接头的锁定套向后推，管径较大的接高压端，管径较小的接低压端。
c. 通过高压端（液态制冷剂）向空调系统加注制冷剂。
ⓐ打开压力表高压阀。
ⓑ将空调维修设备切换到"FILL"加注模式，将规定量的制冷剂（R-134）注入空调系统。

 警告

禁止向大气排放制冷剂。通过低压端对空调系统进行排空。

 注意

ⓐ为确保空调系统工作正常，抽真空要持续大约30min。
ⓑ如有水分进入空调系统，需更换干燥瓶和抽真空2～3h。
ⓒ对空调系统加注以前，须对空调系统进行抽真空。
ⓓ根据维修工具和设备（是否带可加热式加注缸）的不同，空调系统可以以液态从高压端或以气态从低压端进行加注。

d. 判断加注量。
ⓐ从加注量表上直接读数560g±10g。
ⓑ通过包装定量（如每包装100g，则需5个包装）。
ⓒ如在缺少定量的工具时，可以用以下简易方法来判定制冷剂的加注量：在常温状态下，空调系统管路中的压力在0.7MPa左右为加注合适。
e. 制冷剂的回收。维修人员在进行空调管路的拆卸时，必须使用专用的设备对空调制冷剂进行回收；如没有专用的回收设备，维修人员在拆卸管路之前必须将制冷剂从低压测试口全部排空。

6.2.3 空调系统插接器端子定义

（1）空调控制器端子定义（表6-2-1）

表 6-2-1

端子编号	端子号代码	端子功能定义	方向	电压范围/V	电流/mA	备注
A1	FET-G	鼓风机风速控制信号	输出	0～8	<50	低电平有效
A2	FET-D	鼓风机电压反馈信号	输入	0～12	<5	
A3		车速信号	输入			

续表

端子编号	端子号代码	端子功能定义	方向	电压范围/V	电流/mA	备注
A4		空				
A5	FRE	ccw+外循环	输出	12/0	<500	
A6	REC	ccw-内循环	输出	12/0	<800	
A7	FACE	ccw+吹面	输出	12/0	<800	
A8	DEFROST	ccw-前除霜	输出	12/0	<800	
A9	VREF(5V)	电位器正电源		5		
A10	S-GND	信号接地				
A11	EVA-SENSOR	蒸发器温度信号	输入	0.1~4.9		
A12		空				
A13	MODE-F/B	模式风门位置反馈信号	输入	0.1~4.9		
A14	TEMP-F/B	混合风门位置反馈信号	输入	0.1~4.9		
A15		ESP OFF 请求信号				
A16		ESP OFF 反馈信号				
B1	COOL	ccw-最冷	输出	12/0	<800	
B2	HOT	ccw+最热	输出	12/0	<800	
B3	PEDEF-SW	后除霜输出	输出	12/0	<5	低电平有效
B4	ILL+	照明电源+		12/0	<800	
B5		紧急警报开关				低电平有效
B6	IGN	点火电压		12		
B7	A/C SIGNAL	A/C 请求信号	输出	12/0	<30	低电平有效
B8	BLOWER_ON	鼓风机开启信号	输入	0~12	<50	低电平有效
B9	PRDEF-INDICATOR	后除霜输入	输入	12/0	<30	高电平有效
B10	ILL-	照明电源-		12/0	<800	
B11		BAT+(备用)				
B12		搭铁				

(2) HVAC (空调箱) 接插件端子定义表 (6-2-2)

表 6-2-2

管脚序号	管脚功能	管脚序号	管脚功能
A	鼓风电动机(+)	P	混合风门电动机反馈
B	负极	Q	模式电动机电源
D	调速模块控制	R	
E	调速模块反馈信号	S	混合风门电动机电源
L	蒸发器温度传感器	T	
M	模式位置+5V	W	新风电动机电源
N	模式位置负极	Y	
O	模式电动机反馈		

6.2.4 空调系统故障诊断

(1) 空调制冷系统故障（表6-2-3）

表 6-2-3

检测步骤	结果/测试
（1）检查熔丝 DF21、DF33	①将点火开关旋到"OFF"位置 ② 检查熔丝 DF21、DF33 熔丝是否完好？如果是,则转到步骤(2);如果否,则更换熔丝 DF21 或 DF33 测试并运行系统是否正常;如熔丝再次熔断,根据电路图查找并修复短路故障
（2）检查空调面板的电源供给	①将点火开关旋到"ON"位置 ②断开与空调面板对接的仪表线束接插件的引脚 IS08/2、IS09/2 ③分别测量与空调面板对接的仪表线束接插件的引脚 IS08/2、IS09/2 的对地电压 电压是否显示为蓄电池电压？如果是,则转到步骤(3);如果否,则根据电路图查找线路 IS08/2 或 IS09/2,测试并运行系统至正常
（3）检查三态压力开关起始端	①将点火开关旋到"ON"位置 ②按下三态压力开关 ③断开与三态压力开关对接的前舱线束接插件 ④测量与三态压力开关对接的前舱线束接插件 AC01 的对地电压。电压是否显示为接地电压？如果是,则转到步骤(4);如果否,则根据电路图查找线路 AC01,测试并运行系统至正常
（4）检查三态压力开关终端	①将点火开关旋到"ON"位置 ②按下三态压力开关 ③断开三态压力开关对接的前舱线束接插件 ④测量与三态压力开关对接的前舱线束接插件 AC17 的对地电压。电压是否显示为接地电压？如果是,则转到步骤(5);如果否,则更换三态压力开关,测试并运行系统至正常
（5）检查压缩机内温度压力开关起始端	①将点火开关旋到"ON"位置 ②按下三态压力开关 ③断开与压缩机对接的发动机线束接插件 ④测量与压缩机对接的发动机线束接插件 AC17 的对地电压。电压是否显示为接地电压？如果是,则转到步骤(6);如果否,则根据电路图查找线路 AC17,测试并运行系统至正常
（6）检查压缩机内温度压力开关终端	①将点火开关旋到"ON"位置 ②按下三态压力开关 ③断开与压缩机对接的发动机线束接插件 ④测量与压缩机对接的发动机线束接插件 EU10 的对地电压。电压是否显示为接地电压？如果是,则表明空调部件问题,检查空调问题,重新测试至正常;如果否,则更换压缩机内温度压力开关,测试并运行系统至正常

(2) 鼓风机故障（表6-2-4）

表 6-2-4

检测步骤	结果/测试
（1）确认故障原因	①将点火开关转动到"ON"位置 ②将风量开关从低速挡转到最高速挡 ③检查风量 鼓风机所在位置是否工作？如果是,则转到步骤(2)

续表

检测步骤	结果/测试
（2）检查熔丝 SB6、DF43	①将点火开关旋到"OFF"位置 ②检查熔丝 SB6、DF43 是否完好？如果是，则转到步骤（3）；如果否，则更换熔丝 SB6(30A)或 DF43(10A)，测试并运行系统是否正常 如熔丝再次熔断，则根据电路图查找并排除电路与接地点之间的短路
（3）检查鼓风机继电器上的电源供给	①将点火开关旋到"ON"位置 ②将继电器拔下，测量线路引脚 HF04 电压是否显示蓄电池电压？如果是，则转到步骤（4）；如果否，则根据电路图查找线路 HF04，测试并运行系统至正常
（4）检查鼓风机继电器上的接地情况	①将点火开关旋到"ON"位置 ②将继电器拔下，测量线路引脚 BG03/2 的对地电压，是否显示接地？如果是，则转到步骤（5）；如果否，则根据电路图查找线路 BG03/1，测试并运行系统至正常
（5）检查鼓风机的电源供给	①将点火开关旋到"ON"位置 ②断开鼓风机与仪表对接的接插件插脚 HF03 和 G105 ③测量与鼓风机对接的仪表线束插脚 HF03 的电压，是否显示为蓄电池电压？如果是，则转到步骤（6）；如果否，则根据电路图查找线路 HF03，测试并运行系统至正常
（6）检查鼓风机的接地情况	①将点火开关旋到"ON"位置 ②断开鼓风机与仪表对接的接插件插脚 HF03 和 G105 ③测量与鼓风机对接的仪表线束插脚 G105 的对地电压，是否显示为接地？ 如果是，则鼓风机问题，更换鼓风机重新测试；如果否，则根据电路图查找线路 G105，测试并运行系统至正常

6.2.5　空调关键零件拆装

（1）压缩机的安装（指维修时进行的安装）

❶ 压缩机通过 3 个螺栓固定在发动机上的托架上。

❷ 安装压缩机时，要保证压缩机的皮带轮端面与曲轴皮带轮及发电机皮带轮等的端面平行。

❸ 压缩机固定螺栓的拧紧力矩要求为 25N·m。

（2）压缩机皮带的安装

❶ 根据皮带轮槽形及长度选择合适的皮带。

❷ 皮带安装好后，要保证皮带的端面在一个平面内。

❸ 调整张紧轮使皮带紧张到合适的程度。

6.3　起亚 K5 混合动力汽车

6.3.1　一般安全信息和注意事项

（1）处理制冷剂时

❶ R-134a 液态制冷剂具有高挥发性，不慎滴落在皮肤上会导致局部冻伤。因此在处理制冷剂时，必须戴手套。

❷ 标准操作规范是佩戴护目镜或眼镜保护眼睛，佩戴手套保护手。如果制冷剂不慎溅入眼睛内，立即使用干净水充分冲洗。

❸ R-134a 制冷剂罐属于高压容器。禁止将它放在高温环境下，检查储存温度是否在 52℃以下。

❹ 应使用电子检漏仪检查系统制冷剂泄漏情况。请记住 R-134a 制冷剂与火焰接触会产

生碳酰氯高毒性气体。

❺ R-134a 制冷剂制冷系统仅能使用推荐的规定润滑油。如果使用推荐以外的润滑油，系统可能会发生故障。

❻ POE 润滑油极易吸收大气中的湿气，因此必须遵守下列预防措施。

a. 拆卸制冷系统部件时，立刻堵住部件连接开放口端，防止水分进入。

b. 在安装制冷系统部件时，仅在部件安装之前拆卸开放口端堵盖。

c. 安装制冷系统部件和管路连接操作要尽可能短时间完成，以防止湿气进入到制冷系统管路中。

d. 仅使用容器密封良好的、推荐的规定润滑油。

❼ 禁止使用与常规皮带驱动压缩机相同的空调回收/填充设备。

❽ 由于电动压缩机使用高电压，应使用有高体积电阻率的 POE 润滑油。

❾ 如果制冷系统发生意外泄漏排放，在进行维修操作前，应对工作区域充分进行通风。

(2) 更换制冷系统部件时

❶ 制冷系统排放制冷剂前，禁止打开或松动任何连接部位。

❷ 制冷系统任何开放口都要立即用堵盖或堵塞进行密封，以免制冷系统管路内进入湿气和灰尘。

❸ 在准备好安装之前，不要拆卸更换部件上的密封盖。

❹ 连接开放口前，必须安装新品密封环，并涂抹一层压缩机润滑油。

6.3.2 压缩机

(1) 说明

电动压缩机的应用，提高燃油效率，并能在发动机停止状态使用空调系统。

(2) 工作原理

❶ 压缩部件。一个卷轴固定，另一个卷轴不旋转而进行偏心移动，因而把卷轴之间形成的腔内的制冷剂进行压缩，并输出。

❷ 电动机部件。无刷直流电动机将电动力转换为机械运动。

❸ 控制部件。将直流电转换为三相交流电，并改变压缩机转速，以适应制冷需要。

❹ 端子定义（表 6-3-1）。

表 6-3-1

线束连接器	端子号	功能
A	1	12V 电源搭铁
A	2	空调 CAN 通信低电位
A	3	互锁(—)
A	4	12V 电源
A	5	空调 CNA 通信高电位
A	6	互锁(＋)
B	1	高电压电源
B	2	高电压搭铁
C	1	压缩机联锁(—)
C	2	压缩机联锁(＋)

6.3.3 光照度传感器

(1) 说明

❶ 光照度传感器安装在除霜通风口的中央。

❷ 光照度传感器由光电（感测光照度）二极管组成。由光接收部分接收太阳辐射，产生与接收的太阳辐射量成比例的电压，并将电压信号传送到暖风/空调控制器，进行太阳辐射补偿调节。

(2) 检查

❶ 将点火开关置于"ON"位置。

❷ 连接 KDS/GDS 诊断仪。

❸ 用灯光照射光照度传感器，检查输出电压的变化情况。

❹ 光照度强，电压上升；光照度弱，电压下降。

(3) 端子定义（图 6-3-1）

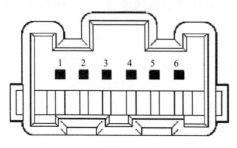

图 6-3-1
1—自动灯光搭铁；2—自动灯光电源（5V）；
3—自动灯光信号；4—光照度信号（右）；
5—光照度电源；6—光照度信号（左）

6.3.4 空调压力传感器

(1) 说明

空调压力传感器（APT）将高压管路的压力值转换为电压值。利用转换的电压值，发动机 ECU 控制冷却风扇高速或低速运转。当制冷剂管路温度异常高或低时，发动机 ECU 停止压缩机的运转，以最优化制冷系统。

(2) 检查

测量压力传感器线束连接器的 1 号与 2 号端子之间的输出电压，以测量高压管路的压力。

检查电压值是否在规定值范围。电压 $= 0.00878835 \times$ 压力 $+ 0.37081095$。

如果测量的电压值不符合规定，则更换空调压力传感器。

6.3.5 冷凝器

检查冷凝器散热片的堵塞和损坏情况。如果堵塞，则用水清洗，用压缩空气吹去杂物；如果弯曲，则使用螺丝刀或卡钳轻轻修正。

检查冷凝器连接部位是否泄漏，如有必要维修或更换。

6.3.6 室内温度传感器

❶ 室内温度传感器内置在暖风和空调控制器内。

❷ 传感器包括一个测量内部温度的热敏电阻。信号由随检测的温度变化的电阻值确定，并传送到暖风控制模块。暖风控制模块根据此信号调节室内温度到期望值。

6.3.7 室外温度传感器

测量室外温度传感器线束连接器的 1 号与 2 号端子之间的电阻值，并确认电阻值是否随室外温度的变化而改变（表 6-3-2）。

表 6-3-2

室外温度/℃	1号端子与2号端子之间电阻/kΩ	室外温度/℃	1号端子与2号端子之间电阻/kΩ
−30	480.41	20	37.32
−20	271.21	30	23.76
−10	158.18	40	16.13
0	95.10	50	10.95
10	58.80		

6.3.8 蒸发器温度传感器

❶ 将点火开关转至"OFF"位置。
❷ 分离蒸发器温度传感器线束连接器。
❸ 测量蒸发器温度传感器连接器的"＋"端子与"－"端子之间的电阻（表 6-3-3）。

表 6-3-3

蒸发器芯温度/℃	电阻/kΩ	电压/V	蒸发器芯温度/℃	电阻/kΩ	电压/V
−10	43.35	2.96	20	12.11	1.44
0	27.62	2.40	30	8.30	1.08
10	18.07	1.88	40	5.81	0.81

6.3.9 空调关键零件拆装

（1）压缩机拆装
❶ 拆卸：

注意

❶ 在进行高电压系统相关作业前，确定阅读并遵循"安全信息和预防措施"。如果不遵循安全指示，会导致严重的电击事故。
❷ 在执行高电压系统相关操作前，必须切断高电压电路（参考"高电压切断程序"）。如果不遵守安全注意事项，会导致严重的电击伤害。

a. 如果压缩机能运转，运转发动机，让空调工作几分钟，然后停止发动机。
b. 分离蓄电池负极（−）端子。
c. 切断高电压电路。
d. 使用回收/充填系统回收制冷剂。
e. 拆卸发动机室底盖。
f. 拧下固定螺母，并分离排放软管和吸入软管。规定扭矩为 7.8～11.7N·m。
分离管路后，立即堵住或盖住管路开放口，以免湿气和灰尘进入。
g. 分离压缩机连接器和高电压连接器。
h. 拧下固定螺栓，并拆卸压缩机总成。规定扭矩为 20.0～32.95N·m。

❷ 安装

a. 确认压缩机固定螺栓是否拧入到正常长度。按照规定拧紧顺序拧紧固定螺栓。规定扭矩为 20.0~32.95N·m。

b. 按与拆卸的相反顺序安装，注意下列事项。

ⓐ如果安装新压缩机，从拆卸的旧压缩机中排出全部压缩机润滑油，并测量质量。从 130g±10g 减去排出的油量，结果即为应从新压缩机内排出的油量（通过吸入端）。

ⓑ用新品更换每个接头处的 O 形环，安装前涂抹一层薄薄的润滑油。要确保使用正确的 R-134 制冷剂用 O 形环，以防止系统泄漏。

ⓒ为防止系统受到污染，禁止将排放的润滑油重新加入到润滑油罐中再使用。严禁与其他润滑油混合使用。

ⓓ润滑油充填结束后，应立刻密封润滑油罐，以免润滑油中进入湿气。

ⓔ如果在系统内 POE 润滑油和 PAG 润滑油混合，由于体积电阻率下降会造成介质击穿，导致空调压缩机损坏。

（2）储液干燥器拆装

❶ 拆卸冷凝器。

❷ 使用 L 形扳手 A 拧下冷凝器侧面储液干燥器底部盖 B（图 6-3-2）。规定扭矩为 9.81~14.71N·m。

❸ 用长嘴钳从冷凝器的储液干燥器中拔出干燥剂 A。检查干燥剂是否破损，下盖过滤器是否堵塞（图 6-3-3）。

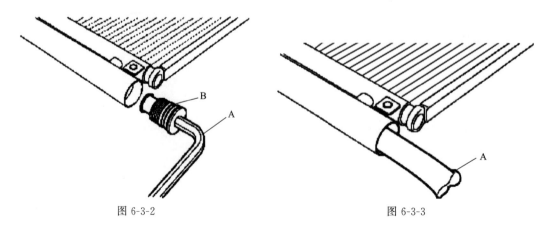

图 6-3-2　　　　　　　　　图 6-3-3

❹ 在 O 形环和新品下盖螺纹处涂抹一层空调压缩机润滑油。

❺ 将新干燥剂插入到储液干燥器内。在使用之前，必须真空密封保存干燥剂。

❻ 将新底盖安装到冷凝器侧面储液干燥器上。

a. 要同时更换干燥剂和下盖。

b. 用新品更换每个接头处的 O 形环，安装前涂抹一层薄薄的润滑油。要确保使用正确的 R-134 制冷剂用 O 形环，以防止系统泄漏。

c. 当安装冷凝器时，注意不要损坏散热器和冷凝器散热片。

d. 向系统充填制冷剂，并测试系统性能。

（3）光照度传感器拆装

❶ 分离蓄电池负极（一）端子。

❷ 使用螺丝刀或拆卸工具拆卸中央扬声器格栅Ⓐ（图 6-3-4）。

图 6-3-4

❸ 分离保安灯连接器Ⓐ和光照度传感器Ⓑ（图 6-3-5）。

图 6-3-5

❹ 朝箭头方向推动销，拆卸光照度传感器Ⓐ（图 6-3-6）。

❺ 按与拆卸的相反顺序安装。

（4）空调压力传感器拆装

❶ 分离蓄电池负极（—）端子。

❷ 使用回收/充填系统回收制冷剂。

如果在系统内 POE 润滑油和 PAG 润滑油混合，由于体积电阻率下降会造成介质击穿，会导致空调压缩机损坏。

❸ 分离空调压力传感器线束连接器。

❹ 拆卸空调压力传感器。规定扭矩为 9.8～11.8N·m。

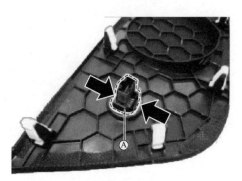

图 6-3-6

❺ 按与拆卸的相反顺序安装。

（5）冷凝器拆装

❶ 用回收/循环/填充设备回收制冷剂。

如果在系统内 POE 润滑油和 PAG 润滑油混合，由于体积电阻率下降会造成介质击穿，会导致空调压缩机损坏。

❷ 分离蓄电池负极（—）端子。

❸ 拆卸前保险杠。

❹ 拆卸大灯（右）。

❺ 拧下固定螺母，并从冷凝器上分离排放导管和液体导管。规定扭矩为 7.8～11.7N·m。分离管路后，立即堵住或盖住管路开放口，以免湿气和灰尘进入。

❻ 分离碰锁连接器。

❼ 拧下空气护罩两侧固定螺栓。

❽ 拧下散热器上梁总成固定螺栓。

❾ 分离正面碰撞传感器（右），并拆卸散热器上梁总成。
❿ 拉出锁销，拆下冷凝器。
⓫ 按与拆卸的相反顺序安装。

a. 安装新冷凝器时，补充润滑油（POE 润滑油）。
b. 用新品更换每个接头处的 O 形环，安装前涂抹一层薄薄的润滑油。要确保使用正确的 R-
c. 134 制冷剂用 O 形环，以防止系统泄漏。
d. 当安装冷凝器时，注意不要损坏散热器和冷凝器散热片。
e. 向系统充填制冷剂，并测试系统性能。
f. 如果在系统内 POE 润滑油和 PAG 润滑油混合，由于体积电阻率下降会造成介质击穿，导致空调压缩机损坏。

（6）室内温度传感器拆装
❶ 分离蓄电池负极（-）端子。
❷ 使用螺丝刀或拆卸工具拆卸前控制台装饰条Ⓐ（图 6-3-7）。
❸ 使用螺丝刀或拆卸工具拆卸手套箱盖Ⓐ（图 6-3-8）。

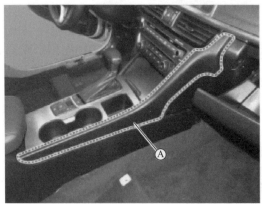

图 6-3-7

图 6-3-8

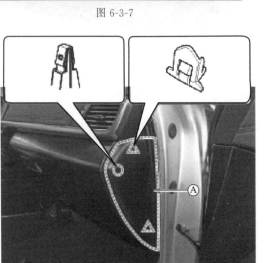

图 6-3-9

❹ 使用螺丝刀或拆卸工具拆卸仪表板侧盖（右）Ⓐ（图 6-3-9）。
❺ 拧下固定螺钉，并拆卸仪表板装饰条（右）Ⓐ（图 6-3-10）。
❻ 拧下固定螺钉，并拆卸中央仪表板Ⓐ（图 6-3-11）。
❼ 分离危险警告灯开关连接器Ⓐ（图 6-3-12）。
❽ 拧下固定螺钉，并拆卸中央仪表板下装饰板Ⓐ（图 6-3-13）。
❾ 分离暖风和空调控制器连接器Ⓐ（图 6-3-14）。
❿ 按下锁销，并拆卸室内温度传感器

Ⓐ（图 6-3-15）。
⓫ 按与拆卸的相反顺序安装。
a. 确定音响控制器连接器连接正确。
b. 更换任何损坏的夹子。

图 6-3-10

图 6-3-11

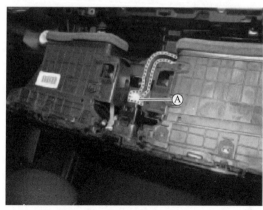

图 6-3-12

图 6-3-13

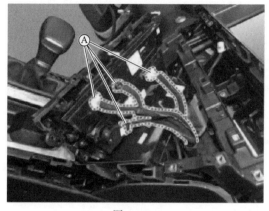

图 6-3-14

图 6-3-15

6.4 东风日产楼兰混合动力汽车

6.4.1 空调系统简介

(1) 制冷剂流动

压缩机的制冷剂流经带储液罐的冷凝器、蒸发器,再回到压缩机。蒸发器内制冷剂的蒸发是由膨胀阀控制的。

(2) 防冻保护

当蒸发器散热片温度低时,压缩机停止工作以防蒸发器冻结。

(3) 制冷系统保护

❶ 安装在冷凝器管出口上的制冷剂压力传感器对制冷系统起到保护作用,防止压力过高或过低对其造成损坏。制冷剂压力传感器检测制冷剂管路内的压力,如果系统内的压力超过或低于规定值,则向 ECM 发送电压信号。

❷ 当制冷剂压力传感器检测到的高压侧在下列情况时,ECM 关闭空调继电器并停止压缩机的工作。

a. 约 3120MPa 或以上(发动机转速小于 1500r/min)。

b. 约 2740MPa 或以上(发动机转速为 1500r/min 或以上)。

c. 约 140kPa 或以下。

(4) 卸压阀

制冷系统还受安装在压缩机后端的卸压阀的保护。当制冷系统内的压力升高到非正常水平(大于 3800kPa)时,卸压阀的卸压口就会自动打开,并将制冷剂释放到空气中去。

(5) 系统图解(图 6-4-1)

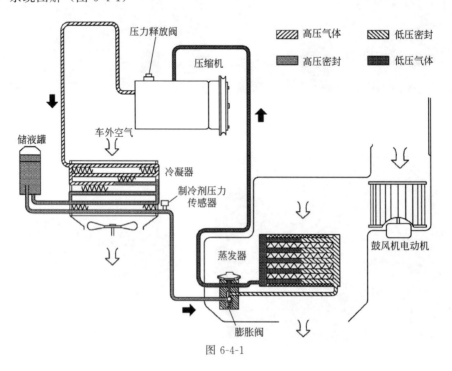

图 6-4-1

6.4.2 泄漏测试

使用荧光检漏染料检查制冷剂泄漏（图6-4-2）。

图6-4-2中①~⑥含义如下。

❶ 安装翼子板盖。

❷ 应佩戴装有制冷剂染料检漏组件的防紫外线护目镜。

❸ 将紫外线灯的电源电缆分别连接至蓄电池的正负极。

❹ 按下紫外线灯开关，检查A/C系统是否有制冷剂泄漏（发生制冷剂泄漏的地方，荧光检漏染料呈绿色）。

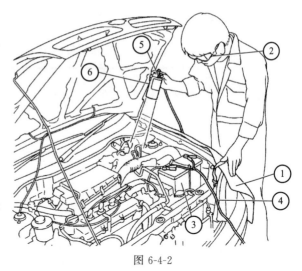

图6-4-2

切勿直视紫外线灯光源。

a.为保持紫外灯的持续运行时间，请遵守制造商的操作指南。

b.使用紫外线灯从不同角度照射管道接头，确认没有泄漏。

c.在难于看到的地方使用镜子以检查制冷剂的渗漏情况。

d.可以用排放软管水浸湿棉拭子或类似材料并用紫外线灯照射以检查蒸发器是否有制冷剂泄漏。

e.灰尘、尘土以及冷凝器和储液罐总成、蒸发器及其他位置使用的包装材料黏合剂可能会发出荧光，请勿错误识别泄漏。

❺ 修理或更换发生制冷剂泄漏的零件，并擦除荧光检漏染料。

注：使用棉拭子或类似材料彻底擦拭零件、螺纹或其他部件之间的间隙中的荧光检漏染料。

❻ 使用紫外线灯确认工作完成后没有荧光检漏染料残留。

注意下列事项，避免不准确的检查或错误的识别。

ⓐ确保车辆周围没有制冷剂蒸气、车间化学蒸气、烟雾或其他。

ⓑ务必在低气流环境下检查制冷剂泄漏，以防发生泄漏时制冷剂在空气中弥散。

ⓒ使用电子检漏仪检查制冷剂泄漏。

a.关闭发动机。

b.连接回收/再循环/加注设备或歧管表组到空调维修阀上。

c.检查空调制冷剂压力在温度为16℃或以上时气压是否为345kPa或以上。当气压低于规定值时，完全回收制冷剂并加注到规定液位。

 **注意**

如果温度低于16℃，空调制冷剂压力为345kPa或以下，可能检测不到泄漏。

d. 清洁要进行制冷剂检查的地方，并用电子检漏仪探头沿着管道连接处和空调系统部件的所有表面检查制冷剂泄漏。

 注意

ⓐ当发现一处泄漏时，继续检查。务必继续沿着所有管道连接处和空调系统部件检查有无其他泄漏。
ⓑ检测到一处泄漏时，用压缩空气清洁泄漏区域并再次检查。
ⓒ检查制冷单元内部的泄漏时，务必清洁排放软管内部以防止探头表面暴露在水或灰尘中。
ⓓ务必从高压侧开始往低压侧检查泄漏。
ⓔ检查制冷单元内部的泄漏时，停止发动机工作并以最大风扇转速使鼓风机风扇电动机运行15min或以上，然后将电子检漏仪探头插入排放软管并保持10min或以上。
ⓕ断开连接在空调维修阀上的截止阀时，务必排空残余的制冷剂，以避免错误识别。

e. 修理或更换检测到制冷剂泄漏的零件。
f. 启动发动机，在下列情况下设定空调控制。
ⓐ空调开关ON。
ⓑ气流：VENT（通风）。
ⓒ进气风门位置：REC（再循环）。
ⓓ温度设置：最冷。
ⓔ风扇速度：最高速度设定。
g. 以大约1500r/min的速度运转发动机2min或以上。
h. 关闭发动机，再次检查制冷剂是否泄漏。

 警告

发动机高温时，注意不要被烫伤。

 注意

ⓐ发动机一停止，立即开始制冷剂泄漏检查。
ⓑ制冷循环停止后，低压侧压力将逐渐升高，然后高压侧压力将逐渐降低。
ⓒ压力越大，越容易发现制冷剂泄漏。

6.4.3 制冷剂系统症状

症状表见表 6-4-1～表 6-4-4。

表 6-4-1

压力表显示	制冷循环	可能的原因	校正措施
高压侧和低压侧的压力都太高	向冷凝器上喷洒水后压力很快恢复正常	过量加注制冷剂	收集所有制冷剂,再次排空制冷循环,然后重新注入规定量的制冷剂
	冷凝器的气流不足	冷凝器制冷性能不足 • 散热器和冷凝器的风扇转动不良 • 空气导管安装不当 • 冷凝器散热片堵塞或变脏	• 修理或更换故障零件 • 清洁和修理冷凝器散热片
	压缩机停止工作后,高压读数迅速降低至约 196kPa,然后逐渐降低	制冷循环中混有空气	收集所有制冷剂,再次排空制冷循环,然后重新注入规定量的制冷剂
	• 低压管的温度低于蒸发器出口的温度 • 低压管结霜	膨胀阀打开过度(制冷剂流量过大)	更换膨胀阀

表 6-4-2

压力表显示	制冷循环	可能的原因	校正措施
高压侧压力过高,低压侧压力太低	高压管和冷凝器上侧变热,但是,储液罐没那么热	压缩机和冷凝器之间的高压管堵塞或损坏	修理或更换故障零件

表 6-4-3

压力表显示	制冷循环	可能的原因	校正措施
高压侧压力太低,低压侧压力太高	• 压缩机工作停止后,两侧的读数很快相等 • 高压侧和低压侧的温度没有差异	压缩机系统故障(压缩机加压操作不足) • 阀门损坏或断裂 • 密封垫故障	更换压缩机

表 6-4-4

压力表显示	制冷循环	可能的原因	校正措施
高压侧和低压侧的压力都太低	• 蒸发器出口周围不变冷 • 蒸发器进口周围结霜	膨胀阀堵塞 • 温度传感器断裂 • 被异物堵塞	清除膨胀阀中的异物,或者进行更换
	• 储液罐出口管和进口管周围之间有温差 • 储液罐结霜	内储液罐故障(集滤器堵塞)	更换冷凝器和储液罐总成
	蒸发器结霜	低压管堵塞或损坏	修理或更换故障零件
		进气传感器故障	检查进气传感器
	制冷剂循环的高压管和低压管之间有小温差	• 制冷剂不足 • 制冷剂泄漏	• 检查是否有泄漏 • 收集所有制冷剂,再次排空制冷循环,然后重新注入规定量的制冷剂
低压侧有时变成负压	• 有时蒸发器出口周围不变冷 • 有时蒸发器进口周围结霜	• 因冷却器循环中混有水而导致结冰 • 储液罐的风干机劣化	• 收集所有制冷剂 • 完全排空制冷剂循环,然后重新注入规定量的制冷剂。此时,务必更换冷凝器和储液罐总成

6.4.4 噪声症状表

症状表见表 6-4-5。

表 6-4-5

症状	噪声源	可能的原因	校正措施
空调打开时,压缩机噪声异常	压缩机内部	内部零件磨损、断裂或异物堵塞	检查压缩机油
	电磁离合器	离合器盘与皮带轮接触	检查离合器盘和皮带轮之间的间隙
	压缩机机身	压缩机装配螺栓松动	检查螺栓有无松动
冷却器管路噪声异常	冷却器管路(管道和挠性软管)	夹子和支架安装不当	检查冷却器管路安装状况
空调打开时,膨胀阀噪声异常	膨胀阀	制冷剂不足	• 检查是否有泄漏 • 收集所有制冷剂,再次排空制冷循环,然后重新注入规定量的制冷剂
		内部零件磨损、断裂或异物堵塞	清除膨胀阀中的异物,或者进行更换
皮带噪声异常	—	皮带松动	检查皮带的张紧度
		内部压缩机部件锁定	更换压缩机

6.4.5 性能测试

❶ 连接回收/再循环/加注设备（适用于 HFC-134a）或歧管表。
❷ 启动发动机，并设定至以下状态（表 6-4-6）。

表 6-4-6

周围条件		室内或阴凉处(位于通风良好的地方)
车辆状况	车门	关闭
	车门玻璃	完全开启
	发动机罩	打开
	发动机转速	怠速
空调状态	温度控制开关或控制盘	最冷
	空调开关	ON
	出风口	VENT(通风)
	进气风门位置	REC(再循环)
	风扇转速	最大速度设定

❸ 保持测试状态直至空调系统变稳定（大约 10min）。
❹ 检查"再循环至出风温度"和"环境空气温度至工作压力"的测试结果是否在规定值范围内。
❺ 如果测试结果在规定值范围内，则检查完成。如果有任何一个测试结果超出规定值，请通过表压执行诊断。再循环至出风温度表见表 6-4-7。

表 6-4-7

鼓风机总成进口处的内部空气(再循环空气)		中央通风口的出风温度/℃	鼓风机总成进口处的内部空气(再循环空气)		中央通风口的出风温度/℃
相对湿度/%	空气温度/℃		相对湿度/%	空气温度/℃	
50~60	20	4.7~6.7	60~70	20	6.7~8.7
	25	8.6~11.1		25	11.1~13.6
	30	12.6~15.6		30	15.6~18.6
	35	19.0~22.5		35	22.5~26.0

环境空气温度至工作压力表见表 6-4-8。

表 6-4-8

新鲜空气		高压(排出侧)/kPa	低压(吸入侧)/kPa
相对湿度/%	空气温度/℃		
50~70	25	909~1112	159~194
	30	1073~1312	211~259
	35	1445~1766	247~300
	40	1650~2017	290~355

6.4.6 空调关键零件拆装

（1）压缩机拆装

❶ 拆卸压缩机。

注意

每次拆卸制冷剂系统之前，都要进行润滑剂回流操作。但是，如果检测到大量制冷剂或润滑剂，切勿执行润滑剂回流操作。

a. 使用制冷剂收集设备（用于 HFC-134a）排出制冷剂。
b. 拆卸驱动皮带。
c. 拆下高压挠性软管。
d. 拆下低压挠性软管。
e. 拆下发动机底盖。
f. 断开线束接头。
g. 拆卸装配螺栓 A（图 6-4-3）。
h. 拆下装配螺栓 A，然后从车辆上拆下压缩机（图 6-4-4）。

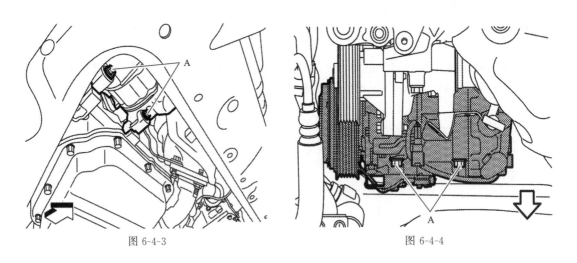

图 6-4-3　　　　　　　　　图 6-4-4

❷ 安装压缩机。

注意

按照图 6-4-5 所示的顺序拧紧装配螺栓。

a. 更换新的 O 形圈，然后在安装时涂抹压缩机油。
b. 安装新压缩机前，执行润滑剂调整步骤。
c. 安装压缩机后，检查驱动皮带张紧度。
d. 加注制冷剂时检查泄漏。
e. 使用制冷剂收集设备（用于 HFC-134a）来加注制冷剂。

f. 用塞尺 A 沿整个圆周检查皮带轮总成 1 和离合器盘 2 之间的间隙 B（图 6-4-6）。

注意

更换压缩机时，如果间隙不在规定范围内，则更换调整垫片并重新调整。

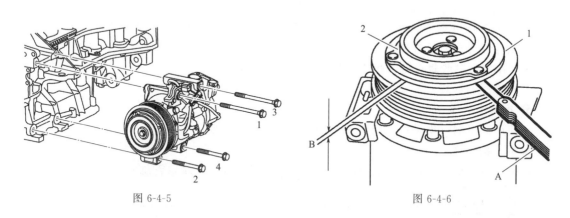

图 6-4-5　　　　　　　　　　　　　　　图 6-4-6

(2) 高压挠性软管拆装

❶ 拆卸高压挠性软管。

注意

每次拆卸制冷剂系统之前，进行润滑剂回流操作。但是，如果检测到大量制冷剂或润滑剂，切勿执行润滑剂回流操作。

a. 使用制冷剂收集设备（用于 HFC-134a）排出制冷剂。
b. 拆下空气管（进气）。
c. 拆下装配螺栓 A，然后从冷凝器管总成上断开高压挠性软管（图 6-4-7）。
d. 拆下装配螺栓 A，然后从压缩机上断开高压挠性软管（图 6-4-8）。

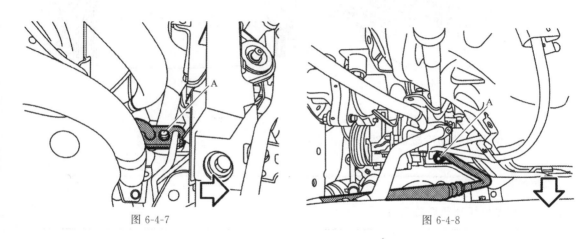

图 6-4-7　　　　　　　　　　　　　　　图 6-4-8

注意

用乙烯胶带之类的合适材料盖上或缠上空调管路和压缩机接头,以防空气进入。

e. 从车辆上拆下高压挠性软管。

❷ 安装高压挠性软管

注意以下事项,并按照与拆卸相反的顺序安装。

a. 更换新的 O 形圈,然后在安装时涂抹压缩机油。

b. 加注制冷剂时检查泄漏。

c. 使用制冷剂收集设备(用于 HFC-134a)加注制冷剂。

(3) 冷凝器拆装

❶ 拆卸冷凝器。

a. 使用制冷剂收集设备(用于 HFC-134a)排出制冷剂。

b. 拆下前格栅。

c. 拆下装配螺栓 A,然后从冷凝器和储液罐总成上拆下冷凝器管总成(图 6-4-9)。

注意

用乙烯胶带之类的合适材料盖上或缠上空调管路和冷凝器接头,以防空气进入。

d. 拆卸喇叭。

e. 拆下装配螺栓,然后移开发动机罩锁控制支架(下和上)以留出工作空间。

f. 从散热器上拆下副散热器,以留出工作空间。

g. 拆下固定螺栓 A(图 6-4-10)。

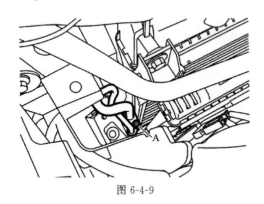

图 6-4-9

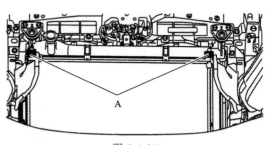

图 6-4-10

h. 断开制冷剂压力传感器线束接头。

i. 朝车辆上方拉动冷凝器,然后拆下冷凝器。

注意

切勿损坏冷凝器芯表面。

❷ 安装冷凝器。

按照与拆卸相反的顺序安装。

 注意

a. 更换新的 O 形圈，然后在安装时涂抹压缩机油。

b. 加注制冷剂时检查泄漏。

c. 安装新冷凝器后，执行润滑剂调整步骤。

d. 使用制冷剂收集设备（用于 HFC-134a）加注制冷剂。

(4) 加热器和制冷单元总成拆装

❶ 拆卸加热器和制冷单元总成。

a. 使用制冷剂收集设备（用于 HFC-134a）排出制冷剂。

b. 从冷却系统中排出发动机冷却液。

c. 拆卸前围上盖板延伸部。

d. 从膨胀阀上断开低压管。

e. 从膨胀阀上断开高压管。

f. 拆下固定卡箍 A，然后断开加热器软管（图 6-4-11）。

 注意

ⓐ 断开加热器软管时，冷却液可能会洒出。

ⓑ 用抹布堵住加热器管上的冷却液进口和出口（2 处）。

g. 拆下仪表板总成。

h. 拆卸中央控制台总成。

i. 拆下装配螺母 A，然后拆下仪表座（左侧和右侧）（图 6-4-12）。

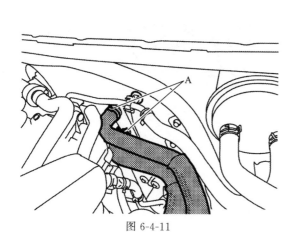

图 6-4-11

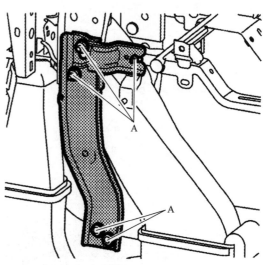

图 6-4-12

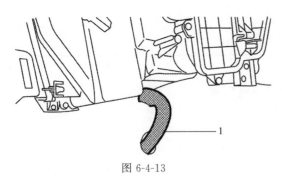

图 6-4-13

j. 拆下后脚部风道（在排水管 1 的左侧和右侧）（图 6-4-13）。

k. 拆下后通风管（在排水管 1 的左侧和右侧）。

l. 从加热器和制冷单元总成上断开排放软管。

m. 拆下接地线的装配螺栓 A（图 6-4-14）。

n. 拆下所有需要拆下的线束接头及装配螺母和螺栓来移动转向柱总成。

o. 移动转向柱总成以留出足够的工作空间。

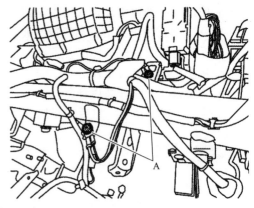

图 6-4-14

p. 断开线束接头 A 和固定螺栓 B，然后从转向构件上整套拆下熔丝盒和发动机罩锁控制把手总成（图 6-4-15）。

q. 拆下固定螺栓 A，然后从转向构件上拆下 BCM（图 6-4-16）。

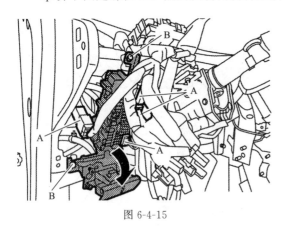
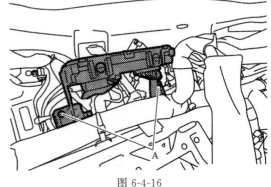

图 6-4-15　　　　　　　　　图 6-4-16

r. 拆下索环。

s. 拆下转向构件装配螺栓 A（图 6-4-17）。

t. 按如图 6-4-18 所示松开调节螺母 A。

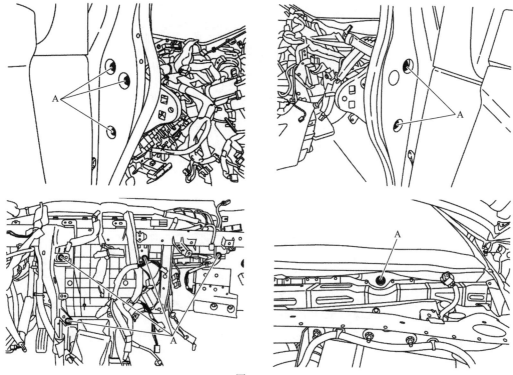

图 6-4-17

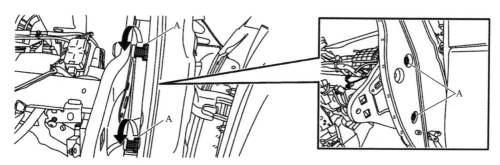

图 6-4-18

u. 拆下所有需要拆下的线束接头和卡子来移开转向构件。将主线束移到一边并留出足够的工作空间,以便容易地移开转向构件。

v. 按如图 6-4-19 所示移开转向构件以留出足够的工作空间。

w. 断开进气风门电动机、鼓风机电动机接头 A,并拆下装配螺栓 B(图 6-4-20)。

x. 拆下加热器和制冷单元总成。

 注意

ⓐ拆下加热器和制冷单元总成时,需要两个操作者,以免跌落。
ⓑ切勿损坏挡风玻璃。

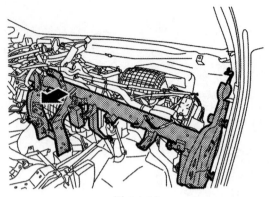

图 6-4-19

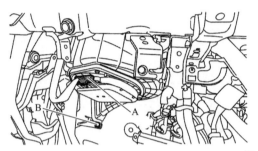
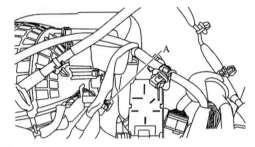

图 6-4-20

y. 分开鼓风机单元总成与加热器和制冷单元总成。

❷ 安装加热器和制冷单元总成

注意以下事项，并按照与拆卸相反的顺序安装。

a. 安装转向构件时，拧紧车轮螺母至规定扭矩。

b. 更换新的O形圈，然后在安装时涂抹压缩机油。

c. 加注制冷剂时检查泄漏。

d. 使用制冷剂收集设备（用于 HFC-134a）加注制冷剂。

6.5 丰田凯美瑞混合动力汽车

6.5.1 空调系统简介

空调系统有以下控制功能，见表 6-5-1 和表 6-5-2。

表 6-5-1

控制功能	概要
神经网络控制	该控制可通过人工模拟生物神经系统的信息处理方法，进行复杂的控制，以建立类似人脑的复杂输入/输出关系
出气温度控制功能	根据温度控制开关设定的温度，神经网络控制能够根据来自各种传感器的输入信号计算出气温度
	驾驶员和前排乘客的温度设定是独立控制的，以使车厢右侧和左侧可有不同的车内温度。这样就能满足不同乘员对空调的偏好

续表

控制功能	概要
鼓风机控制	根据来自各种传感器的输入信号,神经网络控制计算出空气流量,并据此来控制鼓风机电动机
出气控制	根据来自各种传感器的输入信号,神经网络控制计算出气模式,并据此自动切换出气口
	根据发动机冷却液温度、外界空气温度、日照量、要求的鼓风机风量、出气温度和车速状况,该控制自动将鼓风机出气口切换至 FOOT/DEF 模式,以防止因外界空气温度过低而导致车窗结雾
进气控制	自动控制进气控制风门,以达到计算的要求出气温度
电动逆变器压缩机控制	空调放大器根据目标蒸发器温度(由车内温度传感器、车外温度传感器和阳光传感器计算得出)和蒸发器温度传感器检测到的实际蒸发器温度计算压缩机的目标转速,以控制压缩机转速
	空调放大器计算目标蒸发器的温度,包括基于车内温度传感器、车外温度传感器、阳光传感器和蒸发器温度传感器的校正。从而,空调放大器将压缩机转速控制在不会影响正常的制冷性能或除雾性能的范围之内

表 6-5-2

控制功能	概要
电动水泵控制	鼓风机电动机工作且发动机已被 THSⅡ系统控制停止时,空调放大器根据对空气混合风门开度的判断打开水泵
后窗除雾器控制	按下后除雾器按钮后,会将后除雾器和车外后视镜加热器打开 15~60min。如果在后除雾器和车外后视镜加热器正在工作时按下按钮,则会将其关闭
车外温度指示控制	根据车外温度传感器传输的信号计算车外温度,然后空调放大器会校正计算值并将其显示在多信息显示屏上
自诊断	空调放大器检测到空调系统故障时,会将 DTC(诊断故障码)存储在存储器中

6.5.2 空调系统

空调系统见表 6-5-3 和表 6-5-4。

表 6-5-3

症状	可疑部位	症状	可疑部位
空调系统的所有功能不工作	IG 电源电路	空气流量控制:鼓风机失控	LIN 通信电路
	备用电源电路		空调控制总成
	加热器控制面板电源电路		空调放大器
	LIN 通信电路	空气流量控制:空气流量不足	鼓风机电动机电路
	空调控制总成		空调放大器
	空调放大器	温度控制:无冷风吹出	制冷剂量
空气流量控制:鼓风机不工作	鼓风机电动机电路		制冷剂压力
	加热器控制面板电源电路		压力开关电路
	LIN 通信电路		空气混合控制伺服电动机电路(驾驶员侧)
	空调控制总成		
	空调放大器		空气混合控制伺服电动机电路(乘客侧)
空气流量控制:鼓风机失控	鼓风机电动机电路		
	加热器控制面板电源电路		蒸发器温度传感器电路

续表

症状	可疑部位	症状	可疑部位
温度控制:无冷风吹出	车内温度传感器电路	温度控制:无冷风吹出	空调放大器
	环境温度传感器电路		发动机 4 号线束
	加热器控制面板电源电路		带电动机的压缩机总成
	LIN 通信电路		带转换器的逆变器总成
	膨胀阀		混合动力车辆控制 ECU
	空调控制总成		

表 6-5-4

症状	可疑部位	症状	可疑部位
温度控制:无暖风吹出	空气混合控制伺服电动机电路(驾驶员侧)	温度控制:温度失控(仅最冷或最热)	环境温度传感器电路
	空气混合控制伺服电动机电路(乘客侧)		蒸发器温度传感器电路
			阳光传感器电路(驾驶员侧)
	蒸发器温度传感器电路		阳光传感器电路(乘客侧)
	车内温度传感器电路		空调控制总成
	环境温度传感器电路		空调放大器
	空调放大器	进气失控	进气控制伺服电动机电路
			空调放大器
温度控制:出气温度比设定温度高或低或者响应慢	制冷剂量	空气流量模式失控	出气控制伺服电动机电路
	制冷剂压力		空调放大器
	阳光传感器电路(驾驶员侧)	无法用方向盘装饰盖开关控制空调	加热器控制面板电源电路
	阳光传感器电路(乘客侧)		LIN 通信电路
	车内温度传感器电路		空调控制总成
	环境温度传感器电路		空调放大器
	空气混合控制伺服电动机电路(驾驶员侧)	加热器性能低(PTC 加热器不工作)	加热器水泵电路
			PTC 加热器电路
	空气混合控制伺服电动机电路(乘客侧)		PTC 加热器
		PLASMACLUSTER 不工作	鼓风机电动机电路
	散热装置分总成		PLASMACLUSTER 电路
	膨胀阀		空调放大器
	空调放大器	ECO 开关指示灯不亮(ECO 开关不工作)	ECO 开关电路
温度控制:温度失控(仅最冷或最热)	空气混合控制伺服电动机电路(驾驶员侧)		空调放大器
	空气混合控制伺服电动机电路(乘客侧)	未记录诊断故障码。电源开关置于"OFF"位置时设定模式被清除	备用电源电路
	车内温度传感器电路		空调放大器

6.5.3 空调系统端子定义

空调放大器端子定义见图 6-5-1、表 6-5-5～表 6-5-7。

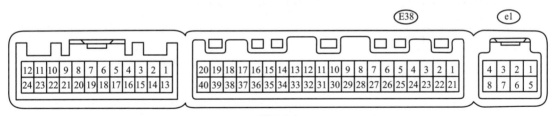

图 6-5-1

表 **6-5-5**

端子编号(符号)	配线颜色	端子描述	条件	规定状态/V
E38-1(IG+)—E38-14(GND)	V-W-B	电源(IG)	电源开关置于"ON"(IG)位置	10～14
E38-1(IG+)—E38-14(GND)	V-W-B	电源(IG)	电源开关置于"OFF"位置	低于1
E38-3(PTC1)—E38-14(GND)	G-W-B	PTC加热器工作信号	电源开关置于"ON"(IG)位置 温度设定:MAX. HOT MODE开关:FOOT 发动机冷却液温度:55℃或更低 鼓风机开关:关闭	10～14
E38-3(PTC1)—E38-14(GND)	G-W-B	PTC加热器工作信号	电源开关置于"ON"(IG)位置 温度设定:MAX. HOT MODE开关:FOOT 发动机冷却液温度:55℃或更低 鼓风机开关:打开	低于1
E38-5(TAM)—E38-14(GND)	P-W-B	空调环境温度传感器信号	在25℃时,电源开关置于"ON"(IG)位置	1.35～1.75
E38-5(TAM)—E38-14(GND)	P-W-B	空调环境温度传感器信号	在40℃时,电源开关置于"ON"(IG)位置	0.9～1.2
E38-9(PRE)—E38-13(SG-2)	V-L	空调压力传感器信号	启动HV系统,运行空调系统,制冷剂压力:压力异常(高于3140kPa)	4.74或更高
E38-9(PRE)-E38-13(SG-2)	V-L	空调压力传感器信号	启动HV系统,运行空调系统,制冷剂压力:压力异常(低于196kPa)	低于0.76
E38-9(PRE)-E38-13(SG-2)	V-L	空调压力传感器信号	启动HV系统,运行空调系统,制冷剂压力:压力正常(低于3140kPa并高于196kPa)	0.76～4.74
E38-10(S5-3)—E38-13(SG-2)	BR-L	空调压力传感器电源	电源开关置于"ON"(IG)位置 空调开关:打开	4.5～5.5
E38-10(S5-3)—E38-13(SG-2)	BR-L	空调压力传感器电源	电源开关置于"ON"(IG)位置 空调开关:关闭	低于1
E38-11(CANH)—E38-12(CANL)	B-W	CAN通信系统	CAN通信电路	产生脉冲

表 6-5-6

端子编号(符号)	配线颜色	端子描述	条件	规定状态/V
E38-13(SG-2)—车身搭铁	L-车身搭铁	空调压力传感器,空调环境温度传感器搭铁	始终	低于1
E38-14(GND)—车身搭铁	W-B-车身搭铁	主电源搭铁	始终	低于1
E38-15(ECOS)—E38-14(GND)	W-W-B	ECO开关信号	电源开关置于"ON"(IG)位置 ECO开关:关闭	低于1
E38-15(ECOS)—E38-14(GND)	W-W-B	ECO开关信号	电源开关置于"ON"(IG)位置 ECO开关:打开	10～14
E38-21(B)—E38-14(GND)	GR-W-B	电源(备用)	电源开关置于"OFF"位置	10～14
E38-22(PTC2)—E38-14(GND)	L-W-B	PTC加热器工作信号	电源开关置于"ON"(IG)位置 温度设定:MAX. HOT MODE开关:FOOT 发动机冷却液温度:55℃或更低 鼓风机开关:关闭	10～14
E38-22(PTC2)—E38-14(GND)	L-W-B	PTC加热器工作信号	电源开关置于"ON"(IG)位置 温度设定:MAX. HOT MODE开关:FOOT 发动机冷却液温度:55℃或更低 鼓风机开关:打开	低于1
E38-23(BLW)—E38-14(GND)	R-W-B	鼓风机电动机速度控制信号	电源开关置于"ON"(IG)位置 鼓风机开关:打开	产生脉冲
E38-29(TR)—E38-34(SG-1)	P-LG	空调车内温度传感器信号	电源开关置于"ON"(IG)位置 车厢温度为25℃	1.8～2.2
E38-29(TR)—E38-34(SG-1)	P-LG	空调车内温度传感器信号	电源开关置于"ON"(IG)位置 车厢温度为40℃	1.2～1.6
E38-32(TSP)—E38-14(GND)	Y-W-B	空调阳光传感器信号(前排乘客侧)	电源开关置于"ON"(IG)位置 阳光传感器受电灯照射	0.8～4.3
E38-32(TSP)—E38-14(GND)	Y-W-B	空调阳光传感器信号(前排乘客侧)	电源开关置于"ON"(IG)位置 用布盖上阳光传感器	低于0.8
E38-33(TSD)—E38-14(GND)	BE-W-B	空调阳光传感器信号(驾驶员侧)	电源开关置于"ON"(IG)位置 阳光传感器受电灯照射	0.8～4.3

续表

端子编号（符号）	配线颜色	端子描述	条件	规定状态/V
E38-33（TSD）—E38-14（GND）	BE-W-B	空调阳光传感器信号（驾驶员侧）	电源开关置于"ON"（IG）位置 用布盖上阳光传感器	低于0.8
E38-34（SG-1）—车身搭铁	LG-车身搭铁	空调车内温度传感器搭铁	始终	低于1
E38-37（LIN1）—E38-14（GND）	GR-W-B	LIN通信信号	电源开关置于"ON"（IG）位置	产生脉冲
E38-38（RDFG）—E38-14（GND）	G-W-B	DEF继电器信号	电源开关置于"ON"（IG）位置 REAR DEF 开关：打开	低于1
E38-38（RDFG）—E38-14（GND）	G-W-B	DEF继电器信号	电源开关置于"ON"（IG）位置 REAR DEF 开关：关闭	10～14
E38-39（PCD1）—E38-14（GND）	R-W-B	PLASMACLUSTER 工作信号	电源开关置于"ON"（IG）位置 鼓风机开关：关闭（PLASMACLUSTER 不工作）	10～14
E38-39（PCD1）—E38-14（GND）	R-W-B	PLASMACLUSTER 工作信号	电源开关置于"ON"（IG）位置 鼓风机开关：打开（PLASMACLUSTER 工作）	低于1
E38-40（PCD2）—E38-14（GND）	B-W-B	PLASMACLUSTER 工作信号（ION 模式）	电源开关置于"ON"（IG）位置 鼓风机开关：关闭（PLASMACLUSTER 不工作）	10～14

表 6-5-7

端子编号（符号）	配线颜色	端子描述	条件	规定状态/V
E38-40（PCD2）—E38-14（GND）	B-W-B	PLASMACLUSTER 工作信号（ION 模式）	电源开关置于"ON"（IG）位置 鼓风机开关：打开（PLASMACLUSTER 工作）	低于1
e1-2（BUS G）—车身搭铁	—	BUS IC 搭铁	始终	低于1
e1-3（BUS）—e1-2（BUS G）	—	BUS IC 控制信号	电源开关置于"OFF"位置→ON（IG）位置	产生脉冲
e1-4（B BUS）—e1-2（BUS G）	—	BUS IC 电源	电源开关置于"OFF"位置	低于1

续表

端子编号(符号)	配线颜色	端子描述	条件	规定状态/V
e1-4(B BUS)—e1-2(BUS G)	—	BUS IC 电源	电源开关置于"ON"(IG)位置	10~14
e1-5(SGA)—车身搭铁	—	蒸发器温度传感器搭铁	始终	低于1
e1-6(TEA)—e1-5(SGA)	—	空调蒸发器温度传感器信号	电源开关置于"ON"(IG)位置 蒸发器温度为0℃	1.7~2.1
e1-6(TEA)—e1-5(SGA)	—	空调蒸发器温度传感器信号	电源开关置于"ON"(IG)位置 蒸发器温度为15℃	0.9~1.3

(2) 空调控制总成端子定义（图6-5-2、表6-5-8）

表 6-5-8

端子编号(符号)	配线颜色	端子描述	条件	规定状态/V
F16-10(GND)—车身搭铁	W-B-车身搭铁	空调控制总成搭铁	始终	低于1
F16-9(TX+)—F16-10(GND)	L-W-B	LIN通信电路	电源开关置于"ON"(IG)位置	产生脉冲
F16-8(IG+)—F16-10(GND)	V-W-B	电源(IG)	电源开关置于"OFF"位置	低于1
F16-8(IG+)—F16-10(GND)	V-W-B	电源(IG)	电源开关置于"ON"(IG)位置	10~14

6.5.4 空调系统故障检查（B1412/12 环境温度传感器电路）

(1) 描述

环境温度传感器安装在冷凝器前部，用来检测环境温度，并据此控制空调"AUTO"模式。该传感器与空调放大器连接，检测环境温度的波动。该数据用来控制车厢温度。传感器将信号传输至空调放大器总成（表6-5-9）。

图 6-5-2

表 6-5-9

DTC 编号	DTC 检测条件	故障部位
B1412/12	环境温度传感器电路断路或短路	• 环境温度传感器 • 环境温度传感器和空调放大器之间的线束或连接器 • 空调放大器

环境温度传感器的电阻随环境温度的变化而变化。温度下降时，电阻增大。温度上升时，电阻减小。

空调放大器向环境温度传感器施加电压（5V），并根据环境温度传感器电阻的变化读取电压变化。

(2) 电路图（图6-5-3）

(3) 检查空调放大器

❶ 在连接器仍保持连接的情况下，拆下空调放大器。

❷ 将电源开关置于"ON"(IG)位置。

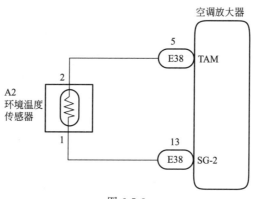

图 6-5-3

❸ 根据图 6-5-4 和表 6-5-10 中的值测量电压。

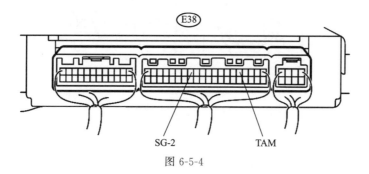

图 6-5-4

表 6-5-10

检测仪连接(符号)	条件	规定状态/V
E38-5(TAM)—E38-13(SG-2)	在 25℃时,电源开关置于"ON"(IG)位置	1.35～1.75
E38-5(TAM)—E38-13(SG-2)	在 40℃时,电源开关置于"ON"(IG)位置	0.9～1.2

提示

温度上升时,电压下降。

(4) 检查环境温度传感器

❶ 拆下环境温度传感器。

❷ 根据图 6-5-5 和表 6-5-11 中的值测量电阻。如果异常,则更换环境温度传感器;如果正常,则检查线束和连接器(环境温度传感器-空调放大器)。

表 6-5-11

检测仪连接	条件/℃	规定状态/kΩ
A2-1—A2-2	10	3.00～3.73
A2-1—A2-2	15	2.45～2.88
A2-1—A2-2	20	1.95～2.30
A2-1—A2-2	25	1.60～1.80

续表

检测仪连接	条件/℃	规定状态/kΩ
A2-1—A2-2	30	1.28~1.47
A2-1—A2-2	35	1.00~1.22
A2-1—A2-2	40	0.80~1.00
A2-1—A2-2	45	0.65~0.85
A2-1—A2-2	50	0.50~0.70
A2-1—A2-2	55	0.44~0.60
A2-1—A2-2	60	0.36~0.50

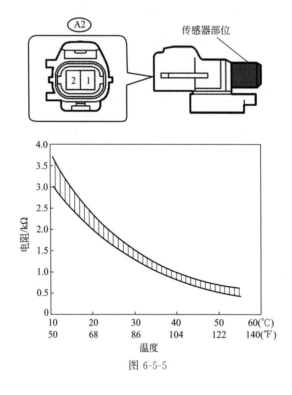

图 6-5-5

 注意

a. 即使轻微接触传感器也可能会改变电阻值,一定要握住传感器的连接器。
b. 测量时,传感器温度必须与环境温度相同。

 提示

温度升高时,电阻减小。

(5) 检查线束和连接器(环境温度传感器-空调放大器)

❶ 断开环境温度传感器连接器。
❷ 断开空调放大器连接器。

❸ 根据表 6-5-12 中的值测量电阻。如果异常，则维修或更换线束或连接器；如果正常，则更换空调放大器。

表 **6-5-12**

检测仪连接(符号)	条件	规定状态
A2-2—E38-5(TAM)	始终	小于 1Ω
A2-1—E38-13(SG-2)		
E38-5(TAM)—车身搭铁		10kΩ 或更大
E38-13(SG-2)—车身搭铁		

6.6 本田 CR-V 混合动力汽车

6.6.1 空调系统简介

空调系统通过混合相应比例的冷暖空气来调节温度。加热器芯和蒸发器芯安装在加热器单元内，具有空气混合控制风门和模式控制风门。鼓风机单元由鼓风机电动机、内循环控制风门和粉尘滤清器组成。鼓风机单元通过集成管连接至加热器单元。

6.6.2 空调制冷剂回收/抽空/加注

注意

❶ 压缩空气与 R-134a 混合，形成可燃蒸气。
❷ 这种可燃蒸气能够燃烧或发生爆炸，引起严重的人员伤亡。
❸ 不要让压缩空气进入压力测试 R-134a 维修设备或车辆空调系统中。

(1) 连接空调回收/循环加液站
遵循设备制造商的说明，将空调回收/循环/加液站连接到高压检修口 A 和低压检修口 B 上（图 6-6-1）。

(2) 回收空调制冷剂
❶ 从空调系统中回收制冷剂。
❷ 回收程序完成后，测量从空调系统中排出的制冷剂油量。加液前，确保将等量的新制冷剂油加回空调系统。

(3) 空调系统抽真空
真空泵至少应该运行 30min 或直到湿气真空测试合格，以消除系统中所有的湿气。当吸液仪表读数为 －93.3kPa 至少 30min 或湿气真空测试合格时，关闭所有阀门并关闭真空泵。

如果吸液仪表在 15min 内或湿气真空测试不合格时未达到约 －93.3kPa，则系统

图 6-6-1

中可能有严重泄漏。系统部分加液，并检查是否泄漏。

（4）空调制冷剂泄漏检查

使用精度为每年 14g 或更高精度的制冷剂泄漏检测器，检查系统是否泄漏。

（5）空调制冷剂加注

用规定量的 R-134a 制冷剂对系统加液。不要过量加注系统，否则将损坏电子空调压缩机。

选择制冷剂回收/循环/加液站正确的测量单位。

制冷剂容量：415～465g。

6.6.3 电子空调压缩机拆卸和安装

 注意

❶ 电子空调压缩机是一种高压系统。高压电缆和它们的外壳用橙色进行区别。安全标签粘贴到高压部件和其他相关部件上。在这些部件上面或其周围工作之前，须熟悉电气动力。

❷ 戴上绝缘手套并使用绝缘工具进行保护以免电击。

❸ 拆卸或安装标记的部位时，务必使用绝缘工具并用绝缘胶带缠绕。

❹ 为避免损坏线束和端子，应握住连接器部分，小心地拔出线束连接器。

❺ 在进行修理或维修之前，查看空调制冷剂油更换。

❻ 在没有完全确认系统未被污染前，不得将电子空调压缩机安装到系统中。电子空调压缩机安装到污染的系统中将导致电子空调压缩机过早出现故障。

❼ 如果电子空调压缩机勉强可以工作，则以怠速速度运转发动机，并使空调工作几分钟，然后关闭发动机。

❽ 断开吸入管和输出管后，应立即将它们塞住或盖上，以免湿气和灰尘污染物进入。

❾ 涂抹压缩机油安装 O 形圈时。

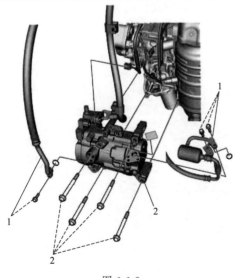

❶ 拆卸 12V 蓄电池。
❷ 拆卸维修插头。
❸ 回收空调制冷剂。
❹ 断开连接器（电子空调压缩机熔丝）。
❺ 拆卸发动机底盖前盖。
❻ 拆卸电子空调压缩机保护器。
❼ 拆卸排液管和吸入软管。
❽ 拆卸电子空调压缩机。
❾ 拆卸电子空调压缩机熔丝（30A）（如有必要）。
❿ 安装所有拆下的零件（图 6-6-2）。

图 6-6-2
1,2—拆下的零件

6.7 宝马 X5 混合动力汽车

6.7.1 拆卸和安装（更新）电动空调压缩机

 警告

将高压系统切换至无电压；注意混合动力车辆操作的安全提示；有伤害危险；制冷循环回路处在高压下；避免接触制冷剂和冷冻油。

注意安全提示：操作制冷剂；有关冷冻油的工作。
(1) 需要的准备工作
❶ 排放冷暖空调。
❷ 拆卸电动真空泵。
(2) 电动空调压缩机拆装
❶ 拆下支架①（图 6-7-1）。
❷ 松开螺栓①（图 6-7-2）。紧力矩为 19N·m。

图 6-7-1

图 6-7-2

❸ 拆下制冷剂管路②。

 安装说明

更换密封环。

为了无损装配密封环，请使用专用工具 00 9 030。
❹ 松脱插头①（图 6-7-3）。

 提示

固定住压缩机③以防脱落。

❺ 松开螺栓②。
拧紧力矩为 19N·m。

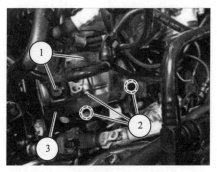

图 6-7-3

❻ 取出压缩机③。

在更新时：调整新压缩机内的制冷剂油量

注意

❶ 压缩机损坏危险！

❷ 由于冷暖空调的制冷能力降低会造成客户投诉危险！

❸ 安装新压缩机前务必调整新压缩机内的制冷剂油量！

❹ 必须注意安全提示！

装配完成之后，对冷暖空调抽真空和加注制冷剂。

6.7.2 拆卸和安装或更新冷暖空调冷凝器

（1）需要的准备工作

❶ 该工序的时间值中不包括冷暖空调抽吸、抽真空和加注。

❷ 拆下集风罩及电动风扇。

❸ 针对带转向辅助冷却器的规格：拆下变速箱油冷却器。

（2）冷暖空调冷凝器拆装。

❶ 松开螺栓①（图 6-7-4）。

❷ 拆卸盖板②。

❸ 松开螺栓①（图 6-7-5）。

❹ 拆卸盖板②。

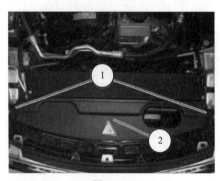

图 6-7-4

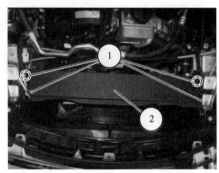

图 6-7-5

图 6-7-6

❺ 松开螺栓①（图 6-7-6）。拧紧力矩为 18N·m。

❻ 向上拉出冷凝器②。

安装说明

更换密封环。

为了无损装配密封环，请使用专用工具 00 9 030。